노년의 역사

THE LONG HISTORY OF OLD AGE
Published by arrangement with Thames and Hudson Ltd, London,
ⓒ 2005 Thames&Hudson Ltd, London

Korean translation copyright ⓒ 2012 by Geulhangari Publishers
Korean translation rights arranged with Thames&Hudson Ltd
through EYA(Eric Yang Agency)

이 책의 한국어판 저작권은 EYA(Eric Yang Agency)를 통해
Thames&Hudson Ltd와 독점계약한 '(주)글항아리'에 있습니다.
저작권법에 의하여 한국 내에서 보호를 받는 저작물이므로 무단전재와 복제를 금합니다.

노년의 역사

고정관념과 편견을 걷어낸 노년의 초상

팻 테인 엮음 | 슐람미스 샤하르 외 6인 지음 | 안병직 옮김

글항아리

젊음과 늙음은 다른 세상에 산다. 노인들이 부러우면서도 못마땅하다는 듯 한 젊은이를 바라보고 있다. 피터 아르노가 그린 1931년 4월 11일자 『뉴요커』 표지는 둘 사이의 좁힐 수 없는 간격을 잘 드러낸다. 짧은 머리에 빈약한 가슴을 지닌 여성이 보도를 누비며 달리는 모습을 본 노령자들은 충격받고 놀란 모습이다.

노년에는 스스로 싸우고, 권리를 지키며,
누구든 의지하려 하지 않고, 마지막 숨을 거두기까지
스스로를 통제하려 할 때만 존중받을 것이다.

―― 키케로 ――

역자 서문

이 책은 P. Thane (ed), *The Long History of Old Age* (London: Thames & Hudson, 2005)를 우리말로 옮긴 것이다. '노년의 긴 역사'라는 원제가 시사하듯 이 책은 고대에서 현대에 이르기까지, 서양에서의 노년의 오랜 역사를 개관하고 있다. 구체적으로 이 책에서는 엮은이 팻 테인을 비롯하여 모두 일곱 명의 역사가들이 고대 그리스와 로마, 중세 및 르네상스, 17~20세기 등 시대별로 집필을 분담하며 역사 속 노년의 모습을 조명한다.

역사가들이 그리는 노년의 초상이라 할 수 있는 이 책은 학술서와 교양서의 성격을 동시에 띠고 있다. 이 책의 필자들은 노년의 역사에 대하여 각각 이미 주목할 만한 연구업적을 쌓았다. 그들은 노년이라는 주제와 관련하여 역사학계의 연구 경향과 성과에 정통하며, 이를 이 책의 저술에 충실하게 반영하고 있다. 그러면서도 그들은 이 책의 독자로서 다른 누구보다 일반인을 염두에 두고 있다. 필자들은 이 책에서 학계의 전문적이고 세부적인 연구를 정리하고 요약하여 그 주요 내용을 일반 독자에게 소개하고자 한다. 독자의 시선과 흥미를 끄는 풍부한 시각자료, 그리고 간명하고 평이한 서술방식 등이 교양서로서의 기획 취지와 의도를 잘 보여준다.

그러나 지금까지 '노년의 역사'는 역사학계의 테두리를 넘어 일반 독자에게까지 잘 알려진 대중적인 주제라고 하기는 어렵다. 특히 국내에서는 일반인은 물론이고 역사학도에게도 생소한 분야이고 미답의 영역이다. 사실 노년의 역사에 관한 연구는 이를 선도하는 미국과 유럽 역사학계의 경우에도 일천하다. 심리학, 사회학, 인류학 등 사회과학이나 의학 분야를 중심으로 20세기 중엽부터 노년학gerontology 연구가 본격화된 반면 역사가들은 대체로 1980년대 이후에야 역사 연구의 주제로 노년을 주목하기 시작했다. 그럼에도 지난 30여 년간 역사가들이 거둔 연구 성과는 결코 과소평가할 수 없다. 특히 근자에 이르러 노년의 역사는 양과 질에서 괄목할 만한 수준에 이르고 있다. 이 책이 바로 그 증거라고 할 수 있다.

이 책은 여러 가지 측면에서 노년의 역사에 관한 서양학계의 연구수준을 가늠하게 한다. 우선 노년의 역사에 대하여 크게 두 가지 문제의식 혹은 관점에서 접근한다. 그 하나는 사회사적인 관심과 접근방식이다. 그것은 역사적으로 '노인들은 가정과 사회에서 어떤 삶을 살았는가' 하는 물음과 관련된 것으로서 일, 건강, 재산, 가족, 사회적 관계 등 노년의 삶에 영향을 미치는 중요한 문제를 다루고자 한다. 그리하여 이 책은 노인의 가정생활과 가족 관계, 노년기의 섭생과 질병, 노후 부양과 상속, 생업 활동과 은퇴, 연금제도, 노인 의료 및 구호 등에 대한 서술을 주요 내용으로 포함한다.

노년의 사회사와 더불어 이 책이 다루는 또 하나의 주제는 노년의 문화사이다. 노년의 사회사가 노년기 삶의 물질적이고 구조적인 측면에 관심을 갖는다면, 노년의 문화사는 늙음과 노인에 대한 인식과 이미지, 관념과 표상의 측면에 주목한다. 달리 표현하면 이 책이 밝히려는 또 하나의 문제는 역사적으로 '사람들이 늙음을 어떻게 인식하고' '노년에 어떤 가치와 의미를 부여했는가' 하는 점이다. 이 책은 노년의 문화사 서술을 위하여 노년의 일상 경험을 기록한 일기와 편지, 노년에 관한 의학, 철학 및 종교 저술, 노년을 주제로 한 시와 소설, 노인을 다룬 연극과 영화, 늙음을 예술적으로 형상화한 회화, 조각, 도상, 나아가 노년의 삶에 관한 구전 민중 설화와 속담 등 놀랄 만큼 다양한 자료를 활용하고 있다.

노년의 사회사와 아울러 문화사에 관한 연구로서 이 책에서 특히 주목해야 할 것은 이 책에 수록된 일곱 편의 글은 모두 노인과 노년의 삶에 대한 기존의 통념과 고정관념의 문제점을 깨우치고 오류를 바로잡으려 한다는 점이다. 이 책의 필자들은 명시적이든 묵시적이든 비판의 대상을 공유하고 있는데, 이른바 근대화론의 시각이 바로 그것이다. 역사가들에 앞서 노년학을 주도한 사회과학자들에게서 유래한 근대화론의 요지는 한마디로 산업화, 도시화 등 근대사회로의 변화를 통하여 노인의 지위가 하락하고 노년기 삶의 질이 악화되었다는 것이다. 즉 근대화론에 따르면 근대 이전 전통 사회에서 노인은 희귀한 존재였고, 강력하고도 존경받는 구성원이었다. 그들은 축적된 경험과 지식을 통해 공동체 생활에 참여하고 권위를 누렸으며, 가부장적 가족 구조와 긴밀한 친족 관계에서 노후 지위를 보장받았다. 반면 근대화를 계기로 노인의 지위와 권위가 하락했으며, 노인은 가족과 사회에서 소외와 차별의 대상이 되었고, 궁핍과 외로움에 당면하게 되었다.

그간 노년의 역사를 연구하는 역사가들은 근대화 이전 전통 시대를 '노인의 황금기'로 규정하는 사회과학자들의 낙관적 통념을 검증되지 않은 가설로 비판하고 이를 극복하고자 했다. 이 책은 역사가들의 비판 의식과 문제 제기가 어떤 결실을 거두었는지 곳곳에서 보여준다. 예컨대 이 책에 따르면 먼 과거에도 노인은 그동안의 통념과는 달리 결코 희소한 존재가 아니었다. 높은 유아 사망률로 인하여 평균적인 기대 수명은 오늘날에 비해 매우 짧았지만, 평균수명을 넘어 장수하는 것이 예외적인 현상은 결코 아니었다. 18세기 잉글랜드, 프랑스, 스페인처럼 20세기 이전에도 60세 이상 노령자가 전체 인구의 10퍼센트 수준에 달하는 경우도 있었다.

아울러 근대화 이전 전통 사회에서 노인이 가정과 사회에서 권위와 존경을 누렸다는 주장 역시 신화에 불과하다. 근대는 물론이고 고대와 중세에도 이른바 노인 정치gerontocracy라고 할 만큼 노인집단이 정치권력을 장악한 사례는 찾기 어렵다. 역사적으로 노인이 누린 존경과 권위는 노령에 의해 자동적으로 보장되지 않았고 개개인의 능력과 지속적인 성취를 통해서만 획득되고 유지되었다.

전통 사회에서 노인의 가정과 가족 관계도 근대화론자들의 믿음처럼 가족의 존중과 배려 속에 행복하게 만년을 보내는 낭만적이고 목가적인 것이 아니었다. 가부장의 지위에 있는 노인을 중심으로 기혼 자녀를 포함하여 여러 세대를 편입한 '확대가족'은 유럽의 보편적 규범이 아니었으며, 오히려 잉글랜드를 비롯한 유럽 북부 지역에서는 독립적인 '핵가족'이 지배적이었다.

전통 사회에서 노년의 가족 관계가 어떤 것이었는지에 대해서는 중세 이래 유럽 도처에 구전된 속담과 격언, 설화와 발라드 등 민중 문화뿐 아니라 심지어 셰익스피어의 작품 『리어 왕』처럼 엘리트 문화에서도 많은 시사점을 찾을 수 있다. 그것들은 모두 생전에 자식에게 재산을 넘기는 것에 대한 경고, 노후 자녀의 가정에 얹혀살게 되었을 때의 굴욕과 냉대, 노년에 대한 걱정과 두려움 등을 모티브로 한 것이었다. 예컨대 '자기 전까지는 옷을 벗지 말라' '한 명의 아버지는 백 명의 자녀를 돌볼 수 있지만, 백 명의 아들은 한 명의 아버지도 부양하지 못한다' 등의 구전 속담이 그러했다.

사실 전통 사회의 노인상은 그동안 많은 부분 고정관념과 편견에 지배되었다. 이 책에 따르면 근대화 이전 유럽 전통 사회에서 노인들은 수동적이고 의존적이라기보다 능동적이고 활동적인 존재로서 가정과 사회에서 나름대로 적극적인 기능과 역할을 수행했다. 무엇보다 그들은 노후에도 가능한 한 스스로 자기 삶을 꾸리는 '자립'의 규범과 이상을 추구했다. 그리하여 그들은 가능한 한 기혼 자녀와의 동거 대신 독립주거를 선택했고, 경제적으로도 스스로를 책임지고자 했으며, 그래서 일할 수 있는 한 계속해서 일하고자 했다.

근대화론의 시각이 노년의 역사에서 변화를 강조한다면 이 책은 시대를 초월하는 연속성의 측면도 간과하지 않는다. 예컨대 '노인'이나 '노년'에 대한 개념과 정의가 그러하다. 노인의 범주나 노년의 시점은 역사적으로 가변적이었다. 즉 '누가 노인이며' '노년의 시작은 언제인가' 하는 문제는 특정한 산술적 연령보다 각 개인의 용모와 신체 상태에 대한 주관적이고 인상적인 판단에 따른 것이었다. 그러면서도 늙음을 이유로 60세를 병역과 노역 등 공공 의무의 수행을 면제하는 연령의 시점으로 삼는 공적 차원의 관례는 이미 고대나 중세에도 시행된 놀랄 만큼 오래된 것이었다.

노년의 역사를 근대화 이전과 이후로 양분하여 극적인 변화를 상정하는 근대화론에 대한 비판이 의미하듯 이 책이 제시하는 노년의 역사상은 결코 일면적이거나 단선적인 것이 아니다. 그것은 오히려 일반화가 어려울 정도로 다양하고 복합적이다. 다시 말해 이 책의 필자들은 역사적으로 어느 시대에나 노년의 삶은 빈부와 계급에 따라, 성별에 따라, 도농都農 주거 지역 등에 따라 큰 차이가 있었으며, 노년의 경험도 개별 노인의 경제적 지위, 신체적 건강, 사회적 적응 능력 등에 따라 대단히 상이한 것이었음을 강조하고 이를 차별화하고 있다.

노년의 역사에서 다양성이란 특징은 노년의 삶뿐 아니라 노년에 대한 인식과 표상의 경우에도 마찬가지다. 이 책은 일찍이 고대 이래 문학, 철학, 미술 작품 등에 등장하는 늙음과 노인의 이미지가 얼마나 다양한 것이었는지 잘 보여주고 있다. 예컨대 고대 로마 시대의 철학자 키케로는 지혜와 절제라는 미덕과 함께 노년의 즐거움을 강조한 반면 동시대 시인 유베날리스는 조롱과 독설로써 노년의 재앙을 길게 나열했다. 18세기 동안 유럽의 화가들은 노인의 주름진 얼굴과 마디진 손을 통해 숙련된 기술과 노동의 품위를 표현하면서도 동시에 치아와 시력 상실, 반신불수 등 노년의 병약한 모습을 묘사했다. 이처럼 노인과 늙음, 노년에 관해서는 상호 대립하고 모순된 표상이 긍정과 부정의 정형화된 형태로 교차하고 병존했다. 다시 말해 노인은 존경과 동시에 조롱과 경멸의 대상이었고, 늙음은 지혜와 동시에 어리석음을 상징했으며, 노년은 욕망의 초월과 동시에 집착을 의미하기도 했다.

지금까지 살핀 것처럼 이 책은 노년의 사회사와 문화사를 서술하면서 일률적이고 통일된 역사상을 제공하기보다 차별화를 통해 역사의 다양하고 복합적인 측면을 부각시키고 있다. 이는 두말할 나위 없이 노년에 관한 역사 연구의 폭이 확대되고 깊이가 심화된 결과이다. 그래서 이미 언급했듯이 이 책은 노년의 역사를 연구하는 서양학계의 수준을 보여주는 하나의 지표로 평가할 수 있다. 그런 만큼 이 책이 노년의 역사와 관련된 그간의 잘못된 통념과 고정관념, 편견과 선입관을 바로잡는 데 큰 도움이 되리라 믿는다.

역자는 서양학계에서도 연구가 본격화되기 이전부터 노년의 역사에 관심을 가지기 시작했다. 그것은 주로 개인적 차원에서 비롯된 것이었다. 중년에 접어든 이후 나이 듦의 증후로서 느낀 심신의 변화를 통해 노년의 문제를 주목하게 된 것이다. 언제나 '남의 일'로 여겼던 늙음이 자신의 운명이 된다는 것을 깨닫게 된 이래 역자는 늙음의 의미란 무엇이고, 노년에는 어떤 삶을 살아야하는가 하는 생각을 자주 한다. 역자에게 노년기 삶의 의미와 가치라는 물음은 사변적인 철학이 아니라 현실적인 삶의 문제이고, 노년의 역사는 이 벅찬 현실에 대처하는 하나의 방안이라고 할 수 있다. 역자는 역사 속에서 사람들은 어떻게 늙었고, 노년의 삶은 어떤 모습이었는지 살피는 것이 감내해야 할 것이 많은 황혼기의 삶에 여러모로 참조가 된다고 믿는다.

늙음은 죽음과 마찬가지로 누구나 피할 수 없다. 이 책에서 인용되고 있듯이 '젊음이란 본래 피어날 때부터 시들게 되어 있는 한 송이 꽃에 불과하다'. 더군다나 노령화는 우리 사회에 여러 가지 문제를 제기하는 심각한 도전이다. 이 책이 노령화 시대 노년의 문제에 관심을 갖는 모든 이에게 유용한 지침이 되었으면 한다.

2012년 9월 관악의 연구실에서
안병직

차례

역자 서문_7

제1장 노년의 시대 · 팻 테인_17

'내 나이는 활기찬 겨울이다'

노년: 사실과 허구 | 가족 내 노인들 | 경멸의 대상이었나, 존중의 대상이었나 | 노년은 몇 살인가? | 기대 수명과 평균의 법칙 | 노년의 이미지

제2장 고대 그리스와 로마 세계 · 팀 파킨_53

'노년은 언제나 존경의 대상이 되어왔다'

노년의 다양성 | 고대인의 수명 | 노인의 황금시대? | 부모 모시기 | 생애 과정과 노년 | 노인의 역할 | 풍자작가의 견해와 철학자의 견해 | 고대의 노화 이론 | 노년의 양면성

제3장 중세와 르네상스 · 슐람미스 샤하르_117

'누구나 오래 살기 바라지만 아무도 늙으려고 하지는 않는다'

은퇴와 공적 의무의 면제 | 주변화된 노년의 여성 | 연령과 권위 | 몸과 영혼 | 정신의 고양 | '신께 더 가까이 가라' | 노인에 대한 기대 | 늙은 교황, 젊은 국왕 | 일과 노년

제4장 17세기 · 린 A. 보텔로_183

'젊어 게으르면 늙어 궁핍해진다'

노년의 시작 | 종교개혁과 노년 | 의술과 섭생: 생명의 연장 | 코미디와 늙어가는 연인 | 노년의 규범 | 과부와 홀아비 | 빈곤과 노인 구호 | 은퇴와 상속 | 조부모의 존재 | 고전적 사고와 근대적 현실

제5장 18세기 • 데이비드 G. 트로얀스키_275

'노인이 이끄는 공화국 만세'

노인 인구 | 노인의 가정과 가족 | 프랑스혁명과 '노인 축제' | 노인의학 | 세속화되는 노년 | 미술과 문학에 나타난 노년 | 노년의 목소리들: 전기와 자서전

제6장 19세기 • 토머스 R. 콜·클라우디아 에드워즈_329

'노년에 대해 불평하지마라'

산업화 시대의 노인 | 가난과 예속 | 노인 구호 | 건강과 질병 | 정신적 평온

제7장 20세기 • 팻 테인_399

'나는 내가 늙었다고 생각하지 않아'

늙어가는 인구 | 노령연금제도 | 자본주의 국가와 사회주의 국가 | 일과 은퇴 | 노인병학 | 변화의 양상 | 노년의 표상: 비어트리스 웨브와 시몬 드 보부아르 | 영화 속의 노년 | 노령화 시대의 노년, 다양한 경험

주_461

더 읽을거리_483

도판 출처_489

찾아보기_497

엮은이·지은이 소개_503

일러두기

- 옮긴이 주는 (― 옮긴이)로 표시해 본문에 삽입했다. 그 외의 괄호 안 내용은 저자의 부연이다.
- 저술, 잡지는 『 』, 회화, 사진, 논문은 「 」, 오페라, 화집은 〈 〉로 표시했다.
- 원어 병기는 가독성을 위해 가급적 삼갔다. 인명의 경우, 찾아보기에 원어를 병기했다.
- 외래어 표기는 국립국어원 외래어표기법을 따랐다.

제1장

── 노년의 시대 ──
팻 테인

'내 나이는 활기찬 겨울이다'

우리 시대를 제외하고 각 시대에 엄청난 수가 죽었던 것은 매우 어린 아이였는데, 바로 이와 같은 사실이 과거의 평균 기대 수명 수치를 왜곡시켰다. 중세에는 누구나 죽음을 의식할 수밖에 없었다. 1495년에 제작된 마인츠의 목판화에서는 죽음이 아이의 장난감을 빼앗은 뒤, 조용히 그를 무덤으로 끌고간다.

오늘날 되풀이해서, 우리는 사람들이 과거 어느 때보다 오래 살고 있고, 사회는 점점 더 늙어가며, 젊은이보다 노인의 수가 많아진다는 소식을 듣고 있다. 어디서나 이는 우울하게 소개된다. 무력하게 남의 도움을 받는 사람으로서 노인은 줄어드는 젊은층 노동자 집단에 건강관리와 연금의 부담을 주는 것으로 서술된다. 노년에도 역사가 있는 것으로 생각되는 한, 그것은 쇠퇴의 이야기로 등장한다. 즉, 막연하고 불특정적이며 먼 시점인 '과거'에는 늙어서까지 사는 사람이 거의 없었다는 것이다. 그들은 그 수가 극히 적었고, 비용이 그리 많이 들지 않았기 때문에 오늘날과는 달리 가치가 있었고, 존경받았으며, 소중히 여겨졌고, 가족에 의해 부양되었다.

노년: 사실과 허구

이 책이 제시하는 노년의 실제 역사는 이러한 상에 도전한다. 과거 사회들은 오늘날보다 종종 훨씬 가난했음에도 많은 수의 노인을 부양했다. 18세기에조차도 잉글랜드, 프랑스, 스페인 인구의 최소 10퍼센트는 60세가 넘었다. 20세기 이전 어떤 시기에도 대다수 지역에서 출생 시의 평균 기대 수명은 단지 40세에서 45세에 불과했다. 그러나 이것이 대부분의 사람이 중년에 죽었다는 의미는 아니다. 출생 시의 기대 수명 계산은 매우 높은 유아 및 어린이 사망률에 영향을 받았다. 산업화 이전 어떤 시대에

도 위험이 도사린 생애 초기를 넘긴 이들에게는 60세 이상 생존할 수 있는 기회가 충분했다.[1]

산업화 이전 시기에도 빈번히 그러했듯이, 어떤 지역에서 젊은 사람들이 일자리를 찾아서 나이 든 세대를 남기고 이주했을 때, 노령자의 비율이 더 높았을 수도 있다. 나라 안팎의 이동으로 인한 가족의 분리가 종종 생각하듯 근대적 삶의 모습만은 아니며, 먼 옛날에도 사람들이 항시 한곳에서만 살았던 것은 아니다. 매스커뮤니케이션과 대중의 문자 해득 이전의 시기에 이주했다면, 집과 가족과의 연결은 아마 영구히 사라졌을 것이다.

대단히 많은 노인이 생존한 자녀가 없었기 때문에 가족으로부터 보살핌을 받지 못했다. 그들의 자녀는 국내의 먼 곳이나 심지어 국외로 이주했을 수도 있다. 예컨대 19세기와 20세기에 그들은 아르헨티나나 미국을 향해 이탈리아를, 오스트레일리아나 남아프리카를 향해 영국을, 서부 유럽이나 아메리카 대륙을 향해 폴란드를 떠났을 수 있다. 혹은 그들의 부모가 노년에 이르렀을 때, 그들은 더 이상 생존하지 않았을지도 모른다. 20세기 말 이전 모든 연령층의 사망률이 꽤 높은 상황에서 노인들은 그들의 자녀가 자신들보다 더 오래 살 것이라고 확신할 수 없었다. 18세기에 유럽인의 꼭 3분의 1이, 60세가 되었을 때 한 명의 생존 자녀를 두었다.[2]

21세기 초의 노령자는 과거보다 자녀 수가 적다. 그러나 그 자녀가 유아기나 심지어 중년에도 사망하는 일이 드물고, 노인이 최소 한 명의 자녀도 없거나, 최소 한 명의 자녀와도 접촉하지 않는 일도 드물다. 각 세대가 서로 떨어져 살 때조차도 그들은 전화, 인터넷, 자동차, 기차 또는 비행기를 이용하여 전례 없이 신속하게 함께할 수 있고, 또 그렇게 하고 있다. 노년에 대한 오늘날의 비관적인 서사에서 변함없는 수사 가운데 하나는 '과거'보다 자녀의 수가 적고, 더 흩어진 현대사회에서 증대하는 노령자의 고독에 대한 강조이다. 그러나 모든 증거가 시사하는 것은 과거의, 특히 가난하고 자녀가 없는 노인의 심한 고독이며, 현재에는 늘어난 것이 아니라 오히려 줄었다는 점이다.

가족 내 노인들

노인들 사이의 고독은 혼자 사는 노령자 통계에서 추론한 것이다. 통계상의 수치는 극적으로 증가했다. 20세기 초 영국에서는 60세가 넘는 사람의 9퍼센트가 혼자 살았다. 1985년에 이르면 36퍼센트가 그러했는데, 여성의 경우 47퍼센트, 남성의 경우 20퍼센트였다.[3] 그러나 혼자 사는 것을 고독과 동일시해서는 안 된다. 독신 주거—때때로 만족스럽고, 때때로 그렇지 못한—는 20세기 말 모든 연령층에서 흔해졌다. '과거'에 노인들은 성년 자녀들과 함께 살았고 그들의 보살핌을 받았다고 종종 추정한다. 우리가 살펴본 바와 같이 이 자녀들은 생존하지 않았을지도 모르고, 멀리 떨어져 살았을 수도 있다. 자녀 가까이에 살았더라도, 노인들은 혼자 대처할 수 있을 때까지는 자신의 집에서 살기를 선호했다. 북부 유럽에서는 수세기 동안 민간의 전승이 이러한 선호 현상을 강화했는데, 노인들에게 자신의 삶을 자녀의 통제에 맡길 경우의 위험을 경고했다. 중세 유럽에서 이미 오래된 경고성의 대중적 이야기는 늙은 아버지를 보살피는 데 싫증이 나서 가족의 식탁에 앉히는 대신 아버지가 식사할 여물통을 제작하거나, 또 다른 판본에서는 아버지의 침구를 거친 삼베 한 필로 교체하기 시작하는 인물에 관한 것이었다. 그가 그렇게 하고 있을 때, 그의 아들이 지나가면서 자신도 자기 아버지가 늙으면 비슷한 여물통을 만들 것이라고 말하

「밀라노의 오스피스 트리불치오 축제 날」은 1901~1903년경 안젤로 모르벨리(1853~1919, 노동과 빈민의 삶을 즐겨 그린 이탈리아의 화가—옮긴이)가 그린 일련의 그림 가운데 하나로, 늙은 노숙인과 창녀를 위한 수용소인 밀라노 소재 피오 알베르고 트리불치오를 배경으로 하고 있다. 전체적으로 모르벨리의 그림들은 노년의 고독에 대한 모르벨리의 장기간에 걸친, 감동적일 정도로 사실적인 탐구에 해당한다.

거나, 혹은 삼베 천을 반으로 찢으면서 자기 아버지의 노년을 대비하여 그 반쪽을 보관하겠다고 말한다. 그 아버지는 마땅한 징벌을 받은 것이다. 또 다른 좀 더 처량한 판본에서 노인은 식탁 머리맡의 명예로운 자리에서 출입문 뒤의 의자로 점차 밀려나 거기서 비참하게 죽음을 맞이한다.

또 하나의 대중적 이야기에서는 노인이 계략을 써서 이긴다. 그는 아들과 며느리에게 자신의 전 재산을 모두 다 주지 않았다는 점을 지적함으로써, 그가 이사하여 그들과 동거한 뒤에도 그들이 자신을 계속 잘 대접해주도록 보장책을 세운다. 남은 재산은 자물쇠가 채워진 상자 안에 들어 있는데, 그의 사망 시에 개봉하도록 되어 있다. 그가 죽자 아들과 며느리가 달려가 상자를 연다. 그 안에는 글이 새겨진 큰 몽둥이만 덩그러니 놓여 있다. '구걸해야만 할 정도까지 퍼주는 자는 뻗을 때까지 몽둥이질을 당해야 한다.' 그런 이야기들은 셰익스피어에 의해 각색되어 『리어 왕』에서 가장 탁월한 형식을 갖추게 된다. 그것들은 적어도 18세기까지 스칸디나비아, 독일, 스코틀랜드, 프랑스, 이탈리아의 농민 문화에 널리 보급되었다. 18세기 말 브란덴부르크 지역 일부 도시의 성문에는 다음과 같은 글이 새겨진 큰 몽둥이가 걸려 있었다. '자녀에게 먹을 것을 의존하거나 가난에 시달리는 자는 이 몽둥이로 죽도록 얻어맞을 것이다.'[4] 이 가운데 어느 것도 자녀 가정에서의 안락한 부양이 산업화 이전 북부 유럽의 노인이 기대할 수 있는 운명이라는 것을 시사하지 않는다. 남부 유럽 일부에서는 여러 세대가 함께 사는 것이 좀 더 흔했지만, 효도만큼이나 가난 탓이었다. 따라서 이 관계를 이상화해서는 안 된다.[5]

노인들은 도처에서 가능한 한 오래 독립을 유지하고파 했다. 대다수는 무기력하게 의존하는 사람들이 아니었다. 일반적으로 젊은 세대와 생활을 공유하는 것보다 자신의 가정을 꾸리고 스스로의 삶을 사는 것이 더 낫다

『리어 왕』에서 셰익스피어는 여전히 상상력에 영향을 미치는 하나의 신화―매정한 자녀에게 권력을 양보해야 했던 늙은 아버지―를 활용했다. 1773년 18세기 영국의 대표적 초상화가인 조슈아 레이놀즈가 폭풍 속의 리어를 그렸다.

'내 집이 그립고 내 스토브가 그립다. 그것은 멋진 것이었다'라고 헬렌 윌리엄스 부인이 말했는데, 그녀는 78세에 1940~1941년의 런던 대공습으로 폭격의 피해를 당했다. 그녀는 쉰두 명의 손자, 손녀를 두고 있어서 외롭게 지내지는 않을 터였고—그녀 세대에 전형적으로—여전히 좋은 차 한 잔으로 위안을 받을 수 있었다. '나는 내 행운의 편자(서양에는 편자가 행운을 가져다준다는 속설이 있다—옮긴이)를 지니고 있다.'

고 생각했다. 언제나 노인들은 받는 사람일 뿐 아니라 주는 사람이었다. 즉 고아가 된 손자, 손녀를 양육했고, 남편이 죽거나 남편에게 버림받은 딸과 그 자녀에게 집을 제공했으며, 병을 앓거나 불구가 된 자녀나 배우자, 이웃을 보살폈던 것이다. 모든 사회계급에서 세대 간에는 도움이 위로뿐만 아니라 언제나 아래로도 향했다.

가족적 헌신만큼 재정적 압박 때문에도 가족들은 함께 살아야 했음에도, 젊은층 또한 독립을 선호했다. 20세기 말에 이르면 각 세대가 따로 살 가능성이 커졌는데, 더 많은 사람이 그렇게 할 수 있게 되었기 때문이다. 어느 시대에나 별거가 각 세대의 생존 구성원들 사이의 접촉과 상호 지원의 부재를 의미하는 것은 아니다. 16세기 스페인에서 19세기와 20세기 미국 또는 영국까지, 친척들은 간혹 가까이서, 긴밀하게 접촉하며 살았다.[6] 그리고 노인들은 몹시 쇠약해 혼자 살 수 없을 때, 종종 죽음 전의 짧은 기간 동안 자녀의 집으로 들어갔다. 살아 있는 자녀가 없을 경우, 그들은 양로 병원과 빈민을 위한 시설에 들어갔는데, 산업화 이전 유럽과 초기 아메리카 대륙 어디서나 그 공간들은 생존한 피붙이가 없는 노인들로 채워졌다.[7] 그렇지 않으면 그들은 혼자 죽었다.

경멸의 대상이었나, 존중의 대상이었나

노인들에게 자녀를 지나치게 신뢰하는 데 대하여 경고하는 이야기들은 그들이 늙어간다는 사실로 자연히 존중받을 것이라고 생각해서는 안 된다는 점을 암시했다. 사실 노인은 '늘 그랬던 것'보다 존경을 덜 받고 있다는, 오늘날에도 흔한 이 믿음은 노년 그 자체만큼이나 오래된 것이다. 플

늙은 여성은 위험스러운 존재였다 — 이 별난 믿음은 부분적으로는 잘못 이해된 중세 사상, 부분적으로는 늙은 여성이 일반적으로 사회에 대하여 정당한 불만을 가지고 있다는 죄의식에 바탕을 두고 있다. 마술사는 거의 언제나 여성이었다. 고야도 이런 믿음에 아주 익숙해 자신의 풍자화에 섬뜩한 느낌을 부여하고 있다. 「뛰어난 스승」(1797)은 경험이 많은 늙은이에 의해 마술의 미스터리에 입문하고 있는 젊은 여성을 보여준다.

라톤의 『국가론』 첫머리에서 소크라테스가 늙은 케팔로스를 만나서 늙는 것이 어떤 것인지 묻는다. '노년은 인생에서 힘든 시기입니까, 아니면 그렇지 않습니까?' 케팔로스가 대답한다.

> 소크라테스여, 그게 나에게 어떤 인상을 주는지 당신에게 확실히 말해주리라. 왜냐하면 우리 늙은이들 가운데 일부가 유유상종이란 속담처럼 자주 함께 만나기 때문이오. 우리가 만나면 대부분이 비통함으로 가득하오. 옛날 어떻게 사랑하고, 술 마시고, 파티에 가곤 했는지 회고하면서, 그리고 더 이상 그렇게 할 수 없는 것을 크나큰 상실이라 생각하면서, 젊은 시절의 즐거움을 갈망한다오. 그땐 좋은 시절이었지만, 지금은 도대체 산다고 말할 수조차 없다고 생각한다오. 그리고 일부는 가족들이 자신의 나이에 대해 존경심을 보여주지 않는다고 불평하며 노년이 초래하는 불행에 대해 되풀이해서 말하기 시작하오. 그러나 소크라테스여, 내 견해로는 그들의 불평은 번지수를 잘못 찾고 있다오. 만약 노령에 책임이 있다면 내 경험도 그들과 똑같고, 그래서 다른 모든 노인과 똑같을 것이오. 그러나 사실 나는 전혀 다른 감정을 가진 사람을 많이 만났다오. (…) 이 모든 것에서, 그리고 가족들이 그들에게 보여주는 존경의 결핍에서 책임을 물을 것은 단 한 가지뿐이오. 소크라테스여, 그건 그들의 노령이 아니라 그들의 성격이라오. 왜냐하면 분별력이 있고 좋은 성격이라면, 노년은 견뎌내기 쉽기 때문이오. 만약 그렇지 않다면, 노년뿐 아니라 청춘도 고생보따리라오.[8]

비슷한 불평과 비슷하게 강한 반론이 역사에 자자하다. 사람들이 단지 그들의 나이만으로 존경을 받거나 받지 못하는 것은 유럽문화를 포함한 대부분의 문화에서 드문 일이다. 연령에 무관하게 사람들은 행동을 통해 존경을 획득했다. 아니면 부와 권력이 복종을 강요했다. 부유한 노인은 적어도 겉으로는 공경받을 수도 있을 것이다. 가난한 노인은 지역공동체의 보살핌을 받거나, 아니면 추방되거나 무시당할 수도 있었다. 17세기 독일 남부의 한 의사는 왜 늙은 여성들이 그리도 자주 마녀로 고발당하는지 설명했다. '그들은 누구에게나 부당하게 무시당하고 거부당하며, 누구에게서도 사랑과 충성은 말할 것도 없고 보호도 받지 못한다. (…) 그래서 그들이 가난과 결핍, 불행과 나약함 때문에 종종 악마와 마술에 빠지는 것은 놀라운 일이 아니다.' 한 70세 여성은 재판정에서 이렇게 말했다. '어린아이들이 노인은 모두 마녀라고 부른다.'[9] 노인들이 가진 특별한 지식, 예를 들면 병의 치유에 관한 지식은 지역공동체에 의해 노인 특유의 지혜로서 소중히 여겨지거나 마술에 대한 추가적인 증거로서 비방의 대상이 될 수도 있다.

케팔로스가 시사했듯이, 현재와 마찬가지로 과거에도 노년의 가장 인상적인 특징은 다양성이다. 그리고 이 책에 수록된 에세이들이 탐구하고 있는 것도 바로 이것이다. 이 글들의 초점은 유럽과 유럽인의 이주지역—유럽이 식민화한 다음 유럽의 백인이 오래 지배한 나라들, 주로 북미, 오스트레일리아와 뉴질랜드이다. 두말할 나위 없이, 이는 다른 여러 문화에서는 노년의 역사가 존재하지 않기 때문이 아니다.[10] 여러 문화와 시대를 아우르는 다양한 경험은 한 권의 책으로 압축될 수 없으며, 필자들은 자신들이 아는 문화를 가장 잘 논의하기 때문이다.

노년은 몇 살인가?

'노년'은 부분적으로는 바로 그 시간적 길이 때문에 인생의 다양한 한

고야 작품의 마녀들보다 더 불길한 것이 그가 그린 실제 노인들이었다. 고야가 75세경에 그린 「수프를 먹는 두 늙은이」에서 그들은 산송장이 되어 있다.

The Olde Old very Olde Man or Thomas Par, the Sonne of John Parr of Winnington in the Parish of Alberbury In the County of Shropshire who was Borne in 1483 in The Raigne of King Edward the 4th and is now living in The Strand, being aged 152 yeares and odd Monethes 1635

Publish'd by I. Caulfield. 1794.

토머스 파는 이례적인 고령으로 유명해졌다. 그는 1483년에 태어났다고 주장했지만, 믿거나 말거나 자신의 아버지의 생일을 자기 것으로 삼았을지도 모른다. 그는 1635년 찰스 1세의 궁정에 초청받았는데, 당시 이 초상이 제작되었다. 그러나 너무 흥분한 나머지 그는 그해에 죽고말았는데, 아마 152세나 153세가 되었을 것이다. 그는 웨스트민스터 성당 남쪽 회랑에 안장되었다. 그러나 출생일에 대한 어떤 증거도 없어서 그에 관한 이야기에 대해서는 의문을 던질 수밖에 없다.

시기다. 그것은 50세에서 100세 이상까지 걸쳐 있다고들 한다. 대조적으로 '청춘'과 '장년'은 모두 상대적으로 짧은 기간에 해당한다. '노인'은 어떤 사회에서도 가장 건강한 사람과 가장 쇠약한 사람, 가장 부유하거나 가장 강력한 권력을 가진 사람과 가장 가난하거나 가장 무시된 사람의 일부를 포함한다. 100세까지 사는 것이 과거 그 어느 때보다도 근자에 흔해졌지만, 과거에도 100년 동안 사는 사람이 물론 있었다. 나는 이 글을 쓰던 중 (2004년 6월)에 아주 유별난 오스트레일리아 남성의 라디오 인터뷰를 들었는데, 그는 생애 처음으로 낙하산 점프를 함으로써 자신의 101세 생일을 자축했다. 이는 전임 미국 대통령 조지 부시 시니어를 무색하게 하는데, 그가 자신의 생일을 자축하기 위해 동일한 방식을 택했을 때, 그의 나이는 80세에 불과했다. 그런 성취는 아직 예외적인 것이지만 옛날보다는 덜 놀라운 것이다.

'늙었다'는 것은 몇 살을 뜻하는가? 이 인상적인 늙은 낙하산 점프자는 노년의 경계와 의미가 바뀌고 있을지도 모른다는 점을 시사한다. 그러나 17세기의 런던도 토머스 파, 일명 '파 옹'에 매료되어 있었다. 그는 의식적으로든 아니든 자기 부친의 생일을 빌렸던 것으로 보이지만, 사망 당시 153세라고 주장했고 105세에 간통을 속죄했다고 뽐냈다. 그는 초고령이 가져다주는 유명인의 지위를 그 당시에도 한껏 즐겼다. 사실상 여러 시대와 장소를 초월하여 대중적, 그리고 공식적 담론에서 노년을 어떻게 정의하는가 하는 점에는 주목할 만한 연속성이 있다. 고대 그리스와 로마에서, 중세와 근대 초 유럽 전역에서, 19세기 북미와 오스트레일리아에서, 노년은 현재 여전히 그런 것처럼 60세와 70세 사이 어딘가에서 시작한다고 믿었다.[11] 그러나 일부 사람들은 50대나 심지어 40대의 좀 더 이른 나이에 노쇠해졌던 반면 다른 사람들은 80대까지 건강하고 활동적인 상태에 머물렀다는 점은

노령을 물리치는 것, 시계를 뒤로 돌려 다시 젊어지는 것은 여러 세기 동안 인간의 꿈이었다. 중세에는 그것이 청춘의 샘에 대한 환상에서 구체화되는데, 샘 한쪽으로 노쇠한 노인이 들어가서 다른 쪽으로 젊고 아름답게 나타났다. 15세기 전반 피에몬테 지방 만타 성의 이 프레스코 벽화는 파비아의 아이모네 공의 작품으로 보인다. 꿈은 계속되고 있지만, 오늘날 세대는 오히려 화학의 기적을 믿는 경향이 있다.

언제나 널리 인정되었다. 시간이 흐르면서 더 많은 사람이 노령에까지 활동적이라는 점이 인식되었다. 13세기 예루살렘의 십자군 왕국에서 60세 이상의 기사는 군역에서 면제되었으며, 13세기 잉글랜드에서도 60세가 넘은 남성은 누구나 마찬가지였다. 같은 시기 카스티야이레온에서는 70세가 경계근무와 군역에서 면제되는 나이였다. 13세기 공직에서의 퇴직 연령은 잉글랜드, 피렌체, 베네치아, 피사에서 70세였다.[12] 19세기 북미와 유럽에서도 60세와 70세 사이로서 많은 부분 동일했다. 물론 마지막 장에서 살펴보게 될 것처럼, 20세기 내내 그전 어느 때보다 훨씬 더 많은 사람이 더 고령에 이르도록 건강하게 살았지만 말이다.

일반적으로 이 공식적인 정의는 신체적으로나 정신적으로 부적당한 개개인들은 이른 나이에 공적 의무에서 면제되고, 건강하고 활동적인 사람들은 노령에까지 그 의무를 수행하도록 해주었을 것이다. 대부분의 역사에서 노년은 살아온 햇수보다는 신체의 건강에 따라 규정되었다. 대다수 시대나 장소에서 사람들은 더 이상 스스로를 부양하고 돌볼 수 없을 때, 성인이 되어 생존에 필수적인 능력이 사라질 때 '늙었다'는 평가를 받았다. 이러한 판단이 매우 다양한 연령에서 발생한다는 점은 언제나 인정되어왔다. 베네치아의 총독 엔리코 단돌로는 97세였던 1204년에 베네치아인을 이끌고 제4차 십자군원정에 참여했다. 이는 예외적이었지만, 그가 중세 유럽에서 노령에 권력을 가진 유일한 인물은 아니었다.[13] 영국의 종교 지도자 존 웨슬리는 86세였던 1789년에 자신이 마침내 늙었음을 느꼈다고 썼다. 왜냐하면 '1. 내 시력이 쇠퇴했고 (…) 2. 내 기력이 쇠퇴했고 (…) 3. 사람이든 장소든 이름에 대한 내 기억을 생각해내기 위해 잠시 멈출 정도로 쇠퇴'했기 때문이다.[14] 당시 그리고 그 이전 시기에 훨씬 더 많은 수의 가난하고 권세 없는 노인은 노령이란 이유로 빈민 구호를 받았고, 끝내는 40대에서 80대까지의 다양한 나이에 무력한 존재로의 전락을 강요당했다.

여성은 폐경기 이후, 출산이라는 그들의 삶에서 주된 기능을 수행할 수 없을 때 늙었다고 여겨졌다. 그러나 이는 결코 보편적인 것이 아니다. 예를 들면 폐경기 이후의 여성도 이따금 어린 자녀의 어머니였다. 왜냐하면 신체적으로 가능할 때까지 여성이 자녀를 출산하는 것이 흔했기 때문이다. 다른 한편으로 중세와 근대 초 유럽, 그리고 아마도 고대 그리스와 로마에서는 폐경기 이후 여성이 더 많은 독립을 확보했을 것이고, 때때로 산파와 샤프롱Chaperon(젊은 여자가 사교장에 나갈 때 따라가서 보살펴 주는 나이 많은 부인—옮긴이)으로서, 또는 성性이나 다른 미묘한 문제를 둘러싼 지역공동체 내 갈등의 중재자로서 더 많은 공적 책무를 획득했을 것이다.[15] 부유한 과부는 20세기 이전 어느 사회에서나 기혼 여성에게는 없었던 재산 관할권을 가지고 있었으며, 그들 중 일부는 그 권한을 엄청나게 행사했다. 예를 들면 잉글랜드에서는 캐서린 네빌이 1412년 노퍽 공작 존 모브레이에게 시집을 갔는데, 남편이 1432년에 사망하면서 엄청난 재산을 그녀 수중에 남겼고, 그녀는 이 재산을 잘 관리했다. 그녀는 51년을 더 살면서 세 번 재혼했는데, 마지막에는 60대의 나이로 10대였던 존 우드빌과 재혼함으로써 재산 상속을 기다리는 이들을 실망시켰다. 그녀가 아들, 손자, 증손녀보다 더 오래 살았기 때문에 이들은 살아남은 이들이었다고 할 수 있다. 우드빌이 남편의 권리로서 상속을 원했지만, 그도 역시 불운했다. 왜냐하면 그녀가 그보다 14년이나 더 오래 살았기 때문이다. 그녀는 일련의 남성 후계자들이 기대한 상속을 무산시킨 다음, 1483년에 세상을 떠났다.[16]

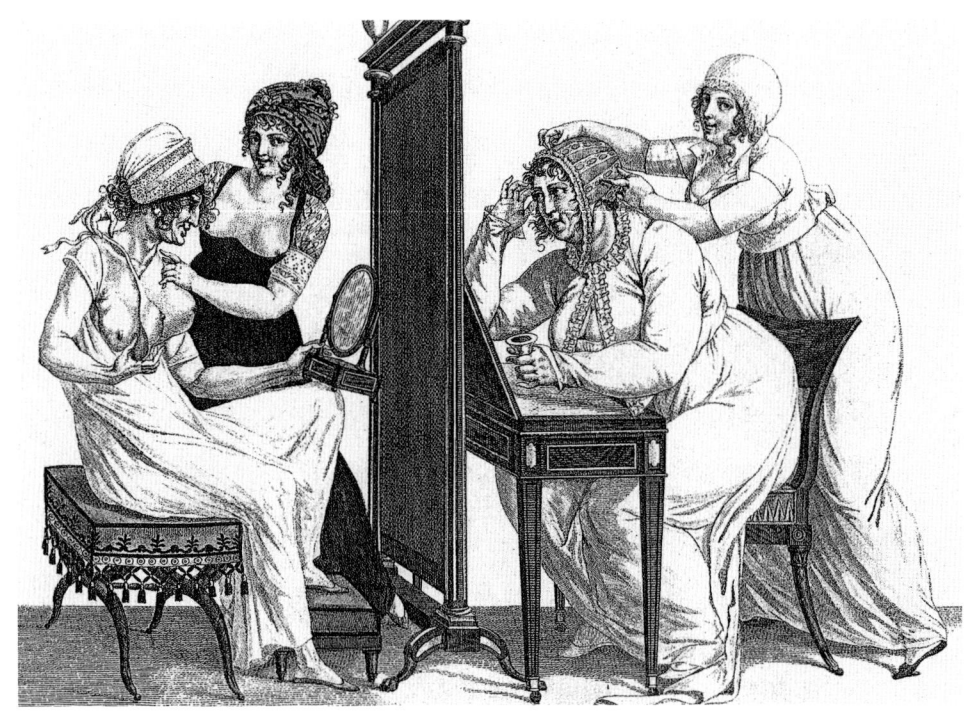

현실 생활에서 젊음과 아름다움의 회복에 대한 추구는 풍자의 계속되는 주제였다. 혁명 후(1800년) 프랑스의 한 인쇄물은 화장대 앞의 두 나이 든 부인을 보여주고 있다. 한 부인은 새 유방을 얻고 있고, 다른 한 부인은 눈 주위 주름을 손질하고 있다. 마치 재미를 나누려는 양, 젊고 예쁜 하녀들의 시선이 똑바로 우리를 향하고 있다.

기대 수명과 평균의 법칙

지금도 그런 것처럼, 대부분의 시대와 장소에서 여성은 남성보다 더 오래 살았다. 근대 초기 유럽에서 늙은 여성은 때때로 슬프고 쇠약한 것이 아니라 폐경이 임신의 공포를 일소함으로써 성적으로 탐욕스러운 존재로 표상화되었다. 남성처럼 여성도 노년에 예상되는 특징, 즉 신체의 쇠약과 의존을 내비쳤을 때 늙었다고 규정되었다. 그들은 다양한 나이에 그렇게 되었고 다양성은 시간이 흐르면서 증가했다. 그러나 수 세기가 흘러도 변하지 않았던 한 가지는 자연스러운 수명, 즉 누구나 생존할 수 있을 것이라 예상하는 최장 기간이었다. 적어도 중세 이래 사람들은 인간이 앞으로 언젠가 150세나 200세까지, 또는 그 이상 살 것이라고 예상했다. 그뿐 아니라 한때, 노아의 홍수 이전 신이 인간의 수명을 단축함으로써 인간의 죄를 심판하기 전까지는 이미 그랬다고 믿어왔다.[17] 그러나 기나긴 삶을 언제나 바람직스럽다고 생각하지는 않았다. 『걸리버 여행기』에서 조너선 스위프트는 영원히 살 운명인 스트럴드브럭 종족에 대해 서술하면서 영생에 대한 욕망을 풍자했다.

"그들은 대략 30세까지는 인간처럼 행동하고, 그 뒤에는 점차 우울해지고 낙담하며, 80세가 될 때까지 이런 상태가 심해집니다. (…) 80세가 되었을 때 (…) 그들은 다른 노인들의 온갖 어리석음과 노환뿐 아니라 결코 죽지 않으리라는 무시무시한 전망에서 유래하는 잡다한 우환이 생깁니다. 그들은 완고하며, 까다롭고, 탐욕스러우며, 침울하고, 우쭐대며, 수다스러웠을 뿐 아니라 친구도 못 사귀고 온갖 자연스러운 애정에 무감각하였는데, 자연적인 애정은 그들의 손자, 손녀 아래로는 결코 내려가지 않습니다. 질투

르네상스 전성기에서 유래한 노년에 대한 두 가지 태도는 서로 다른 두 가지 심성, 불가피한 것을 당면하는 두 가지 방식, 아마 북부(독일)와 남부(이탈리아)의 전형적인 것들을 반영하고 있다.

△ 조르조네(1477?~1510, 16세기 베네치아 회화의 창시자로 불리는 이탈리아의 화가―옮긴이) 그림은 두드러지게 낙관적이다. 관람자를 똑바로 응시하는 그의 노인은 젊은이와 중년에 못지않게 (그들보다 더 신중함에도) 자신감이 있고 건강하다.

▷ 1510년의 한스 발둥(1484?~1545, 알브레히트 뒤러의 제자로 북유럽 르네상스 미술을 대표하는 독일의 화가이자 판화가―옮긴이)은 아름다운 젊은 여성, 그리고 이미 죽음과 팔짱을 끼고 있는 늙은 여성 사이의 대조에서 슬픔 외 아무것도 보지 못하고 있다.

와 이룰 수 없는 욕망이 그들을 지배하는 열정입니다. 질투의 가장 우선적인 대상처럼 보이는 것은 젊은이의 비행과 늙은이의 죽음입니다. (…) 90세에 그들은 치아와 머리카락을 잃고 맙니다. (…) 그들이 걸렸던 질병은 더 악화되지도 않고 그렇다고 나아지지도 않은 채 그저 계속됩니다. 말을 할 때 그들은 사물의 통상적인 명칭과 사람들, 심지어 가장 가까운 친구와 친척의 이름마저 잊어버립니다."

그들은 온갖 부류의 사람에게 경멸과 증오의 대상이었다. (…) 그들은 내가 보았던 가장 기분 나쁜 모습이었다. 그리고 여자들이 남자들보다 더 무서웠다. 아주 노령의 일반적인 흉물스러운 모습들 외에도 그들은 나이에 비례하여 추가적으로 무시무시한 모습을 드러냈다.[18]

언제나 소수의 사람이 100세나 그보다 약간 더 많은 나이까지 생존했다. 21세기 초에는 종전 어느 때보다도 더 많은 사람이 100세까지 산다. 그러나 이따금 약 120세 정도까지 생존하는 경우가 있음에도 100세를 훨씬 넘어서까지 사는 일은 여전히 드물다. 수명이 초장수로 연장되는 조짐은 거의 보이지 않는다.[19]

노년의 이미지

유럽 언어들의 기원 이래 인생을 간단하게 청년, 중년, 노년의 세 부분으로 나누는 것이 일반화되었지만 현실에서 볼 수 있는 다양성을 표현하는 데는 적합하지 않았다. 오히려 '인간의 일생'은 시대와 장소에 따라 4~12단계 사이 어디쯤으로 나누어졌는데, '노년'은 고대 그리스와 로마에서조차도 49세와 70세 사이에서 다양하게 시작했다고 한다. 인간의 일생에 대한 대부분의 도식은 노년을 활동적이고 젊은 노년과 마지막 노쇠의 단계로 내부적으로 분리하는 것을 인정했다. 이에 대한 현대적 표현이 '젊은 노년'과 '늙은 노년', 혹은 프랑스어가 좀 더 우아하게 표현하는 것처럼, '제3의 인생'(청년의 '제1의 인생', 중년의 '제2의 인생'의 뒤를 잇는)과 '제4의 인생' 사이의 사회학적 구분이다.

아마도 사람의 일생에 대한 가장 유명한 문학적 표상은 셰익스피어의 작품 『뜻대로 하세요』에 등장하는 자크의 대사일 것이다. 그는 일생의 일곱 시기에 대한 자신의 서술을 아래와 같이 결론짓는다.

> 여섯 번째 시기는
> 슬리퍼를 신은 여윈 늙은이로 변한다
> 콧등에 안경을 걸치고 옆구리에는 쌈지를 차고 있으며
> 젊은 시절 아껴두었던 홀태바지가 시든 정강이에는
> 너무나 넓다. 사내다운 우렁찬 목소리는
> 어린애 목소리로 되돌아가 빽빽거리는
> 피리 소리를 낸다. 이 기이하고 파란만장한
> 모든 이야기가 끝나는 마지막 장면은
> 또 한 번 어린애가 되는 것, 오로지 망각이다.
> 이는 빠지고, 눈은 멀고, 입맛도 떨어지고, 모든 것이 사라진다.[20]

이는 종종 셰익스피어 시대 노인에 대한 부정적인 태도의 전형으로 해석된다. 하지만 모든 연령집단에 대한 자크의 서술은 부정적이다. 그리고 상당히 젊지만 그 자신도 멜랑콜리라는, 고대와 중세 문학에서 관례적인

'멜랑콜리', 즉 토성이 지배하는 네 가지 성질 가운데 하나는 깊숙이 파인 눈과 험상궂은 입을 가진, 죽음을 예상하고 있는 노인으로서 한스 발둥에 의해 의인화되어 있다.

노인의 한 특징으로 표현하고 있다. 독백에는 날카로운 풍자가 숨어 있어서 그것을 액면 그대로 받아들여서는 안 된다는 점을 경고한다. 자크는 비교적 늙었지만 숲에서 사냥을 하며 젊은 사람의 삶에 영향을 미치는 노공작과 함께 있는 무대 장면에서 독백을 한다. 시각적으로 이 장면은 자크의 구두 메시지를 뒤엎는다. 독백이 즉각 끝을 맺고, 그의 형 올란도가 망명에 따라왔던 충실한 애덤과 함께 나타남으로써 그 메시지에 더욱더 이의를 제기한다. '거의 80'세였던 애덤은 극의 앞부분에서 올란도에 대한 도움을 맹세하며 말한다.

비록 늙어 보이지만 건강하고 원기 왕성합니다.
젊은 시절 거칠고 드센 술을
내 몸에 들이부은 적이 없기 때문입니다.
허약과 무기력의 길을
뻔뻔스럽게 추구하지도 않았기 때문입니다.
그리하여 내 나이는 활기찬 겨울로서
서리가 내렸지만 온화합니다. 함께 가게 해주십시오.
여느 젊은이 못지않게 모시겠습니다.[21]

애덤은 노인을 노망 난 늙은이로 보는 자크의 서술을 거꾸로 뒤집는다. 셰익스피어는 시간의 냉혹한 경과에 대한 자크의 표상과 노령화 과정에서 사람마다의 차이를 애덤이 희망적으로 구현한 것, 즉 절제해서 산다면 각자가 그 주체가 될 수 있다는 점을 병치시키고 있다.

  셰익스피어 저작 전체에서 노년의 다양한 이미지를 발견할 수 있는데, 그보다 앞선 제프리 초서의 저작에서도 역시 그러하다.[22]

『캔터베리 이야기 The Canterbury Tales』(영문학의 아버지로 불리는 제프리 초서의 작품으로, 잉글랜드 남부 캔터베리 대성당에 참배하는 각계각층 순례자의 이야기가 실려 있다—옮긴이)의 서시에서 장원 청지기는 자신을 비참하게 묘사한다. 초서는 장원 청지기를 매우 관례적으로 늙고, 성마르며, 여윈 존재로 서술하면서 시작한다. '그의 다리는 깡말라 작대기 같고, / 장딴지는 찾아볼 수도 없다.' 그러나 초서는 장원 청지기를 빈틈없는 사업가로 묘사한다.

그들의 속임수와 계략은 어떤 것이나 알고 있는 터라
그는 그들 모두에게 역병처럼 두려운 존재였다.

그는 부유하고 아직도 활동적이다.

젊었을 때 그는 유용한 수공 기술을 배워
일급의 기술을 가진 목수가 되었다.

초서는 다른 노인들을 젊은 아내에게 배반당하는 바보로 그리고 있다. 다른 한편으로 폐경기가 지난 것이 분명한 배스의 아내는 연상인 네 명의 남편과 잡다한 경험을 한 뒤, 스무 살이나 연하인 다섯 번째 남편에게서 만족했다. 그녀는 자기 삶을 장악하고 있는 늙은 여성이라는 강한 이미지를 제공한다.

수백 년 동안 철학과 문학의 저술가들은 이 다양성을 표현했는데, 일부 사람들은 다른 사람들보다 좀 더 창의적이고, 자기 의식적이었다. 프랑스의 인문주의자 미셸 드 몽테뉴는 1563년 35세의 나이로 '긴 시간 동안 나는 나이가 들었지만, 조금도 더 현명해지지 않았음이 분명하다'고 믿었다.

「여성의 세 시기」에서 구스타프 클림트는 전통적인 주제에 대해 새로운 태도와 시각을 가져왔다. 1905년의 빈은 심리학, 문학, 음악, 미술에서의 통상적인 기준에 대하여 자극적이고 종종 충격적인 도전의 물결을 일으켰던 혁명적 사고의 소용돌이, 그 중심에 있었다. 분리파 운동의 지도자 가운데 한 사람이었던 클림트는 신경증, 에로티시즘, 그리고 죽음을 결합하여 뒤숭숭하고 혼란스러운 이 세상을 탐구했다.

후일의 저술에서도 그는 계속해서 불평했다.

> 만약 내 노후의 불행과 불운이 나의 멋지고, 건강하며, 열정적이고, 원기 왕성한 시절을 마땅히 덮어버린다면, 그리고 사람들이 나를 그동안 어떠했는가가 아니라 이제 더 이상 그렇지 않은 어떤 것을 기준으로 판단한다면, 나는 불평하고 부끄러워할 것이다.[23]

나이가 더 들자, 몽테뉴는 노년과 얼마간은 더 화해하게 되었지만, 전적으로 그러지는 않았다. 그는 이렇게 썼다.

> 나이가 들어 죽는 것은 드물고, 비범하며, 예외적인 죽음이며, 다른 죽음보다 훨씬 더 자연스럽지 못한 것이다. 그것은 최후의, 극단적인 유형의 죽음이다. 그것이 우리에게서 떨어져 있을수록, 그만큼 더 그에 대한 바람이 줄어든다. 사실 그것은 우리가 통과할 수 없는, 누구도 넘어서는 안 되는 것으로 자연이 우리에게 규정한 한계이지만, 우리로 하여금 계속하게 하는 것은 자연의 독특하고 희귀한 특권이다. 그것은 인생의 두 시기 혹은 세 시기에 걸쳐 자연이 어떤 특별한 은총을 통해 어떤 사람에게 부여하는 면제로서, 이 긴 생애와 순례 여행에서 자연이 양 시기 사이에 삽입하는 갈림길, 걱정, 고생을 그 사람에게 감면해준다. 따라서 내 견해는 우리가 도달한 나이는 거의 아무도 도착하지 못하는 나이임을 생각하라는 것이다. 어떤 평범한 경로를 통해서는 거기에 도달하지 못하기 때문에 그것은 우리가 매우 앞서 있다는 표시이다. 그리고 우리가 우리 삶의 진정한 척도인 익숙한 경계를 지나왔기 때문에 더 멀리 갈 것을 희망해서는 안 될 것이다.[24]

여성의 삶의 평범한 현실: 갓난 아이(장난감), 소녀(망아지), 사춘기(청년), 숙녀(결혼), 중년(임신, 출산, 걱정), 직업적 성공(스케줄), 장년(건강유지), 은퇴(가족사진), 그리고 노년(고독). 영국의 시사만화가 포시 시먼즈, 1989년.

그러나 프랑스의 철학자 시몬 드 보부아르가 말했듯이(비록 그녀 자신은 노년에 대해 부정적이었음에도),

> 몽테뉴에게는 그 자신은 몰랐을 수도 있지만 독자에게는 아주 명백하고 묘한 역설이 있다. 즉 책의 저자는 나이가 들수록 에세이가 점점 더 풍부해지고, 점점 더 정통해지며, 창의적이고 심오해진다는 점이다. (…) 그가 가장 위대한 때는 자신의 힘이 쇠퇴하고 있다고 느꼈을 때였다.[25]

나이가 듦에 따라 노령화에 대한 태도에 나타난 유사한 변화는 — 몽테뉴에 비해 노년과 좀 더 편안한 화해를 향한 변화지만 — 위대한 독일 시인 괴테의 작품, 특히 그의 잇따른 『파우스트』 판본에서 뚜렷하다. 『파우스트』 원본은 그의 나이 24세였던 1773년에, 최종본의 첫 단편 원고는 41세였던 1790년에, 전집의 1부는 1808년에, 2부는 83세의 나이로 죽기 직전이었던 1832년에 씌었다. 젊은이의 저작에서 노년은 우울하고 아무리 극단적이더라도 어떤 수단을 통해서라도, 심지어 영혼을 악마에 팔아서라도 젊음으로 돌아가고자 하는 열망을 촉발한다. 훗날의 저술에서 그는 결코 무위가 아니면서도 평정과 성찰의 시기로서, 욕망이 충족된 시기로서 노년을 긍정했다. '젊은 시절 원한 것을 노년에 발견한다.' 노년에는 환상이 사라진 반면 냉소와 우울증이 낙관주의와 사랑의 능력을 대체하지는 못했다는 것이다.[26] 괴테의 최고 작품은 그의 긴 생애의 마지막 25년 동안에 쓰여졌다. 그가 삶의 마지막에 『파우스트』 2부에서 표현한 것처럼

> 내 길은 이 세상을 돌아다니는 것이었다.
> 쾌락이라면 머리채를 움켜잡았다.

부족해지면 미련 없이 놓아버렸으며

날 피하면 그대로 내버려 두었다.

나는 삶 속으로, 끝없이 이어지는 환희 속으로 돌진해 나갔다.

욕망, 충족, 다시 욕망,

처음에는 거대하고 과격했지만

이제 현명하고 신중하게 해가고 있다.

이 지상의 일은 남김없이 다 알고 있지만

그 너머에 있는 것은 인간이 볼 수 없는 것이다.

하늘에다 스스로 이미지를 만들어 내면서,

높이 있는 구름을 쳐다보는 자는 바보이다.

이 땅에 굳게 딛고서 주변을 돌아보게 하라.

가치 있는 이에게 세상은 침묵하지 않으리라.

무엇 때문에 영원 속을 헤매야겠는가?[27]

장수했던 또 다른 19세기의 작가이자 프랑스 낭만주의 작가 중 가장 위대한 인물, 빅토르 위고(1802~1885)는 노년에까지 정신과 심지어 신체적 힘의 존속에 대해 긍정적이었다. 『레미제라블』은 한 강인한 노인 장발장에 관한 감동적인 초상을 제공한다. 위고는 67세의 나이로 1869년에 이 작품을 썼다. '내 몸은 쇠하고, 정신은 왕성하다. 노년이 꽃피기 시작하고 있다.' 이는 착각이 아니었다. 그는 계속해서 성공적으로 책을 출판했고, 1870년 임시정부의 파리 대표로, 1876년에는 의회의원으로 선출되었다. 그는 성적으로도 지속적으로 왕성했다. 1877년 플로베르가 그에 대해 논평했다. '그 노인 양반은 그 어느 때보다 젊고 쾌활하다.'[28]

이들을 포함한 각 시대와 각 서양문화의 매우 많은 다른 작가는 각자의 삶이란 독특하고, 어떤 것도 똑같은 경로를 따라가지는 않는다고 생각한다. 그들은 노년에 관하여 쉽게 경쟁적인 표상을 제공하는데, 이 용이함은 이 표상이 독자에게 익숙해서 그들도 공유했음을 시사한다. 유사한 다양성, 그리고 노령화가 개인에 의해 통제될 수 있다는 믿음은 수 세기에 걸친 의학, 신학, 또 다른 저술에서도 발견된다.

지금까지 일부 사례가 보여주듯이, 그리고 다음의 각 장이 풍부하게 설명하는 것처럼 역사 전체를 통해 현실 속 노년의 삶은 문학이나 미술에서만큼이나 다양했다. 시간이 흘러가면서 이 다양성이 증가했는데, 늙는다는 것이 일반화된 지난 세기 동안에는 특히 그랬다. 훨씬 더 많은 사람이 더 노령까지 살고 건강하며 훨씬 다양한 생활방식을 추구한다. 노년의 이야기는 우리가 너무나 자주 믿게 되는 것보다 훨씬 더 희망찬 것이다.

제2장

고대 그리스와 로마 세계
팀 파킨

'노년은 언제나 존경의 대상이 되어왔다'

기원전 340년경 아테네의 묘지 석판이 한 젊은이의 죽음을 기리고 있는데, 이 석판은 젊은이 자신 외에도 그의 아들이나 아버지일 수도 있고, 인생 단계의 상징일 수도 있는 인물들을 담고 있다.

로마의 법률가 칼리스트라투스는 서기 200년경 '노년은 우리나라에서 언제나 존경을 받았다'라고 썼다.[1] 그러나 이보다 약간 이른 2세기 동안, 준쿠스Juncus라고만 알려져 있고, 저술 가운데 몇몇 단편적인 것만 남아 있는 한 철학자는 노인이란 자신의 친구와 친척에게조차도 '답답하고, 고통스럽고, 가혹하며, 노쇠한 광경, 한마디로 비애의 연속이다'라고 썼다.[2] 근대 세계에서 노년과 노인에 대하여 다양한 견해들이 제기된다는 점은 놀라운 일이 아니다. 또한 노령화와 노인에 관한 광범위한 이미지, 태도, 관념이 고전고대classical antiquity(서양의 고전문화를 꽃피운 고대 그리스·로마 시대의 총칭—옮긴이)로부터 전해졌다는 사실을 간과해서도 안 될 것이다. 고전고대야말로 예술적·철학적 시도라는 측면에서 인류 역사상 가장 풍요롭고 창의적인 시기 가운데 하나이다. 그리스인과 로마인은 노령화의 현실을 주시했고, 사회 내 노인의 지위에 관해 창의적으로 사고했다. 그리고 그들이 창조한 관념과 이미지는 좋든 싫든 이후 수천 년 동안 서양 세계에 엄청난 영향을 미쳤다.

노년의 다양성

세비야의 대주교 이시도루스는 고전고대의 경험과 이미지의 다양성을 이렇게 요약했다. '노년은 많은 것을 동반한다. 일부는 좋은 것, 일부는 나

△ 이상과 현실. 고대 그리스의 미술은 인간의 신체를 이상화했고, 묘사의 대상인 철학자, 군인, 여주인 등에 따라 표준화된 유형을 창출했다. 헬레니즘과 로마 시대에는 이러한 경향이 리얼리즘에 자리를 내주었는데, 노인에 대한 묘사에서 특히 두드러진 하나의 변화였다. 이 호메로스상은 덕망 있고 영감이 뛰어난 시인이라는 스테레오타입을 따르고 있다. (그리스 원본에 대한 로마의 사본이다.)

▷ 세밀하게 관찰된 양치기 노인의 모습은 나이와 고생의 온갖 흔적을 지니고 있지만, 그녀는 품위 있게 걷고 있다.

쁜 것이다. 좋은 이유는 노년이 가장 폭력적인 주인으로부터 우리를 해방시키기 때문이다. 즉 그것은 쾌락의 한계를 정하고, 욕망의 힘을 분쇄하며, 지혜를 증대시키고, 현명한 조언을 허락한다. 그러나 나쁜 까닭은 노령이란 그것이 초래하는 신체의 장애, 그것이 불러일으키는 혐오 등의 측면에서 가장 비참하기 때문이다.'[3] 하지만 누구에게나 노년은 나빠지기 전까지는 좋은 것이라는 생각마저 널리 일반화되어 있음은 물론이다. 서기 1세기에 세네카는 논평했다. '모든 이에게 노년이 하나의 유형만 있는 것은 아니다.'[4] 누구나 노년을 다르게 경험한다. 철학자만이 아니라 각 개인이 겪는 현실이 비문과 기록에서 추론될 수 있으며 경험과 인식의 다양성 또한 뚜렷하게 드러난다. 로마의 마우레타니아(지금의 알제리)에서 서기 3세기 중엽 50세의 나이로 죽은 어떤 사람은 묘석에 '꽃다운 청춘에' 사망했다고 기록하게 했다.[5] 다른 한편으로는 로마령 이집트에서 고아가 된 어떤 미성년자와 그의 후견인은 한 청원서에서 그 소년의 고조할머니를 상대로 그녀가 이미 극도로 늙었음을, 즉 60세 이상이 분명하다고 썼다.[6]

경험과 태도는 변한다. 노년은 뒤섞인 감정으로 기다리는 전망이었다. 고고학적으로 서기 1세기로 추정되는, 라벤나 소재의 한 묘비명은 이 점을 잘 표현하고 있다. '가이우스 이울리우스 미그도니우스, 파르티아 혈통, 자유민 출신, 젊은 시절 포로가 되어 로마 영토로 옮겨옴. 내가 로마 시민이 되었을 때, 나는 운명이 시키는 대로 내가 50살이 될 때를 위하여 비상금을 모았다. 나는 사춘기부터 노년을 성취하고자 했다. 이제 대지여, 기꺼이 나를 받아다오. 너와 함께라면 나는 근심에서 해방될 것이리라.'[7]

그리스인과 로마인의 고전적 지중해 문명에서 글과 그림의 두 가지 형태로 노인에 대한 많은 묘사가 전해졌다. 노년을 찬양하고 이상화한 것이 드물지 않았던 반면 어떤 묘사에서는 오늘날 매력이 떨어지는 것으로 여길 수도 있는 측면을 조금도 숨기려 하지 않았다. 고전 미술의 일부 시대, 특히 로마 공화정 후기에는 노년의 주름과 곤궁이 긍지 그리고 자의식의 두드러진 결핍과 함께 제시되었다. 다른 시대에서의 개별 노인, 특히 여성에 대한 묘사는 무시무시할 정도로 잔인한 것으로 우리에게 충격을 줄지도 모르겠다. 화가 파라시우스는 제우스가 바위에 묶고, 독수리로 하여금 매일 그 간을 쪼아먹는 벌을 내린 프로메테우스 그림의 모델로 삼은 늙은 노예를 고문하고 죽였다는 이야기마저 있다.[8]

인생은 복합적이며, 삶에 대한 태도는 다양하다. 2000년(500년을 더하거나 빼라)의 시차를 두고 문학과 미술에서 당시의 현실과 태도를 확정하려는 시도는 많은 주의와 주목을 요한다. 그리스와 로마에서 유래하는 견해들이 다양한 만큼, 우리가 주로 의존하고 있는 것은 엘리트 남성의 인식이라는 점을 항시 기억해야 한다.

그리고 시작에 앞서 짚고 넘어갈 것이 있다. 즉 우리는 이 장에서 광범위한 역사 시기(문학의 측면에서는 그리스 초기 상고시대의 호메로스 서사시에서 서기 6세기 막시미아누스의 비가까지 근 1000년 동안)를 다루지만, 노령화에 대한 태도에서 어떤 의미 있는 연대기적 발전 양상을 그려낼 수 없다는 점이다. 예를 들면 종종 주장하듯이, 그리스인은 노년을 소중히 여겼고, 로마인은 몹시 싫어했다는 것은 사실이 아니다. 시간과 공간(고대 그리스·로마 시대의 경우 우리는 지리적으로도 광대한 지역, 즉 지중해 해역과 그 너머 영국에서 박트리아까지를 다룬다) 모두에 걸쳐 다양성이 있었다. 그리고 한 시공간과 다른 시공간 사이의 차이점들은 실재에서의 어떤 차이점과 마찬가지로 증거, 즉 출처의 특징적 결과인 것 같다.

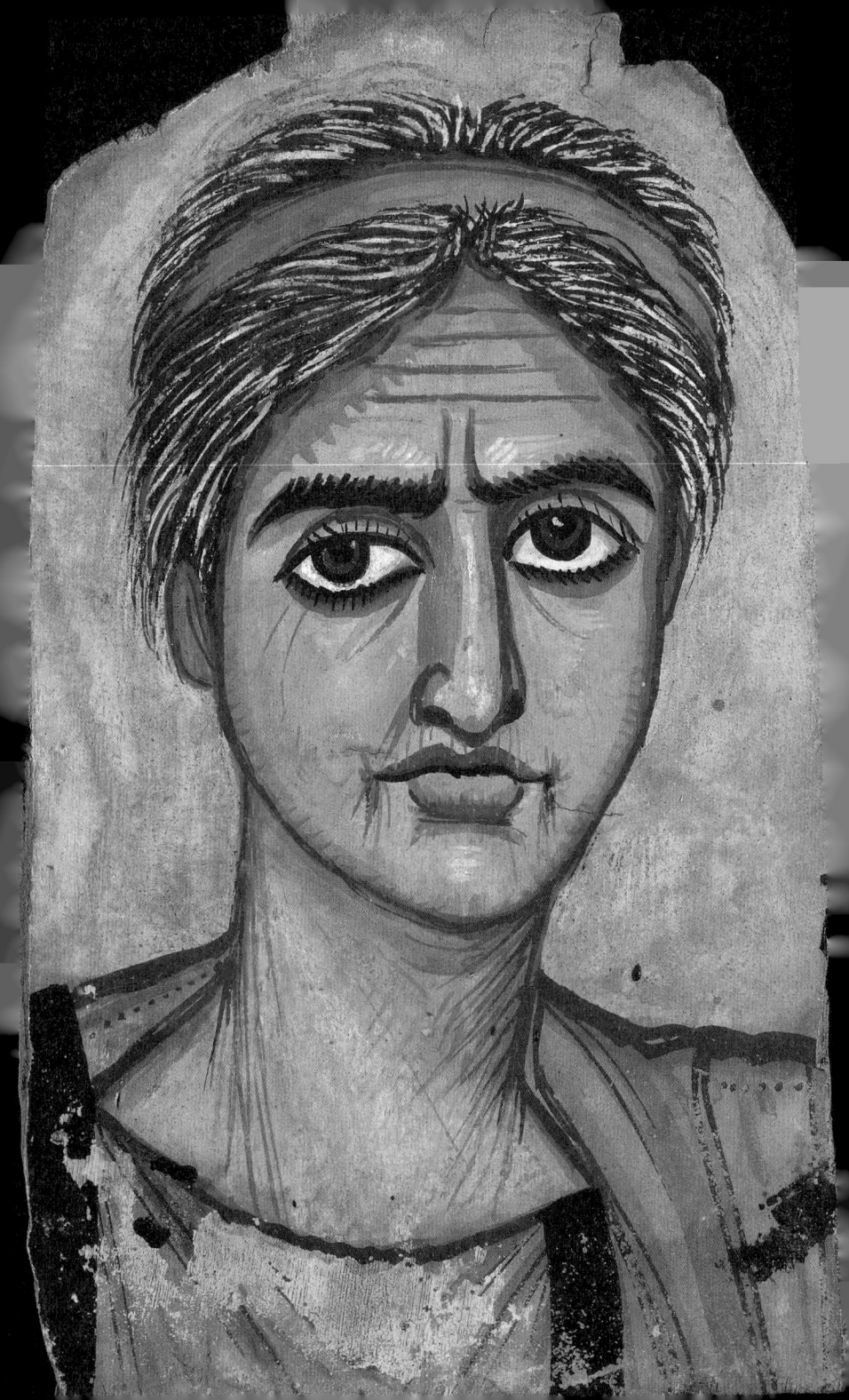

△유명한 철학자이자 엄격한 도덕론자였던 세네카는 사망할 당시 60대였다. 고도로 표현주의적인 이 흉상(서기 1세기)에는 노령화의 흔적이 감춰져 있지 않다. 그가 항시 주장한 스토아주의와 더불어 네로의 명령에 따라 자살함으로써 죽음을 가능하게 한, 정신의 독립 역시 그러하다.

◁로마령 이집트 출신인 한 늙은 여성의 고정된 시선은 진실에 대한 헬레니즘 시대의 존중을 전형적으로 보여준다. 이 그림은 장례 초상이고 중요한 것은 진실이다. 흰머리, 그리고 입과 목 주변의 뚜렷한 주름이 다소 원초적으로 이 여성의 노령을 알려준다. 하지만 그것은 품성과 개성으로 가득한 얼굴이다.

고대인의 수명

이 단서들을 유념하면서 우리는 그리스인과 로마인의 미술과 문학에 등장하는 주요 주제를 탐구할 수 있다. 그러나 우리는 우선 고대에 얼마나 많은 노인이 있었는지, 심지어 좀 더 근본적으로는 '노년'이, 혹은 이에 해당하는 그리스어와 라틴어가 정확하게 무엇을 의미했는지 검토해야 한다.

오늘날은 물론 당대에도 충분한 노령으로 여겼던 나이까지 살았다는 사람들의 증거는 역사상 풍부하다. 고대의 증언을 믿을 수 있다면, 실로 사람들은 오늘날보다 꽤 오래 살았다. 각 종족은 신화까지 거슬러 올라가진 않더라도 아주 먼 옛날에 환상적인 수명을 누렸다고 믿었다. 고대 그리스·로마 문학에서는 300세 또는 500세가 의사擬似 역사 인물의 특징이었고, 비록 영생은 아니라도 수백 년의 삶이 티토누스, 테이레시아스, 시빌과 같은 신화적 인물들의 몫이 되었다. 호메로스에게서 고대 그리스·로마 시대 노년의 전형으로서 므두셀라의 이교도 유형에 해당하는 존재가 유래했다. 그는 필로스의 왕으로서 3세대, 또는 흔히 이해하듯이 세 번의 생애 혹은 3세기를 살았던 네스토르이다. 구약을 통해 우리는 과거 개개 인물들의 몫인 1000세까지 이르는 황당무계한 나이들에 익숙하다. 많은 사람의 의구심에도 성 아우구스티누스는 구약에 나오는 인물들의 전설적인 나이를 말 그대로 믿어야 한다고 주장했다. 그는 창세기 사람들은 100세는 늙었다고 생각하지 않을 정도로 오랫동안 살았다는 주석을 달았다.[9]

적어도 호메로스의 네스토르 시대부터 노년은 통상적으로 지혜와 결부되었다. 그리고 호메로스 그 자신이 충분히 오래 살았다고 전해진다. 미술에서 노인들은 종종 적절히 덕망 있고 현명하게 묘사되었다.[10] 그리스 7현자에게는 늘어난 (그리고 일반적으로 어림잡은) 수명이 주어졌다. 즉 첸의 마

비록 등장인물들 자신은 아주 미묘하게 달라질 수 있었지만, 제한된 범위의 인간 유형—노인(왼쪽), 노예, 안주인 등—에 대한 관습적 이미지가 그리스와 로마 연극에 이용되었다.

그리스인에게 노년의 지혜는 필로스 왕 네스토르의 모습으로 의인화되었다. 그는 3세대 동안, 그래서 추정컨대 90세 혹은 100세까지 살았던 것으로 유명했다. 기원전 4세기 그리스 항아리의 그림에서 그는 트로이 전쟁 이후 부친에 관한 소식을 찾고 있던 오디세우스의 아들 텔레마코스와 함께 보인다.

이선이 사망했을 때 97세였다는 말이 있고, 피타쿠스의 나이는 70세에서 100세까지 다양하게 기록되어 있다. 린도스의 클레오불루스는 70세였고, 코린트의 페리안드로스는 80세, 아테네의 솔론은 한 전거는 100세로 언급하지만, 통상 80세로 여겨졌다. 한편 탈레스는 78세, 90세, 100세에 죽은 것으로 다양하게 기록되어 있다. 이와 비슷하게 다소 모호한, 기원전 6세기의 인물 피타고라스는 해총海蔥의 식초로 만든 특수한 약 덕분에 117세까지 원기 왕성하게 살았다고 한 고대의 전거에 기록되어 있지만, 통상 80세 또는 90세로 추정되었다. 사망 시의 나이에 관한 이런 혼란은 흔한 것이며, 죽은 지 오래된 특히 유명한 인물의 장수는 시간이 흐르고 상황이 적합하면 과장되었을 수도 있음이 분명하다.

그럼에도 그 후의 역사 시대에 도달하면 90대와 그 이상까지 생존한 사람들에 대한 충분한 증거가 있다. 그리고 인용된 숫자를 의심해야 할 명백한 이유가 거의 없을 때가 있다. 산업혁명 이후 '인구학적 전환'과 지난 세기 의학의 진보에도 오늘날 사람들은 역사상 과거보다 훨씬 더 오래 살지는 않는다는 점을 인식하는 것이 매우 중요하다. 고대 그리스·로마 시대에는 60대나 그 후의 죽음을 자연적인 것으로 보았다. 더 젊은 나이에 죽는 것은 책이나 비문의 증거가 증언하듯이, 통상 가혹하고 부자연스러운 운명으로 여겼다. 실로 부모가 후손의 죽음을 목격하는 것은 모진 운명이지만, 노년의 드물지 않은 결과로 여겼다. 헤로도토스는 크로이소스 왕으로 하여금 회고하도록 한다. '평화 시에는 아들이 아버지를 묻지만, 전시에는 아버지가 아들을 묻는다.'[11] 그러나 이 말은 다른 생각을 불러일으킨다. 그리스의 풍자작가 루키아누스는 훨씬 더 냉소적이었다. 그의 저작 『슬픔에 관하여』에서는 자신의 장례식에 참석한 한 아들을 상상하는데, 그는 조기 사망의 긍정적 측면을 지적하며 늙은 아버지의 슬픔에 반응했다. 즉

아테네 주민들은 스스로를 현명한 노인으로 표현했다. 기원전 336년에 인권보호법이 새겨진 이 석판에서 민주주의를 상징하는 인물이 노인에게 왕관을 씌우고 있다.

진실에 대한 관심이 로마 시대 흉상을 사실상 고대 세계에서 유일무이한 것으로 만든다. 여기서 우리는 기원전 1세기 말에 생존한 한 인물을 직접 대면한다. 예쁘고 어린 여성은 사실상 없고 흥미로운 수백 명의 나이 든 여성들인데, 그들의 성격 및 나이가 품위 그리고 심리적 통찰과 더불어 생생하게 전달된다.

철학자는 실상 노인이었다. 아마 그리스의 회화에서 유래했을 로마의 모자이크 그림이 아테네의 플라톤 '아카데미'를 보여준다. 플라톤은 중앙의 나무 아래 앉아서 모래 위에 기하학적 형상을 그리고 있는 것 같다. 그의 발치에 있는 상자 안에는 천체구가 들어 있으며, 뒷면의 기둥 위에는 해시계가 있다.

호메로스에 따르면 아킬레우스의 스승은 포이닉스라는 이름의 현인이었는데, 서기 2세기의 모자이크 그림 속에 턱수염 난 노인이라는 익숙한 외양으로 표현되어 있다.

그는 늙어서 자신의 아버지와 같은 용모(대머리, 얼굴 주름, 굽은 등, 떨리는 무릎)를 갖게 될 필요가 없을 것이다. 젊은 나이에 죽음으로써, 그는 노년에 경멸받지 않을 것이고, 또한 그의 모습이 젊은이들을 불쾌하게 하지 않을 것이다.[12]

성경의 '인생 70년'은 특별히 오래 산 것이 아니라 충분한 나이에 대한 일반적인 비유로 생각되었다. 키케로는 62세에 자신의 철학 저술 『대大 카토, 노년에 관하여』를 친구 아티쿠스(당시 65세)에게 헌정하면서, 두 사람 모두에게 이제 노년이 압박을 가하거나, 최소한 접근하고 있다고 썼다. 결코 그들은 자신들이 유난히 나이 들었다고 생각하지는 않았다. 매우 높은 유아 사망률은 고대 그리스와 로마 세계에서는 출생 시 기대 수명이 정말 낮았음을 의미했다. 그러나 생후 몇 년을 생존한다면 적어도 60세까지 살게 될 가능성은 충분했다. 고대에서 노년에 관한 순전히 연령적 측면에서의 관념은 오늘날 우리의 것과 그렇게 다르지 않았음이 드러난다. 일부 시인들이 불과 40세 정도의 나이였을 때 흰 머리카락의 출현에 대하여 공포를 표현한 반면, 대다수 작가는 일단 60대가 되어서야 늙었다고 생각한 것 같다. 더 엄격한 경계선을 상정할 필요는 없다. 특히 고대에는 제도화된 일반적 은퇴나 연금체계가 없었다.

고대에서 유래하는 포괄적인 통계 증거는 가지고 있지 않지만, 예를 들면 서기 1세기 로마제국 인구의 약 6~8퍼센트가 60세를 넘었던 것으로 추정된다.[13] 선택된 극소수는 심지어 100세까지도 살았을 것이다.

노인의 황금시대?

하지만 고대 그리스·로마 시대에 관한 또 하나의 통상적인 신화는 개별 노인이 크게 존경받고 정치, 종교, 사회의 영역에서 최고의 권위를 누렸던 일종의 황금시대를 향유했다는 것이다. 일부 사람에게는 노년이 불행하거나 미완의 시기가 아니었음이 확실하다. 우리는 고대 세계에서 활동적인 노년을 통해 경탄의 대상이 된 많은 이를—정치가, 작가, 성직자, 예언자, 철학자—알고 있다. 그러나 '성공적인' 개별 노인의 사례나 현명하고 활동적인 노년에 관한 일반화된 이미지는 이상화의 정도나 현실의 측면에서 평가될 필요가 있다. 문학은 긍정적이거나 부정적인, 다량의 이미지를 제공한다. 철학자들은 부정적으로 인식된 노년의 특징을 사라져버린 젊음의 탓으로 돌렸고, 무엇보다도 정치 영역에서 노령화의 이점을 강조했다. 키케로의 저술『노년에 관하여』는 그런 효과에 대한 매우 강력한 하나의 진술이다. 그러나 노인들이 가장 훌륭하고 현명한 지도자가 된다는 키케로의 주장은 당대의 맥락에서 해독될 필요가 있다. 즉 키케로의 저술은 그가 자신의 권력 기반이 무너지고 있다고 느꼈고, 전통적인 공화국 자체가 몰락하기 직전이었던 시기에 기술되었다. 그는 자신의 저술을 기원전 44년, 즉 줄리우스 카이사르가 암살되던 해에 썼다. 또한 이때는 사랑하는 그의 딸 툴리아가 죽고난 이듬해였다. 그리고 키케로의 저작이 노년에 관한 유일한 고대 저술도 아니다. 수십 권의 다른 저작도 전체적인 상에는 똑같이 중요하다. 노인에 대한 이미지와 견해는 마음을 즐겁게 하는 긍정적인 것에서 쓰라리게 하는 부정적인 것까지 넓은 범위를 망라한다.

이를 통해, 내 의견으로는, 정치와 사회의 현실에 이르면 일부 사람들이 마땅하다고 생각한 존경과 권위를 노년이 자동적으로 부여하지는 않았다

그리스 문학에서 가장 유명한 노인은 트로이의 왕 프리아모스였다. 그의 아들 헥토르가 아킬레우스에 의해 살해당했을 때, 그는 아들의 시신을 간청하기 위해 공손하게 아킬레우스의 천막으로 찾아왔는데, 이 그림에서 시신은 침상 아래 바닥에 놓여 있다.

는 점이 더욱더 분명해진다. 고대 세계에서 대부분의 권력, 실로 대부분의 부는 젊은 세대에게 있었다. 귀족에서 하층민 가족과 노예까지 노인에게 삶의 현실은 주로 한 가지 요소, 즉 정치 지도자이든 애 보는 사람이든, 그들이 속한 사회의 기능적 구성원으로서 존속하는 개인의 능력에 달렸다. (앞으로 살펴보게 될 것처럼) 어떤 형태든 국가에 의한 복지나 건강관리가 없는 가운데 개별 노인에 대한 부양의 책임은 피붙이에게 있었다.

부모 모시기

고대 그리스·로마 문학에는 부모, 무엇보다도 노년의 부모에 대한 자녀들의 존경과 배려에 관한 진술이 그득하다. 하지만 사정은 그리 간단하지가 않다. 대다수 귀족 저자가 노년의 재정적 안정을 거의 당연한 것으로 여겼기 때문이다. 그러나 이상적인 모델이 등장한다. 즉 호메로스 시대 이래로, 기본적으로 자신을 길러준 양육비를 갚는 형식으로 결핍과 의존의 시기에 있는 부모를 돌보는 것이 자녀의 의무로 여겨졌음이 분명하다. 고대 그리스·로마의 여러 사회에서 전통적으로 의무는 도덕적인 것으로 간주되었고, 때때로 법률에 의해 강행되거나 강화되었다. 예를 들면 기원전 5세기와 기원전 4세기의 그리스 아테네에서 자녀는 도덕적으로뿐 아니라 법적으로도 노년의 부모를 부양해야 할 의무가 있었다.

솔론이 제정한 것으로 추정되는 아테네의 법령은 부모를 부양trephein하지 않는 자를 시민권이 박탈된 법익 상실자atimos로 규정했는데, 아테네에서 이는 종종 사형 다음 가는 형벌로 받아들여졌다. 부모를 천대한 혐의가 있는 자녀는 어떤 제3자라도 소송 철회나 패소 시 뒤따르는 처벌의 위험 없이 고발할 수 있었다. 나아가, 공직 후보자에게 묻는 질문 가운데 하나가 '부모를 잘 모시는가'였다. 아테네 주민들은 그들의 의무를 진지하게 받아들였던 것 같다.

또 그것은 단순히 부모를 천대하지 못하게 막는 경우만이 아니었다. 음식과 거처의 제공, 그리고 사후 합당한 의식의 준수와 같은 적극적인 대접 역시 기대되었다. 그런 의무는 모든 후손에게 부과되었다고 한다. 유일한 예외는 부모에게서 적절하게 양육받지 못한 사람들이었다. 시책의 상호적 성격이 중요했던 셈이다. 그리하여 아버지로부터 수공업의 기술을 배우지 못한 이들, 사생아로 태어난 이들, 아버지에 의해 매춘부로 고용된 이들은 법적으로 부모를 부양해야 할 의무가 있는 것으로 여기지 않았다. 따라서 미래를 대비하기 위하여 성인들은 자녀를 두거나, 그게 실패하면 양자를 들이는 강한 동기가 있었던 셈이다. 서기 2세기의 스토아철학자 히에로클레스가 자신의 윤리적 저술의 단편들에서 부모에 대한 적절한 태도에 관해 논하면서 명백히 하고 있는 바와 같이, 자녀의 (도덕적) 의무가 존속했음이 확실하다. '그래서 우리 부모를 위해 우리는 음식을 무상으로, 그리고 그 밖에도 허약한 노년에 적절한 것으로서 침대와 수면, 오일과 목욕, 그리고 의복—한마디로 일반적인 생활 필수품을 제공하여 이것들 가운데 어떤 것도 부족하지 않도록 해야 한다. 이런 식으로 우리는 우리가 어린애였을 때 부모가 우리를 키우면서 기울였던 배려를 본받는다.' 또 다른 구절에서 그는 결혼의 이점을 논하는데, 그 가운데 하나가 결혼은 '우리가 튼튼할 때에는 도와주고, 우리가 노령에 굴복당해 쇠약해졌을 때에는 훌륭한 아군이 되는' 자녀를 만든다는 사실이다.[14]

그러나 그런 체제에는 이로운 면뿐 아니라 부정적인 면도 잠재되어 있었다. 즉 노인들은 젊은 세대에 완전히 의존하는 것으로 보일 수 있었고, 경제적 통제권을 더 이상 맡지 않을 때는 힘을 잃었던 것이다. 예컨대 아리스토파네스가 『벌』에서 묘사한 상황이 그런 것인데, 이 작품에서 아들인 브델리클레온은 집안의 가장으로 그려지고 그의 늙은 아버지인 필로클레온은 어린애 같은 피보호자로 전락한 것으로 나타난다. 브델리클레온은 자신의 아버지에게 부양을 약속하지만 여기에는 효심이라고는 조금도 없음이 눈에 띈다. '나는 핥아먹을 죽, 부드럽고 두터운 망토, 염소가죽 외투, 그의 성기와 허리를 애무하는 매춘부 등, 노인에게 적합한 것은 무엇이든 제공하면서 그를 부양할 것이다.' 나중에 필로클레온이 불평하는 것처럼, 그는 자기 아들에 의해 어린애처럼 취급받고 있다. 즉 그들의 역할이 완전히 바뀐 것이다. '현재 나는 내 재산을 통제하지 못한다. 왜냐하면 나는 어리고, 면밀히 감시받고 있기 때문이다. 내 아들 녀석이 나에게서 눈을 떼지 않으며, 그는 심술궂은 성격이고, 게다가 인색하고 탐욕스럽다.'[15]

물론 이것은 현실 삶의 직접적인 묘사가 아니라 희극 무대의 한 장면이다. 그러나 그 냉소적인 유머는 저변의 현실, 즉 늙은 아버지는 자신의 아들에 의해 이런 식으로 취급당할 수 있다는 사실에 바탕을 두고 있다. 어린애처럼 다뤄진다는 필로클레온의 불평은 아티카 지방의 희곡뿐 아니라 고대 그리스·로마 문학 전반에서 발견할 수 있는 (한 고대 스콜라 철학자 역시 깨달았던) 공통의 격언, 즉 노년은 제2의 어린 시절이라는 점을 환기시킨다. 달리 표현하면 생애 과정이 완전히 순환한 것이다. 그런 표현의 이면에 있는 논리는, 만약 저변의 어떤 논리든 예상할 수 있는 것이 있다면, 많은 개별 노인이 경험한 신체적·정신적 쇠퇴와 그로 인한 타인에의 의존을 관찰함으로써 부분적으로 설명할 수 있을지도 모르겠다. 물론 그것은 오늘날에도 통용되는, 시간을 초월한 이미지이다. 아테네에서는 적어도 경제적인 면에서, 노인은 독립을 상실했다는 바로 그 이유 때문에 어린아이

아버지를 돌보는 것은 아들의 의무였다. 아이네이아스는 이 점에서 아들의 모델이다. 그가 불타는 트로이에서 안키세스를 등에 업고 구출한 것은 고대 그리스·로마 미술에서 인기 있는 주제였다. 기원전 510년경의 항아리 그림.

트로이 전쟁에 출정한 지 20여 년 뒤 라에르테스와 아들 오디세우스의 재회는 호메로스 작품에서 가장 감성적인 장면 가운데 하나로, 부자 관계에 대한 그리스의 경의를 확인시켜준다. 기원전 500년경의 테라코타 부조의 한 부분.

로 취급되었을 수도 있으며, 필로클레온처럼 자신의 (혹은 오히려 자녀의) 집에서 스스로가 수인이 되었다고 생각했다.

노년의 보살핌을 보장하는 것은 본인 자신의 책임이라는 것이 고대의 지배적인 태도—또 서양 사회에서 점차 익숙해진 태도—였다. 자녀가 최우선적 방어선이었다. 이것이 실패하면 배우자가 도움을 주거나 최소한 동고동락하기를 기대할 것이다. 궁극적으로는 스스로의 방책을 찾아야 한다.

아테네 사회에서는 자녀가 일반적으로 부모를 돌보도록 하는 법률이 존재했던 반면 로마에서는 그런 특별한 입법이라고는 분명한 것이 없었다. 서기 2세기에 이르면 재판관이 부모의 불평에 따라 딸과 아들에게 재정적으로 가능하다면 부모의 생계를 보장하도록 요구했을지도 모른다는 것이 고작이다. 로마의 맥락에서는 아버지든 할아버지든, 생존한 최고령 남성 후손이 통상 문제가 된다. 추정컨대 로마의 가부장paterfamilias은 재산의 소유자이자 가족 내 최고 권위자로서 안전한 노년을 기대할 수 있었다. 그러나 노인성 치매증이 이러한 이미지를 바꾸어 놓았을 수도 있었다. 노년의 신체적 장애가 고대 문학에서 주목을 받는 경향이 있지만, 노년에 동반될 수 있는 정신적 장애에 대한 인식 역시 있었다. 로마 가정의 우두머리가 죽을 때까지 법적 통제권을 보유했다는 사실은 고대의 증거에 명백하게 나타난다. 그러나 이 권력 장악은 가족을 효율적으로 관리하는 그의 능력이 의문시되었을 때 누그러질 수 있었다. 로마 시대 아들은 아버지의 후견인으로 행세함으로써 자신에게 부과된 법적 제약을 효과적으로 피할 수 있었다. 그런 극단적인 상황을 방지하기 위해 실제로는 아버지가 연로해짐에 따라 자녀에게 가사 관리에서 하나의 독립적인 역할을 부여했을 법하다. 부모 자신이 점점 더 의존적 상태가 되었을 때 자녀가 그런 독립을 되갚으리라는 데 묵시적으로 합의했을 것이다. 다른 측면에서 보면, 이

상인과 수공업자도 황제나 귀족처럼 자유롭게 스스로를 추모했다. 서기 1세기 곡물을 거래했던 노인 암푸디우스는 빈틈없는 자신의 용모를 아내와 딸 사이에 집어넣어 묘석을 제작했다.

러한 법적 해결책이 부모를 잠재적으로 어린애 같은 지위에 종속시키는 효과를 가져왔다고 주장할 수도 있다.16

생애 과정과 노년

근대적인 인구학적 방법과 도구를 사용하여 컴퓨터 시뮬레이션에 가상적인 생애 과정의 역사를 만들고, 특정한 연령 범위 내에서 나이 들어가는 개개인을 추적할 수 있다.17 높은 사망률과 출산율이라는 통제 요소를 토대로 그리스·로마 세계에 대하여 실제와 유사한 주민의 모형을 만들어보면, 한 가족 3대가 공존하는 것이(동거는 말할 것도 없고) 상대적으로 얼마나 드물었는지 놀랍다. 예를 들면 출생 시 평균 기대 수명이 25세이고, 평균 결혼 연령이 남성 30세, 여성 20세인 모델을 가정하면, 출생 시 세 명 가운데 단 한 명에게만 외할아버지나 친할머니가 생존하고, 두 명 가운데 단 한 명에게 외할머니가 생존하며, 더 놀라운 것은, 여섯 혹은 일곱 명 가운데 한 명에게만 친할아버지가 생존해 있다는 계산이 나오게 된다. 10세에 이르면 평균적인 고대인에게 친·외조부모 중 한 사람이라도 생존해 있는 경우는 두 사람 가운데 한 사람뿐이었다. 20세의 그리스인이나 로마인 백 명 가운데 친할아버지가 생존하고 있었을 경우는 채 한 명도 되지 않았다.

부계와 모계 측면에서의 차이점은 남성과 여성의 평균 결혼 연령에서의 차이를 고려하면 꽤나 쉽게 설명할 수 있다. 여성은 딸이 10대 후반이고, 그래서 자신이 아직 40세가 되지 않았을 때 할머니가 될 수 있었다. (기원전 5세기 중엽 아테네의, 다음과 같은 묘비명이 있는 암파레테 묘석 풍경에 주목하라. '여기 나는 내 딸의 아이를, 우리 둘이 모두 생존해 햇빛을 보았던 시절 내 무릎

스토아철학자 카토는 노년의 이상으로 여겨졌으며, 고대에서 이 주제를 다룬 가장 유명한 저술인 키케로의 『노년에 관하여』의 대변인 격이다. 그는 최고로 엄격한 도덕적 원칙론자로서, 기원전 149년 85세의 나이로 사망할 때까지 영향력을 유지했다. 기원전 2세기에 가서야 제작된 이 한 쌍의 흉상은 정체가 불분명한데, 역시 유명한 그의 증손자 소소 카토와 그의 딸 포리카의 표상일지도 모른다. 소 카토는 줄리우스 카이사르의 적으로서 전쟁에서 패했고, 기원전 46년에 자살했다. 포리카는 카이사르의 또 다른 정적인 브루투스와 결혼했으며, (논란이 있지만) 브루투스의 죽음 후 자살했다는 설이 있다.

에 뉘였던 내 사랑을 안고 있다. 이제 나는 죽었고, 역시 죽은 이 아이를 품고 있다.') 다른 한편 남성은 대략 60세가 되기 전에는 통상적으로 할아버지가 되리라 기대하기 어려웠을 것이다.[18] 요약하면, 대다수 사람의 생애 과정에서 어떤 특정 시점에 가족의 모계 쪽에 생존한 조상들이 부계 쪽보다 상대적으로 더 흔했음이 틀림없다. 다른 한편 대다수 성년 그리스인이나 로마인은 친가든 외가든 조부모에 관해서는 단지 희미한 기억밖에 없었으리라는 점을 첨언해야 하겠다. 고대에서 유래하는 문헌 기록에서 양 조부모를 만나기란 놀라울 정도로 드문 것이 사실이고, 대다수 언급은 고인이 된 선조를 기리거나 명부에 올리기 위한 것이다. 그러나 이러한 인구학적 고찰을 고려하더라도 양 조부모가 예컨대, 라틴어 추모 묘비명에 헌정자로서 이름을 올리는 경우는 우리의 예상과는 달리 더 드물었다. 핵가족이 고대 세계에서 책임과 사랑의 중심이었던 것이다.[19]

그러나 적어도 각 개인의 전 생애 과정의 측면에서 현실은 언제나 그렇게 단순하지는 않았다. 고대(그리고 그 이후)에 지배적이었던 확대가족에 대한 전통적인 이미지는 근자에 가족사 전공 역사가들에 의해 사실상 파기되었다. 반면 한 가정이 겪는 생애 주기의 어떤 시점에서는 특히 하층민이며 도시 바깥에서 사는 경우, 일부 먼 친족들(친·외조부모와 손자 및 손녀)이 종종 가족의 거소 내에 머무는 것이 불가피했으리라는 점은 여전히 중요한 사실이다.[20] 비록 문서자료에는 거의 언급되지 않지만 복수 세대 가정들이 그렇게 이례적이지는 않았을 것이다. 예를 들면 현존하는 약 320개 로마령 이집트의 인구조사신고 샘플에서 9개의 사례가 남편 또는 덜 빈번하게는 아내의 어머니나 아버지가 그들보다 젊은 가족과 동거하는 상향식 확대가족이다. 그들의 나이는 50세에서 75세 사이에 걸쳐 있다(두 사례에서는 나이가 빠져 있다). 세 경우는 신고서를 작성한 사람이 노인이었다.[21] 따

늙은 여성 사제. 기원전 4세기 그리스 원작의 로마 복제품.

어린아이를 돌보는 것은 과거, 그리고 현재에도 여전히 노인들의 임무 가운데 하나다. 여기서는 보모가—또는 할머니?—기분이 좋아 보이는 아기를 안고 있다. 북부 그리스의 타나그라에서 출토된 조상.

라서 늙은 부모를 보살필 도덕적 의무가 그들과 동거하는 데까지 확대되었을 수도 있다. 아마도 노령의 친족은 아이 보기와 같은 역할을 수행할 수 있었을 것이다. 비록 가정 내 노예의 존재가 가족 구성원 중 노령자를 위하여 독자적인 도움을 제공했고, 거꾸로 산업화 이전 사회에서 조부모의 전통적 역할 가운데 일부를 고대의 맥락에서 불필요하게 만들었다 하더라도 말이다.22 여하튼 인구학적 현실의 결과로서 3세대 주거 형태는 일반적으로 단기적인 성격을 띠었을 것이다.

노인의 역할

노인들은 집 밖에서 어떤 역할을 했을까? 정치적 측면에서 노인 정치는 고대 세계에서 널리 퍼지지도 않았고 흔하지도 않았다. 보수적인 국가 스파르타의 고대체제는 노령자를 우대한 풍습 때문에 키케로와 다른 그리스·로마인의 지지를 받으며 회자되었다. 구성원의 연령이 최소 60세였던 스파르타의 장로회의gerousia는 고대가 도달한 노인 정치에 가장 근접한 것이다. 그러나 거기에서조차도 게론테스gerontes, 즉 노령자의 힘은 절대적이지 않았으며, 시간이 흐르면서 젊은 관리인 에포르ephor가 더 큰 힘을 갖게 되었다. 나아가 일례로 아리스토텔레스는 노년의 잠재적인 문제점에 빠져들기 쉬운 사람에게 권력을 부여하는 데 따른 위험을 지적했다. 민주적인 아테네에서는 나이란 어떤 분명한 특권도 지니지 않았다. 그리고 로마에서 대부분의 권능은—황제(젊거나 늙은)를 제외하고는—40대와 50대의 원로원 의원들의 수중에 장악되는 경향이 있었다.

노령자의 국사 참여가 때때로 논의의 대상이 되었다면, 종교 업무에서

헬레니즘과 로마 시대 노파의 초상은 호의적일 수도 있었고 몹시 잔혹할 수도 있었다.

◁ 청동 전신상은 품위와 안정을 지니고 있다.

△ 대조적으로 술 취한 여성—그리스 원본의 로마 복제품—은 사회의 주변적 인물들에 대한 작가의 무자비한 묘사의 전형이다.

남녀 노인의 역할은 그렇지 않았다. 그리고 이것 자체가 주변화의 표징으로 해석될 수 있다. 고대 사회에서 늙은 여성의 종교적 역할은 특별한 의미가 있다.[23] 문학에서 예언자와 점술가는 종종 사회의 주변적 구성원으로, 즉 여성과 늙은 남성으로 그려진다. 플라톤과 아리스토텔레스는 공히 자신들의 이상 국가에서 노년기의 사람들을 위해 종교적 직책이 마련될 것이라고 말했다.[24]

로마에서는 가정의 남성 연장자로서 가부장이 관습적인 종교의례, 즉 라레스와 페나테스(가정의 신들) 및 조상에 대한 숭배를 이행할 의무를 지녔다. 로마의 성직자들은 보통 종신직이었음에도 노령이어야 할 필요는 없었다.[25] 그리고 나이를 존중하는 전통적인 관념에 부응하여 연장자의 지위는 단체의 가장 나이 든 사람이나 적어도 단체에 가장 오래 속했던 개인에게 부여되리라 통상 예상되었다. 그러나 다른 곳에서처럼 여기에서도, 노인들의 지속적인 활동은 요구되는 임무를 수행하는 능력의 입증에 달려 있다는 인상을 받는다. 사회의 주변적 구성원으로서 그들이 보유했던 권리는 어떤 것이라도 자동적인 것이 아니었고, 지속적인 성취를 통해 획득하고 유지해야 했다. 만년에 여성의 자유가 확대된 것(예컨대 아테네에서는 장례식의 참석)처럼 처음에는 특권으로 보일 수 있는 것도, 많은 경우 지위의 하락과 다른 사회집단들의 무관심을 드러내는 것으로 좀 더 자세히 밝혀져야 한다.

풍자작가의 견해와 철학자의 견해

현명한 노인(남성이라는 점이 매우 중요하다)의 이미지가 고대 그리스·로마

이 기원전 6세기 초의 항아리 표면 그림에서 그리스의 화가 네아르쿠스의 주제는 노년의 성적 추함이다. 반인반수들의 이름은 도피오스Dophios('수음자'), 테르페켈로스Terpekelos('음경 자위자'), 프솔라스Psolas('껍질 벗기기')로, 그 행위들만큼이나 외설스럽다.

문학과 일부 고대 미술에서 흔한 한편, 이에 상응하는 노년과 노인—특히 여성—에 대한 부정적인 스테레오타입 또한 널리 퍼져 있으며 강력하다. 일반적으로 고대 그리스·로마 문학은 젊거나 나이 든 상류층 남성에 초점을 맞추는 경향이 있지만 늙은 여성의 스테레오타입에 대해서도 많이 서술했는데, 섹스광 마녀나 알코올 중독자와 같이 가장 악의적이고 외설스러운 표현으로 묘사되는 일이 빈번했다. 이는 불쾌하다는 것 외에도 연령과 젠더의 측면에서 주변화의 증거가 된다. 출산 활동이 지나감으로써 나이 든 여성은 기능을 상실한 사회 구성원으로 버림받았을 공산이 크다.

노년에 대한 매우 부정적이며 종종 극도로 인신공격적인 고발, 특히 풍자적이고 에로틱한 시가에서의 고발에는 긴 역사가 있는데, 제정 초기 로마의 작가들은 이를 흔쾌히 그리고 열광적으로 수용했다. 이러한 로마 문학의 전통은 괴롭고 냉정하며—내 소견으로는—다소 지루한 세부 묘사 속에 서기 6세기 막시미아누스가 쓴 노년과 사랑에 관한 6편의 비가까지 연장되었다.[26]

그래서 노년에 대한 독설의 역사는 길다. 거의 호메로스까지 소급될 지도 모르겠고, 어떤 사람은 호메로스에게서 그것을 발견했다고 주장하기도 한다. 특히 기원전 6세기 초 그리스 시인 밈네르모스는 침울하고 감상적인 자기 연민과 함께 세월의 흐름, 젊은 시절의 즐거움 상실, 그리고 노년의 지겨움에 관하여 길게 논했다. 그리스의 비극과 희극 모두에서 노인들(특히 여성)은 통례적으로—물론 비록 변함없지는 않지만—가혹하지는 않더라도 노골적인 취급을 받았다. 로마의 연극, 특히 플라우투스의 희곡에서는 노년과 관련하여 생각할 수 있는 모든 부정적인 특성이 강조되고 있는데, 성교불능이면서도 성에 관심을 갖는 늙은 남성의 성향이 특별한 강조점이다.

기원전 3세기에서 기원전 2세기에 알렉산드리아에서 제작된 기형의 난쟁이에서 동정이라곤 거의 찾아볼 수 없다. 늙었다는 사실이 확실히 그를 훨씬 더 우스꽝스럽게 만든다.

◁ 노년의 흔적이 기원전 3세기 말 원작의 로마 복제품인 소위 '늙은 어부'의 위엄을 감소시키지 않는다. 몸은 검은색 대리석과 상감 눈알 및 주름진 설화석고로 되어 있다.

▷ 이와 대조적으로 점토로 된 작은 노예는 애처로울 정도로 취약해 보인다.

예를 들면 플라톤의 이름을 빌린 위서僞書 『악시오코스Axiochos』(서기 1세기 작품이라는 설이 있음)에서, 죽음의 순간이 닥치자 악시오코스는 위안의 말이 필요했다. 소크라테스는 여러 주장 가운데 하나로, 인생에서 고통이 없는 시기는 없으며, 따라서 죽음이란 축복받은 해방이기 때문에 두려워해야 할 것이 아니라 오히려 환영해야 할 것이라고, 아주 관례적으로 말한다. 이러한 주장의 일부를 그는 소피스트인 프로디코스의 담론(그런 설이 있다)에서 인용하는데, 거기에는 늙은 몸에 미치는 자연의 효과, 저항할 수 없는 힘에 관한 서술이 있다.

> 그러고 나면 노년이 들키지 않고 몰래 당신에게 찾아드는데, 본질적으로 유해하고 치명적인 것은 무엇이나 노년으로 합류한다. 그리고 갚아야 할 빚으로서 당신 삶을 서둘러 포기하지 않으면, 자연이 인색한 고리대금업자처럼 끼어들어 담보물—당신의 시력, 청력, 종종 양자 모두를 낚아챈다. 그리고 당신이 계속 저항하면, 당신을 반신불수가 되게 하고 병신으로 만들고 갈기갈기 찢어놓을 것이다.[27]

소크라테스가 노년이란 제2의 어린 시절(이미 우리가 살펴본 것처럼)이라고 말하면서 정신적 고통에 대해서도 계속 논의하기는 하지만, 또다시 강조하고 있는 것은 노년과 결부된 신체적 불구이다. 유사한 성향이지만 좀 더 불만스럽게, 크세노폰은 70세의 소크라테스로 하여금 자신의 저술 『변명』에서 자신의 다이몬daimon, 즉 선함으로 이끄는 정신도 죽음에 대하여 어떤 확실한 방어책을 제공하지 못했다고 선언하게 했다. 노년의 온갖 부정적인 속성, 즉 청력과 시력을 상실하고 더 이상 학습할 수 없고 잘 잊어버리게 되며 '모든 문제와 안락의 모든 상실이 동시에 닥치는 노년은 '(…) 인생에서 가장 힘든 때'[28]라는 전반적인 불만족 때문에 더 나이 들도록 사는 것은 소크라테스에게 이로운 것이 아니었다는 간단한 이유 때문이었다.

노년에 관한 정형화된 부정적 영향에 대해서는 아마 아리스토텔레스가 가장 냉정하게 언급했을 것이다.[29] 가장 강조된 핵심 요소는 걱정 많고 비관적인 노인의 태도이다. 오래도록 살았고 많은 실수를 함으로써, 노인들(역시 초점은 남성에 맞춰져 있다)은 항시 '혹시' 또는 '어쩌면'과 같은 말을 사용하며 지나치게 조심스러워 한다. 인생의 불행을 아직 경험해야 하고, 그래서 무엇이든 도를 넘고 극단으로 치우치는 젊은 사람들과는 다른 것이다. 그런 태도를 지혜로운 것으로 취급하지 않는 한, 장수에는 지혜가 따른다는 전통적인 관념과는 명백히 대조적이다. 아리스토텔레스의 말에 따르면 노령자들은 지나치게 비관적이고 불신이 강하고 악의적이며 의심이 많고 편협하다. 왜냐하면 그들은 삶에 콧대가 꺾이고, 그래서 그들의 가장 큰 희망도 생존하는 것 이상을 넘어서지 못하기 때문이다. 그들은 관용이 부족하며 비겁하고 항시 위험을 예상한다. ('노년은 소심함을 준비한다.') 그럼에도 그들 역시, 특히 만년에는 도를 넘은 삶을 좋아한다. 500년 후 루키아누스의 풍자시에 등장하는 한 인물이 늙은 거지에 대해 말했듯이, '당신처럼 늙은 사람들은 삶을 그리도 사랑하는 사람들이고, 노년의 불행에 대한 치료약으로서 죽음을 열망해야 할 사람들이다.'[30]

아리스토텔레스의 통렬한 비난은 계속된다. 노인들은 편협함의 한 증후로서, 삶뿐 아니라 자기 자신을 너무 좋아한다. 언제나 그들의 관심은 멋있거나 귀한 것보다는 쓸모 있는 것에 가 있다. 그들은 (젊은이처럼) 부끄러워하는 대신 부끄러움이 없고, 명예보다는 이익을 더 원하며, 사람들이 자신에 대해 어떻게 생각하는지에 대해 주의를 기울이지 않는다. 아리스

헬레니즘 시대에 만들어진 철학자 크리시포스(기원전 279~기원전 206, 스토아철학을 처음으로 체계화한 고대 그리스 철학자—옮긴이)의 조각에는 야릇한 비애감이 느껴진다. 야릇하다는 것은 그가 80세경에 포도주를 과음했거나 너무 많이 웃어서 죽었다는 말이 있기 때문이다. 그는 널리 읽힌, 스토아철학의 옹호자였지만, 기행으로 (아마도 부당한) 평판을 얻기도 했다.

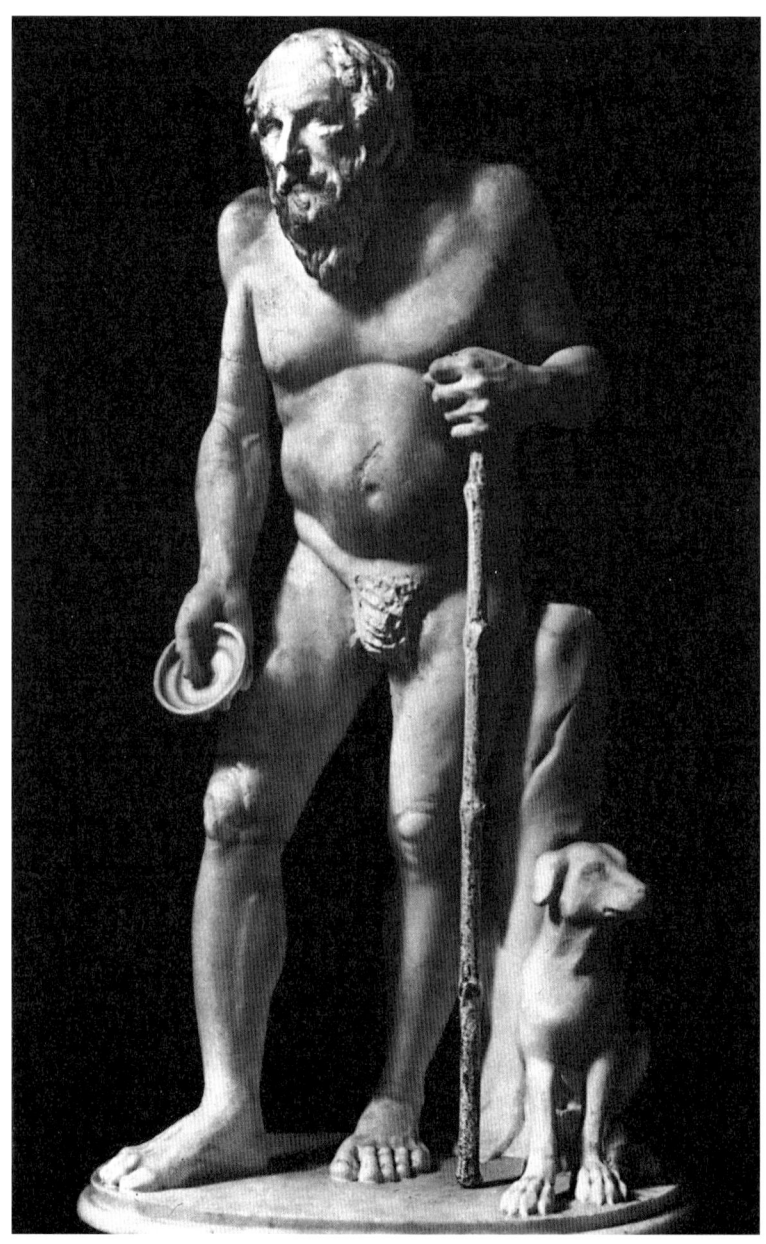

또 한 사람의 철학자, 견유학파 디오게네스는 96세까지 살았다. 견유학파라는 이름은 그들이 소위 개처럼(디오게네스 곁의 개를 주목하라) 인간사에는 무관심하다는 데에서 비롯되었다. 그러나 그런 무관심은 그에게 찬양만큼 경멸도 가져다주었다. 이 조각은 그리스 원본에 대한 로마 시대 복제품이다.

토텔레스가 말하기를, 노인들은 과거를 생각하고 과거 속에 살며, 희망보다는 기억에 의존한다. 그들의 과거는 길지만 미래는 짧고 불확실한 것이다. 그래서 그들은 수다스러울 정도로 계속 과거에 대해 말한다. 그들은 또 발작적으로 화를 내는 경향이 있지만, 이 점에서조차도 성공적이지는 않다. 즉 열정은 무엇이든 약화되거나 모두 사라졌기 때문에, 그런 발작은 미약하다. 노인들은 (아레테arête, 즉 도덕적 미덕과 연결된) 도덕 감정보다는 (실용성과 연결된) 냉정한 논리에 따라 삶을 영위한다. 노인의 행동과 정서의 핵심에는 편협함이 자리 잡고 있다. 늙은이와 젊은이 모두 연민을 느낄 수 있지만, 그 이유는 다르다. 즉 젊은이는 자선, 늙은이는 약함 때문인데, 노인들은 다른 사람에게 일어나는 불행은 어떤 것이나 자신에게도 쉽게 닥칠 수 있다고 상상한다. 이것이 다시 노인들의 불쌍한 비관주의다. 노인은 재치가 없고, 웃음이나 통상적인 농담을 좋아하지 않는다. 노년이 그런 모든 특성을 앗아간다.

아리스토텔레스가 제시하는 상은 침울한 것으로서, 노인에 내재한 긍정적인 특성을 아무리 언급하더라도 누그러지지 않는다. 아리스토텔레스가 그런 어떤 긍정적 속성을 의식하지 못했다는 것이 아니다. 그는 수사학적 목적으로 인생의 3단계에 대한 일반적인 서술을 제공할 뿐이며, 젊음 및 늙음을 삶의 전성기인 이상적인 중년과 구분하는 것이 바로 부정적인 특성이라는 것이다. 아리스토텔레스가 분석적이었다면, 장수를 희구하는 이들을 공격하는 유베날리스의 100행의 풍자시는 가장 기억할 만한 것으로 남아 있으며, 노령이 초래할 수도 있는 명백한 우환과 부적절한 점들―분별력과 감각의 상실―에 특히 초점을 맞춘다.[31] 장수가 아니라 건강한 신체 속 건강한 마음을 희구하라는 것이 그의 주장이다. 그런 긍정적인 신체적·정신적 속성이 의학적이든 일반적이든, 고대의 사고에서 노년과 결합되는 것은 흔치 않았다.

고대의 노화 이론

고대의 작가들은 노년이 초래할지도 모르는 고통을 잘 알고 있었던 반면 원인과 관련해서는 저술의 현실성이 떨어진다. 의학 저술가들은 노년의 양상을 젊은 시절의 나쁜 습관 탓으로 돌렸지만, 노화란 불가피한 것임을 깨달았다. 의학이든 철학이든 현존하는 고대 문헌에서 발견할 수 있는 가장 흔한 노화 이론은, 때가 되면 신체는 선천적인 열기와 습기, 그 생명력 또는 프네우마pneuma('숨'을 뜻하는 고대 그리스어. 생명과 이성을 갖추고 자기운동을 하는 물질 또는 세계 영혼이나 신의 정신 따위를 이른다—옮긴이)를 (기름이 떨어져 가는 램프처럼) 잃는다는 것이다. 그래서 젖먹이는 따뜻하고 습기가 많은 반면 노인은 송장처럼 차갑고 건조하다. 달리 말해 노화란 차가워지고 건조해지는 과정이며 심장과 간이 말라서 죽음에 이르는 것이다. 병을 앓을 때와 똑같이 노년에는 4체액의 균형이 깨진다(4체액설은 사람의 몸이 냉, 건, 습, 열의 성질을 가진 4가지 체액으로 이루어져 있으며, 이들이 균형잡힌 상태일 때 건강하다는 학설이다. 4가지 체액은 혈액(열하고 습함), 황담즙(열하고 건조함), 점액(차고 습함), 흑담즙(차고 건조함)이다—옮긴이). 즉 혈액과 황담즙이 부족하고, 점액과 흑담즙(멜랑콜리)은 넘친다. 열기가 방출됨에 따라, 몸이 병이나 부상에서 회복되는 데 시간이 더 걸린다. 그러나 똑같은 이유로 노인에게서는 일반적인 활동과 마찬가지로 발열도 덜 심하다.[32]

반면, 히포크라테스의 저술에서는 두 번에 걸쳐 이와 다른 이론, 즉 노령자는 차갑지만 (건조하기보다) 습하다는 이론이 등장한다. 이 반대 이론은 후대의 의학 저술가인 갈레노스(고대 그리스의 의학자. 실험과 해부를 통해 인체 구조에 관한 결론을 내리고, 의학의 과학적 기초를 닦았다―옮긴이)에 의해 확실하고도 끈질기게 논박되었다. 갈레노스에 따르면 히포크라테스의 착오는 노인 신변에 외관상 나타나는 습기―기침, 흐르는 콧물 및 이와 유사한 것들―탓이지만, 이것은 단지 과다한 점액질의 외적 분비물 또는 남은 습기일 뿐이므로 노인 개개인의 본래적 상황에 대한 징후로서 받아들여져서는 안 된다.

노년에는 냉하다는 생각은 종종 일반적인 저술에서도 되풀이된다. 건조함에 대해서는, 노년이란 통상 혈액이라는 가장 습한 (그리고 따뜻한) 체액이 말라버린 것으로 서술된다(예를 들면 마르고 쪼그라든 무녀 시빌의 이미지를 주목하라). 노화하는 신체의 혈액은 묽고 얼음처럼 찬 것으로, 베르길리우스가 엔텔루스라는 인물을 통해 불러내는 이미지다. '내 피는 굼뜬 노년에 의해 식었고, 활기를 잃어 버렸다.'[33] 갈레노스는 노년의 냉함은 몸뿐 아니라 마음에도 영향을 미친다고 썼다. '왜 많은 사람이 극도로 늙은 나이, 즉 건조한 것으로 설명되어 왔던 시기에 도달하면 정신 이상이 되는가? 이는 건조함이 아니라 냉함의 결과이다. 왜냐하면 냉함이 영혼의 모든 활동에 타격을 가함이 확실하기 때문이다.'[34] 결론은 노년이 모든 것을 파괴한다는 것이다.

나아가 노령화란 관습적으로 건조화의 과정으로 여겨졌기 때문에 선천적으로 습한 사람이 장수할 가능성이 큰 것으로 생각되었다. 유사한 논리로써 남성은 여성보다 더 따뜻하기 때문에 더 천천히 늙고, 그래서 더 오래 산다는 말이 있었다(후자의 견해는 비록 이유는 따로 있었지만, 고대 세계에서는 정확한 것이었을지도 모른다). 여하튼 신체적 활동이 사람을 마르게 하고, 그래서 고되게 일하는 사람은 좀 더 빨리 늙는다. 동일한 이유로 성교

데스마스크가 얼굴의 실제 모델이 됨으로써 로마 시대 장례 조각의 근원적인 리얼리즘을 발견할 수 있다. 표식은 풍부하다. 깊이 주름 잡힌 목, 툭 튀어나온 목 연골, 팽팽하게 늘어난 두개골의 피부, 치아 없는 입 주위로 당겨진 입술 등.

△ 헤라클레스와 노년(노년의 신 게라스)의 만남이 여러 항아리에 그려져 있지만, 문학에서는 어디에서도 서술되지 않는다. 기원전 480년 체르베테리에서 출토된 한 항아리에는 게라스가 마르고 벌거벗은 노인으로 나타나며, 추정컨대 헤라클레스가 그를 정복함으로써 늙지 않는다는 것을 상징한다.

▷ 늙은 구두쇠는 신희극New Comedy의 단골 등장인물이었다. 기원전 4세기 중엽의 이 그리스 항아리는 관습적인 가면을 쓴 도둑 두 명이 금고에서 떨어뜨리려고 끌어당기는 '카리누스'의 모습을 보여준다. 훗날 플라우투스는 자신의 라틴어 희극 가운데 하나를 쓰면서 동일한 플롯을 빌려왔다.

에 대한 지나친 탐닉은 늙어가는 몸에 해롭다는 말이 있다.

노년은 적어도 냉하다는 점에서 겨울과 같다는 것은 문학적 상투어로서, 4체액을 반영한 네 시기의 인생 이론을 통해 피타고라스학파가 수용했다. 그 이론의 일부는, 사람은 자신의 연령에 적합하거나 또는 상보적인, 즉 반대되는 계절에 가장 편하게 느낀다는 것이다. 그래서 여름과 초가을은 노인들이 번성하는 계절이고, 겨울은 그들이 할 수 있는 한 가장 피해야 할 계절이라는 의견이 있었다.

노년의 건조함과 냉함에 맞서기 위해서는 체액의 균형을 회복하고 신체에 온기와 습기를 공급해 주는 것이 필요하다. 몸을 덥게 하고 습하게 하는 수단을 찾는 것이 고대 세계에 있었던 노인의학(갈레노스가 '노인공학술'이라 불렀던 것)의 주된 목표였다. 노년 그 자체가 질환이라고 말하는 것은 상투어에 해당하는 것이었다. 사실 세네카는 노년이란 치유할 수 없는 병이라고 말했다.[35] 서기 2세기 갈레노스는 맹렬하게 의견을 달리했다. 질병이 자연에 반대되는 것인 반면 노년은 자연적인 과정으로서, 나이가 들어 죽는 것은 자연적인 것과 똑같으며, 따라서 누가 무어라 하든 노년은 질환이 아니라고 주장했다. 하지만 그는 노년이 완전하게 건강한 상태도 아니라고 쓰고 있다. 오히려 노년에는 그 자체로 고유한 하나의 건강 상태가 있으며, 이는 절제하는 생활스타일을 통해 유지될 것이다. 그래서 의사가 개별 노인이 따라야 할 특별한 섭생이나 '음식'을 추천하는 것이 흔한 관례였음이 명백하다. 식이요법은 고대 의학의 치료법에서 전통적인 주요 분과 가운데 하나였으며, 약물학과 외과수술이 그 나머지였다.

갈레노스는 『건강의 보존에 관하여』 제5권에서 그 주제에 대하여 풍부한 자료를 제공하는데, 종전의 어떤 것보다 상세하며 다음 여러 세기 동안 그 주제의 취급에 상당한 영향을 미쳤다.[36] 갈레노스의 관심은 단순한 음

노인이 마셔야 할 것은 무엇인가? 갈레노스는 포도주를 권했다. 그리고 기원전 490년경의 항아리 그림은 아킬레우스의 덕망 높은 스승 포이닉스에게 포도주를 대접하는 아킬레우스의 연인 브리세이스를 보여준다. 포도주는 회춘의 힘을 지닌 것으로 생각된 물질 가운데 하나였다.

펠리아스를 젊게 할 준비를 하고 있는 메데이아. 기원전 500년경의 항아리 그림. 전체 이야기에 관해서는 111쪽을 보라.

식이 아니라 생활방식에 있었다. 그가 추천한 것에는 마사지와 너무 과하지도 부족하지도 않게 환자의 체질에 맞춘 적당한 운동이 포함된다. 만약 충분히 튼튼하다면, 노령 환자는 승마와 공 던지기 또는 배나 가마를 이용한 여행을 해야 한다. 만약 몸져누워 지낸다면, 큰 소리로 독서하는 것이 매우 이롭다. 갈레노스는 노령 환자에게 적당한 양의 수면(신체를 습하고 따뜻하게 하는 데 좋은)과 미지근한 목욕(한 달에 두세 번, 그러나 누워서 지낸다면 한 번도 해서는 안 되는)을 권한다. 갈레노스에 따르면, 방혈放血은 70세까지의 비교적 튼튼한 환자에게는 좋지만, 아주 노령자에게는 권할 것이 아니다. 그들에게는 가지고 있는 피가 한 방울이라도 필요하다고 갈레노스는 덧붙인다. 식생활과 관련해서 노인에게는 음식이 거의 필요하지 않다는 말이 있다. 그 점은 대다수 식품이 추천되거나 허용되지 않기 때문에 맞기는 하다. 어떤 음식은 이롭다(갈레노스에 따르면 노령 환자에게는 자두가 배변을 쉽게 하는 음식으로 좋다). 그러나 (치즈, 푹 삶은 달걀, 달팽이, 렌즈콩, 버섯, 여러 종의 채소와 같은) 많은 다른 음식은 해롭다. 일부 부드러운 종류의 빵과 마찬가지로 생선은 일반적으로 좋다. 기름기가 적은 육류, 특히 어린 염소 고기는 이롭지만, 돼지고기는 그렇지 않다.

노인은 무엇을 마셔야 했나? 물은 삼가야 했으며 우유도 마찬가지다. 후자는 치아와 잇몸을 망치게 한다고 믿었음이 분명하다. 그러나 갈레노스는 노인 개개인에게 특별히 사람의 젖과 따뜻한 당나귀 젖, 또는 꿀을 섞은 우유를 권했다. 그는 꿀과 포도주를 섞은 염소 젖 덕분에 100세를 넘긴 농부를 만났다고 언급하기도 했다. 디오니소스의 선물인 포도주를 특히 권하며, 의료 목적에 어떤 포도주가 최선인가 하는 문제에 과학의 이름으로 많은 연구를 바쳤다. 분명히 포도주는 회춘의 효과를 가져올 수 있었다. 심지어 원하지 않는 늙은이도 춤추게 한다는 것이 고대의 속담이

마녀 메데이아는 그녀의 연인 이아손이 펠리아스 왕에게서 당한 모욕을 복수하려고 결심하고, 늙은 왕의 회춘을 제안했다. 그녀는 자신의 능력을 증명하기 위해 늙은 양을 토막 내 큰 솥에 넣고 끓인 다음 다시 생명을 불어넣어 어린 양으로 만들었다. 이것이 기원전 470년 불치 지방에서 유래한 항아리에 묘사된 장면이다. 펠리아스의 딸들은 실험을 보고 기쁜 나머지 아버지를 대상으로 메데이아를 따라 했다. 그러나 자매를 꼬드겼던 메데이아는 중간에 그만두었고, 펠리아스의 뼈는 솥 안에 그대로 남아버렸다. 회춘의 가능성이 그리스인의 잠재의식에 자리 잡고 있었던 것 같다.

었다. 갈레노스가 덧붙이기를, 포도주는 몸을 따뜻하게 하며 장수가 초래할 수 있는 슬픔과 근심에 대항하는 데도 도움이 된다. 포도주를 마심으로써 얻는 혜택의 구체적인 사례들도 찾아볼 수 있다. 아우구스투스의 아내 리비아는 자신의 장수(86세까지 살았다)를 북부 이탈리아 푸치눔의 포도 덕분으로 여겼다. 그리고 다른 점에서는 알려지지 않은 아우구스투스 시대의 100세 장수자 로밀리우스 폴리오는 (어쩌면 간명한 위트뿐 아니라) 자신의 노익장을 기름기를 제거하고 꿀을 넣은 포도주 덕택으로 돌렸다.[37] 일부 사람들에게는 노년에 즐거움이 있었음이 확실하다.

노년의 양면성

이는 우리로 하여금 다시 키케로로 돌아가게 한다. 우리는 이 글의 첫머리에서 이시도루스가 요약한 노년의 장단점을 살펴보았다. 키케로는 『노년에 관하여』에서 대大 카토라는 노령의 대화 상대를 통해 일반적으로 사람들이 흠을 잡는 노년의 네 가지 측면을 제시했다. 아주 간단히 말하면, 그것들은 1) 노년은 당신들이 좀 더 젊었을 때 했던 일을 못하게 한다(얼마나 축복인가! 라고 카토와 키케로는 반박한다). 2) 노년은 신체를 약하게 한다(좋은 점—정신에 좀 더 전념할 수 있다). 3) 노년에는 즐거움이 없다(좋은 점—그렇다면 좀 더 쉽게 현명하고 고결하게 될 수 있다). 4) 노년은 죽음과 멀지 않다. 이 마지막 혹평에 대한 키케로의 응답의 의미는 진실로 스토아식이었다. '죽음, 그대의 고통은 어디 있는가?' 수백 년 전 플라톤의 저술에서 소크라테스가 진술한 것처럼 죽음에는 두려워할 것이 아무것도 없다.

노년과 죽음 사이의 연계는 고대의 미술과 문학에서 불가피하며 상존한

251~253년에 재위한 로마 황제 트레보니아누스 갈루스의 청동상에는 일종의 회춘이 의도된 것 같다. 머리는 원래 것과 흡사하나 훨씬 더 젊은 몸에 붙어 있어서 육체적으로 과장된 힘을 부여하고 있다.

다. 그리스와 로마의 신화에서는 의인화된 젊음이 숭배나 적어도 찬양의 대상이었다. 노년은 그런 위신은 어떤 것도 누리지 못했다. 헤시오도스의 『신통기』에서 '미운 노년(게라스)'은 밤의 후손이며 비운, 숙명, 죽음, 잠, 비난, 인과응보, 술책을 특히 형제로 두었다.[38] 문학에서 게라스/세넥투스(그리스 신화의 게라스에 해당하는 로마의 신으로, 노년을 뜻하는 라틴어이기도 하다―옮긴이)에 대한 언급은 각각이지만, 사실상 동일하다. 노년은 무시무시한 집단 가운데 하나이며 슬픔, 불행, 배고픔, 불화, 질투, 공포, 빈곤, 탐욕, 전쟁과 이와 유사한 것들, 보통 저승 세계로 분류되지만 유약한 인간에게 너무나 자주 닥치는 삶의 악의적 측면 모두를 포함한다. 바람직한 젊음과의 대조가 더 이상 분명할 수는 없었다. 노년은 숭배보다는 공포의 대상이다. 미술에서 헤라클레스의 덜 알려진 노력 가운데 하나는 괴상하게 부풀어올랐지만 무기력한 성기를 가진 말라빠진 인물을 전형으로 하는, 의인화된 노년과의 싸움이었다. 이 에피소드를 제외하면 고대 그리스·로마 신화에서 게라스의 역할은 거의 없다. 예외적인 것이 통상적인 것을 말해주는데, 그것은 그 자체로는 그리 놀랍지 않은 사실, 즉 의인화된 개념으로서 노년은 그리스인과 로마인에게 숭배할 만한 것이 아니었고 지나친 공포는 아니더라도 두려움의 대상이었다는 점이다.

그 자체가 하나의 개성이기보다 삶의 마지막 단계로서의 노년은 유한한 운명인 영웅과 악당에 대한 신화적 서술에서 중요한 역할을 하지만 신은 그렇지 않다. 신은 늙지도 죽지도 않는데, 그것은 특권적인 인간에게도 드물게 주어지는 하나의 영광이었다. 그러나 복수의 여신과 운명의 여신처럼 신화에 등장하는 많은 괴기한 인물은 인간의 마음에 공포를 불러일으킬 것이라는 바로 그 이유 때문에 늙고 야위었다. 가장 무섭고, 불쾌한 피조물 가운데 일부를 분류하면 사실상 늙은 미혼 여성(예컨대 그리스 신화에 나오는 그라이아이)일 것인데, 이는 '정상'사회로부터 그들의 완전한 고립 또는 소외를 상징한다.

다른 한편으로 인간에 의한 회춘과 불사의 시도가 빈번하게 언급된다. 그리고 양자는 역사 전체를 통해 인류의 열망이 되어왔다.[39] 갈레노스는 나이 마흔에 노년의 영향을 피하고 영구히 젊음을 유지하는 방법에 관한 책을 출간한 당대의 한 소피스트의 흥미로운 사례를 언급한다. 이 동시대인이 80세에 이르자 나이가 그를 주름지게 하고, 마르게 하고, 세간의 조롱을 받게 하여 참으로 희생자를 만들어냈다. 그러자 그는 자신의 책 내용을 수정했다. 일부 사람들만이 영원한 젊음을 향유하며, 아주 일찍부터 준비가 필요하다는 점을 강조하는 개정판을 출간한 것이다. 이 소피스트는 불행히도 자신은 이 과정을 너무 늦게 시작해 스스로를 구할 수 없었지만, 동료 시민의 자녀들에게 혜택이 돌아가도록 힘쓸 준비가 되어 있다고 선언했다. 다만, 아마도 상당한 사례를 원했을 것이다.[40]

남아 있는 증거와 가장 밀접하게 관련된 부유한 엘리트에게조차도 고대에서 노년은 즐기기보다는 인내해야 할 시간이었다. 상대적으로 가난한 계급에게 노년은 선망의 대상이 아니었음이 틀림없는데, 이는 주목할 만하다. 노년과 빈곤은 모두 힘들지만, 둘이 만나면 감당할 수 없다는 것은 흔한 격언이었다. 그러나 사료가 엘리트 중심으로 되어 있기 때문에, 우리가 고대의 인물로 알고 있는 수많은 개개인의 경우에는 빈곤이 문제가 되지 않았고, 노예뿐 아니라 재산이 그들의 문제를 덜어주는 데 도움이 되었음이 틀림없다. 그러나 쇠약해가는 건강이 스스로를 부양할 수 없는 처지로 이어졌다면, 효과적인 약물치료가 결여된 가운데 어떤 방식이든 의존적인 삶을 단기간 살아야 했을 것이다.

핵심은 얼마나 나이가 많은가가 아니라 얼마나 활동적인가, 또는 쓸모가 있는가 하는 것이었다. 키케로의 말은 시간을 초월해 수천 년을 관통해 전달된다. '노년에는 스스로 싸우고, 권리를 지키며, 누구든 의지하려 하지 않고, 마지막 숨을 거두기까지 스스로를 통제하려 할 때만 존중받을 것이다.'[41]

제3장

중세와 르네상스

슐람미스 샤하르

'누구나 오래 살기 바라지만
아무도 늙으려고 하지는 않는다'

다른 모든 것과 마찬가지로 인간의 삶도 신의 계획에 따라 질서가 있었으며, 중세의 사상가들은 그 계획을 설명하는 데 정신을 바쳤고, 그것을 분명히 하기 위해 종종 시각적 등가물을 고안했다. 신의 눈에는 노년의 자리가 있었다. '우리 삶의 나날은 70년이다. 그리고 어떤 힘에 의해 80년이 되기도 하지만, 그 힘은 고역과 슬픔이다. 삶은 곧 중단되고 우리는 사라지기 때문이다.' 드 리슬 구약 시편(영어본, 14세기 초)의 이 도해는 어머니 품에 안긴 어린아이(아래 왼편)에서 청년과 장년을 거쳐 노년과 무덤에 이르기까지 사람의 일생을 추적한다.

다른 모든 시대와 마찬가지로 중세에도 노인은 사회의 엄연한 구성원이자 세상의 상징적 질서의 일부로 여겨졌다. 문헌과 미술에 나타나는 노인에 대한 다양한 표상이 그 점을 시사한다. 종전에 주장해온 바와 같이 중세와 근대 초에는 낮은 기대 수명 때문에 사람들이 40대를 늙은 것으로 생각했다는 견해가 지배적이었다. 하지만 근래의 연구는 이런 생각을 뒤엎었다. 물론 기대 수명은 낮았다. 즉 중세와 르네상스 시대에는 출생 시 가장 높은 기대 수명이 40세였다. 역병과 기근의 시기에는 이보다 훨씬 더 낮았다.[1] 그러나 이 낮은 평균은 주로 높은 유아 사망률 때문이었다. 성년의 문턱에 도달한 사람들은 60세 혹은 70세에 이를 가능성이 꽤 있었다. 80세 혹은 심지어 90세까지 살았던 사람도 역시 있었다.

은퇴와 공적 의무의 면제

21세기 노인병학자들과 매우 비슷하게 중세의 학자들도 노화과정의 점진적 성격과 아울러 그 과정에서의 개인적 편차도 인식하고 있었다. 그리고 현대 서양문화처럼 중세에도 노년의 시점을 연령에 의해 규정하기도 했다. 사람들을 늙었다고 규정한 것은 40세가 아니라 60세와 70세 사이였다. 그렇게 해서 중세 사람들은 의식적이든 무의식적이든 종전의 유사한 전통, 즉 성서와 그리스 및 로마의 전통을 따랐다.[2]

아레초에 있는 피에로 델라 프란체스카의 거대한 프레스코화 「애덤의 죽음」은 노년에 대한 최고의 이미지 가운데 하나다. 애덤은 벌거벗은 채 땅에 누워 있고, 늙은 이브는 그의 머리맡에 서 있다. 피에로 스타일의 특징인 그런 거대한 정적이 그 장면에, 마치 시간이 멈춘 듯 잊을 수 없는 영성을 부여한다. 다른 세 인물, 즉 우리를 향하고 있는 수염 난 남성인 셋Seth(구약성서에 나오는 인물로 애덤과 하와의 셋째 아들—옮긴이)과 청춘 남녀는 이 그림을 인간 생애기에 대한 오랜 도상학적 전통의 일부로 만든다.

Dñs ha-
bi-
ta-
culum ui factu
es nobis. In
generatione &
generationem.
antequam mon-
tes fierent aut

Do re-
fu-
gi-
um factus
es nobis. a
generatione
& progenie.

Cum uita uer' no-
ua moral' z uitalis
anni. q. p. nichilo
q. bz implebim mia
z leticia. pena prim
hois. z regnum sedi.
h apte distinguan
congrue noie moisi
intitulat' ps. ut eis
qui recte scrutant
scripturas. intueret le
gem que p moisen da-
ta. e. u' trena pfemia
uideret primi. ha-
bere aliquid tale sub
uelamento. quale iste
ps ostendit. cum au-
q. ad ur uenit. ad xpm.

Deus : rex
s. in hoc salo seli.
s. qui a nob cepit

fugium factus
ee qd non erat. i. refugium.
es nobis. a
q. i. in omi generatione. ut uetc' cui ille minister. z noua. cuius
ille aplīs.

generatione & generatione.
s. factus refugiū. s. ñ tu ipse.

qui ministeriu
sedm quā dis-
pensauit. e. s-
cepit.
Homo qdē p-
pedus. qī hoc de-
orauit.
Ps. de defec-
tu auferri.
Primo eterni-
tatem tempora-
...

△중세에는 월별 노동에 대해서도 똑같이 엄밀히 상응하는 연속물을 사용했다. 2월은 불 옆에서 발을 녹이는 노인이라는 점에는 변함이 없었다. 1170년경 로잔 성당 스테인드글라스의 일부.

◁ 생애 단계가 역사상 도식적으로 표현되는 방식이 이 책의 핵심 주제로 활용되고 있다. 그것은 14세기에서 19세기까지 놀라울 정도로 변함이 없었던 관습이었다. 통상 늙어가는 것을 제외하고는 아무런 뚜렷한 걱정거리가 없는 유한계급 출신의 남성이나 여성은 행복한 어린 시절에서 건강한 노년으로 나아가며, 중년에 번영의 정점에 이른다(여기에서는 14세기 중엽 스콜라 철학자의 신분이 분명한 카탈루냐 지방 한 화가가 그린 시편의 삽화). 그런 그림들은 각 시대가 꿈꿨던 훌륭한 삶에 대한 청사진에 가깝다. 20세기에 현실적 태도를 냉소적으로 도입함으로써 그 스테레오타입이 허물어졌을 때(49쪽과 420쪽 참조), 유머는 주로 혼란스러운 기대로 이루어졌다.

사람의 일생을 여러 단계(3~7단계 중 하나)로 구분하는 도판들에서 노년의 시점은 35, 45, 50, 58, 60 그리고 70 등 다양한 숫자로 제시되었다. 도판들은 과학, 의학, 교육, 설교, 문학 등 각각 다른 맥락에서 발전했고 자연과 시간의 다양한 배치와 연결되었다. 그 도판들은 생물학적이거나 사회적 기준에 바탕을 두고 삶의 각 단계를 평가한 것이라기보다는, 그것에 상징적 정체성을 부여하는 것이었다. 그리고 그 도판들이 다양하기 때문에 그것을 논의의 전거로 활용하는 것은 불가능하다. 좀 더 믿을 수 있는 사료는 법령 문서들이다. 나이 든 이에게 주어진 특권은 거의 전부가 적극적인 혜택이라기보다는 특정 의무와 여러 가지 임무에 대한 면제의 형태를 띠었다.

모든 관련 텍스트는 면제 자격의 연령을 60세 혹은 70세로 명기하고 있다. 일반적으로 60세에 이른 사람에게는 여러 형태의 군역, 도시 파수, 결투 재판이 면제되었다. (잉글랜드, 예루살렘의 라틴 왕국, 파리에서는 군역, 거의 모든 나라에서 결투 재판의 면제 사례가 있다.) 그러나 어떤 지역에서는 (카스티야 이레온, 모데나, 피렌체 등) 70세가 되어야 군역이 면제되었다. 공공봉사 의무(예를 들면 잉글랜드의 배심원)에서 면제되는 연령은 일반적으로 70세였으며, 세금은 60세 혹은 70세, 강제부역은 60세에 면제되었다.[3] 60세 이후에 사람은 신체적으로 고된 일은 더 이상 할 수 없고, 생활하기 어렵다는 점을 인식하게 된다는 생각은 다른 형태로도 표현되었다. 12세기 아이슬란드의 법령에 흡수된 기독교 계율에 따르면 70세가 될 때까지는 금식의 관행을 지켜야 했다.[4] 자신에 대한 매질은 금욕의 좀 더 엄격한 형태로 여겨졌는데, 그래서 이탈리아의 경우 베네치아의 자선학교의 규칙은 60세가 넘은 수도사에게는 이 매질의 의무를 면제해 주었다.[5] 1503년 잉글랜드 국왕 헨리 7세의 칙령에 따르면, (임신부와 남녀 병자와 장애인과 마찬가지로) 60세가 넘은 남

알브레히트 뒤러의 어머니는 63세보다 더 늙어 보였다. 뒤러는 어머니에게 우아함과 기품을 부여한다. 그러나 그녀의 처진 볼과 뼈가 앙상한 목을 감추려는 어떤 시도도 하지 않으며, 심지어 그녀의 골칫거리였던 사팔뜨기 눈도 충실하게 그리고 있다.

르네상스 화가의 눈에는 아름다움의 상실을 보상할 수 있는 대가나 혜택이란 거의 없다. 1544년 한스 발둥은 세월의 흐름을 너무나 슬퍼해서, 일곱 번째 연령기를 묘사하기가 거의 어려울 정도다.

녀 걸인과 유랑자는 그들보다 연하의 사람에게 가해지는 처벌에서 면제되었다.[6]

주변화된 노년의 여성

모든 중세의 사료는 남성에 초점을 맞추고 있다. 그리고 여성에 관한 자료도 남성적인 것으로 바꾸는 일반적인 경향이 있다. 생애 과정을 나누는 여러 도해도 마찬가지다. 어떤 도해도 여성에게는 해당되지 않는다고 명시적으로 밝히지는 않지만, 오로지 남성과 관련된다는 점은 확실하다.[7] 대다수 법규나 칙령에 여성에 대한 언급이 없다는 점은 여성의 경우 연령에 상관없이 그런 법령에 구속되지 않는다는 사실로 설명된다. 즉 여성은 군역 의무가 없었고 어떤 나이라도 결투 재판에 대리인을 보낼 수 있었으며 공직도 맡지 않았다. 나아가 대부분의 세금도 가장이 납부했는데, 가장은 소수의 과부나 독립적인 여성 상인과 장인을 제외하고는 일반적으로 남성이었다. 행동규범이나 관습에 성별의 차이가 반영되는 것은 사회 상층보다 최하층에서 덜 두드러졌다. 여성은 노역에서 자유롭지 못했고, 빈곤은 여성 가운데 일부를 구걸과 방랑으로 내몰았다. 1349년 흑사병의 와중에 잉글랜드에서 통과된 노동조례Statute of Labourers(빈민의 지리적 이동을 금지하고 노동자에게 노동을 강요하며 건강한 빈민에 대한 자선을 제한한 법령. 빈민 통제가 목적이었다—옮긴이)는 남성과 여성 모두 주어진 일자리를 의무적으로 받아들이게 했다.[8] 그리고 헨리 7세의 한 칙령은 남녀 걸인과 방랑자 모두에게 적용되었다. 여성만의 의무—봉건 영주의 명령에 따른 결혼—에서 면제되는 것은 장 디벨랭이 수집한 예루살렘의 십자군 왕국 법령에 언급되어 있다. 60세가 된 과부를 재혼하도록 강요할 수는 없었다.[9] 다른 여러 사료에서도 늙은 여성임을 나타내기 위해 60세를 언급하고 있는 것은 남성과 마찬가지로 여성의 경우에도 통상적으로 60세를 노년의 시점으로 생각했음을 보여준다.

인구 자료를 담고 있는 중세의 기록은 극히 드물고 불충분하며, 역사인구학자들도 단지 어림잡을 수밖에 없지만, 노령자, 즉 60~70세와 더 나이 많은 노인이 전체 인구 가운데 차지하는 비율은 근대 서양 사회보다 훨씬 낮았다. 그런데 이 기록에 따르면 일반적으로 노령자들은 전체 인구의 8퍼센트 이하였고, 지역적으로나 시기적으로 5퍼센트를 넘지 못하는 경우도 있었다.[10] 역병이 유행한 뒤처럼 단지 예외적 상황에서만 노인의 비율이 상승하기도 했다. 역병은 나이 든 사람보다 젊은 사람의 목숨을 더 많이 앗아갔다.[11] 그리하여 1427년 피렌체에서는 인구의 14.6퍼센트가, 라벤나에서는 15.9퍼센트가 60세를 넘은 노인이었다. 유럽의 다른 지역에서도 노인 인구의 비율이 이와 유사하게 증가했다. 이 높은 비율은 15세기 후반 이후 역병에서 회복되고 지속적으로 인구가 증가하는 시기 동안 점차적으로 줄어들었다.[12] 현대 서양 사회에서는 여성이 남성보다 오래 사는데, 이 사실은 환경적 요인보다 선천적 요인에 기인한 것이다. 그러나 중세에서는 환경적 요인이 결정적이었던 것 같다. 귀족층에서는 남성들 사이에 폭력에 의한 사망이 잦았던 탓에 늙은 여성의 수가 남성보다 훨씬 많았다.[13] 하지만 인구 전반적으로는 일련의 요인들이 합쳐져서 여성의 기대 수명을 단축시켰다. 많은 여성이 출산 도중이나 그 직후 사망했다. 농촌 지역에서 여성은 일에 시달렸다. 게다가 환자를 돌보며, 그렇기 때문에 질병의 전염에 더 많이 노출된 것은 여성이었다.[14] 늙거나 젊은 과부들이 많았던 이유는 여성의 높은 기대 수명이 아니라 남편과 아내 사이의 연령 차이 때문이었는데, 특히 부유층에서 두드러졌다. 일찍 결혼한 여성은 연장자였던 남편보다 더 오래 살았다. 삶의 후반기에 이르러서야, 즉 여성의 가임기가 지난 뒤에야 비로소 남성과 여성 사이의 기대 수명 차이가 줄어들었으며, 여성이 종종 기대 수명에서 남성을 앞서기조차 했다.[15]

13세기부터 널리 보급된 '대중 설교집sermones ad status'으로 알려진 문학 장르는 새로운 사회적 모델을 반영했다. 이 설교들에서 사회란 황제와 국왕, 교황에서 여러 노동자와 전문직업인을 거쳐 농노에 이르기까지의 사회적·직업적 신분과 조건으로 구성되어 있다.[16] 그러나 노인은 여성이나 아이와 마찬가지로 사회적 계층, 지위, 직업, 생활양식과 무관한 하나의 주변집단으로 표상된다. 어떤 텍스트는 신체적·정신적 취약점이나 사회적 열등성, 정치적 영향에서의 배제 등을 부각시키며 노인을 폐질환자, 외국인, 극빈자와 함께 분류했다.[17] 부역이나 공납의 면제는 노인을 배려하고 그들을 편안하게 해주려는 의도를 표현하면서도 동시에 그들을 주변적인 존재로 만드는 것을 의미했다. (중세 말 잉글랜드의 늙은 세속 귀족들 가운데 일부는 상원 회의에 참석할 의무에서 면제받았다.) 여성은 성과 나이 때문에 이중적으로 주변화되었다.

연령과 권위

노인들 자체에 부여된 유일한 특권은 특정 의무에서 면제되는 것이었다. 단순히 늙었다는 이유로 그들에게 별도의 역할이나 명예, 실질적인 혜택이 주어지지는 않았다. 이 점은 다른 무엇보다도 누르시아의 성 베네딕토가 정한 수도원의 규칙에 분명하게 나타나 있다. 규칙 제63항에 따르면

늙고 병약한 사람들이 죽음에게 자신을 데려가달라고 빌고 있다. 하지만 죽음은 젊고 건강한 자들을 잡아먹기 위해 그들을 지나친다. 오르카냐의 프레스코화 「죽음의 승리」(1344년)의 한 부분. 피렌체의 산타 크로체 성당에 있던 이 벽화는 현재 일부만 남아 있다.

중세에 아주 많았을 것임에 틀림없는 나이 든 장애인의 오래된 이미지. 늙은 여인이 지금은 터만 남은 한 샘에서 물을 마시고 있다. 13세기, 이탈리아의 건축가이자 조각가 아르놀포 디 캄비오의 작품.

수도원 내 수도승의 지위는 수도기간이나 선행 혹은 수도원장의 의사에 따르도록 되어 있었다. 그것이 나이에 의해 결정되는 일은 결코 없었다.[18] 원숙한 중년의 활동적인 남성이 권위를 행사하는 것을 이상으로 여겼음에도 교회 바깥에서는 일부 상급직책이 세습되었고 종종 젊은 사람들이 관직을 맡기도 했다. 교회 내 공식적 차원에서는 다양한 직책을 차지하는 데 최소 연령이 있었지만 실제로는 종종 무시되었다.

나이 든 사람에 유리하게 차별화하는 것은 베네치아 공화국에서만 나타난 것 같은데, 그곳에서는 젊거나 심지어 중년의 시민도 고위관직을 맡을 자격이 없었다. 1400년에서 1600년 사이 산 마르코의 나이 든 행정관 가운데 선출된 베네치아 총독의 평균 나이는 72세였다. 그들 가운데 일부는 60대, 일부는 70대 후반, 심지어 80대에 선출되기도 했다. 나이가 지혜롭고 균형감각을 갖춘 통치와 아울러, 재임기간이 너무 길어지지 않으리라는 점을 보장하는 것으로 여겼다.[19] 교회의 고위 성직자 또한 대다수가 노인이었다. 하지만 이는 그런 직책에 노인이 특별히 적절하다고 믿었기 때문이라기보다, 최고위직에 대한 자격을 부여하는 교회 위계조직의 단계는 일반적으로 60대에야 비로소 도달할 수 있었기 때문이었다. 권위와 권력에 대한 정해진 연령 기준이 없었기 때문에 노인의 역할이 보장되지 않았던 것과 마찬가지로 그 때문에 노인은 관직을 계속 유지할 수 있었고, 새로운 관직에 선출되거나 추천될 수도 있었다.

규범이 되는 문헌에서는 거의 언급되지 않았음에도 노인이 늙은 남성(그리고 종종 여성)으로서 자신의 능력으로 수행한 하나의 역할이 있었다. 그들은 토지 소유를 둘러싼 논란에서 증인으로 나섰고, 부역과 결혼 문제에서 청구권을 가렸다. 그들은 지방의 관습과 전통을 보유한 존재로 여겨졌다. 한 사례를 언급하자면, 친족 관계라는 이유로 요크의 교회 법정에 제

베네치아의 총독들은 정치체제의 성격상 선출되는 시점에 꽤 나이가 들었으나, 종종 놀라울 정도로 오래 살았던 것으로 밝혀졌다. 경험이 풍부한 군대 지휘관이자 (콘스탄티노플에서 수년간 체류한) 외교관이었던 안드레아 그리티는 1523년 임명 당시 68세였고, 83세가 될 때까지 관직을 유지했다. 70대 후반의 그를 그린 티치아노(1488?~1576, 이탈리아의 화가로 바로크 양식의 선구자 역할을 했다—옮긴이)의 초상화는 강한 통제력을 지닌 한 인물을 보여준다. 베네치아의 힘은 쇠퇴하고 있었지만 그리티는 프랑스와 독일제국에 맞설 수 있는 힘을 지녔고, 최선을 다해 터키 세력을 누르고 있었다. 그러나 그는 부분적으로는 평판이 좋지 못한 사생활 때문에 결코 인기 있는 총독은 아니었다. 적어도 다섯 명의 사생아를 낳았다는 소문이 있는데, 셋은 터키에서, 둘은 베네치아에서, 그 가운데 하나는 수녀에게서 얻었다고 한다.

아리스토텔레스의 권위 있는 견해에 따르면 젊음의 샘을 이용한 노인들은 신체적으로 허약했을 뿐 아니라 심술궂고 성마른 성격이었다. 피에몬테의 만타 성 벽화(34~35쪽을 보라)에서는 당나귀를 탄 늙은 남성, 병째로 포도주를 마시고 있는 늙은 여인, 수레 속의 화난 늙은 남성 등 매우 불화하는 세 사람이 그려져 있다.

기된 이혼소송에 다섯 명이 증언을 했다. 한 사람은 60대, 두 사람은 70대, 또 한 사람은 80대의 연령이었고, 침대에 누워 증언한 나머지 한 사람은 100세로 알려졌다. 기록에는 사람의 나이를 열 살 단위로 반올림하는 경향이 나타나지만 증언자들이 자신의 나이에 몇 년을 보태었다 하더라도 그들이 나이 든 것만은 분명하다. (그들은 소송 중인 부부 사이의 친족 관계가 4대를 거슬러올라간다는 것을 증명해냈다.)[20] 카스티야이레온의 알폰소 10세의 법령은 병들고 늙은 증언자는 재판이 열리기 전에 사망할 우려가 있으므로 그 전에 심문할 수 있다고 규정했다.[21] 지혜와 경험, 그에 따른 조언의 능력 등은 노인에 대한 긍정적인 전형의 구성요소였다. 그러나 나이 든 이들이 증언자로 소환된 것은 그들이 특별한 지혜를 지녔다는 가정이 아니라 필요한 정보를 가졌다는 믿음 때문이었다.

몸과 영혼

노령은 신체와 영혼 모두에 영향을 미칠 수 있는 것으로 보였다. 양자의 관계는 어떤 것이었는가? 세 가지 주요한 견해가 있었다. 첫 번째는 사람이란 육체와 영혼이 하나가 되는, 심신 일체의 존재라는 것이다. 두 번째는 노년기에 육체와 영혼이 분열되는 것을 의미하지는 않았지만 두 가지가 대립된 방향으로 발전한다는 생각을 강조하는 것이었다. 세 번째는 양자의 분명한 분리를 수반했다. 그리고 그것을 표상하는 문헌들은 육체를 무시하는 유일한 것들이다.

인간이란 육체와 영혼이라는 서로 연결된 두 실체가 하나로 합쳐진 존재라는 생각은 과학 및 의학 문헌에서 발전했다. 노년은 성격의 부정적인 특징의 발달과 아울러 육체적·정신적 능력 양자의 쇠퇴를 수반한다는 것이 사람들의 주장이었다. 몸 안 체액 구성의 변화, 즉 후천적인 나쁜 체액이 증가하고, 선천적인 열기와 타고난 기초 수분이 감소하는 변화를 육체적·정신적 요소 양자를 포함하는 노화과정의 직접 원인으로 여겼다.[22]

아리스토텔레스는 신체적·지적 능력이 각각 절정에 이르고 쇠퇴하는 연령기는 다르며, 지적 능력의 변화가 신체 능력의 변화보다 늦게 나타난다고 믿었다.[23] 그 결과 일부 중세 저술가들은 노년과 말기 노년을 구별하여 노쇠함의 범위를 정하고 정신적 쇠퇴를 단지 두 번째 단계의 결과로 돌렸다. 그때에는 몸에서 일어나는 생리적인 변화, 주로 자연 열기의 감소 때문에 사람은 또다시 어린아이와 같은 존재가 된다.[24] 메리 캐루터스는 중세의 문필 문화에서 '기억'이 인간의 도덕적 힘과 인간성의 표징이었음을 보여주었다.[25] 따라서 기억의 약화는 도덕적 힘과 인간성 감소의 징후였다. 나아가 멜랑콜리는 죄악을 암시하는 것이었다. 즉 신의 은총에 대한 믿음의 부족을 의미했던 것이다. 그러나 성격의 부정적 요소와 이러한 특징들의 심화에 대해서는 도덕적 판단 없이 중립적으로 기술했다. 성격의 부정적 요소가 심화하는 것은 사람이 통제할 수 없는 육신의 쇠퇴와 똑같이 불가피한 노화과정의 일부로 여겼다.[26]

의학지식은 제한된 것이었다. 건강지침서에 담긴 노인들에 대한 상세한 지침의 목적은 치료가 아니라 예방, 즉 치유하거나 회복시키는 것이 아니라 추가적인 악화를 늦추고 안녕을 증대시키는 것이었다.

의학 문헌의 저자들이 '생애 단계'의 도해를 작성한 사람들처럼 남성만 주시한다고 명시적으로 말하고 있지는 않지만, 문헌 그 자체는 그들이 통상 남성에 초점을 둔다는 점을 분명하게 보여준다. 그러나 일부 저술가들은 나이 든 여성의 몸에 나타나는 한 가지 특수한 변화, 즉 폐경에 대하여 따로 논의의 장을 마련하기는 했다. 이 생리 현상의 결과에 관한 이론은 과학 문헌에서는 암시적이며, 과학의 대중화에 해당하는 저술에서는 명시적이다. 과학적 혹은 대중적 믿음 모두에 따르면 월경은 불순하고 해로우며 파괴적 힘을 지닌 것이었다.[27] 그런데 이 이론에 따르면 폐경기 이후 여성은 잉여물질을 몸에서 배출할 수 없으므로 한층 더 위험했다. 알베르투스 마그누스의 저술로 잘못 알려진 『여성의 비밀De Secretis Mulierum』에서 언급되었듯이, '월경의 폐색은 많은 나쁜 체액을 만들어낸다. 나이 든 여성은 타고난 열기가 거의 남아 있지 않아 이 물질을 없애거나 통제할 수 없다. 빈곤층 여성이 특히 그러한데, 그들이 주식으로 하는 저질 육류가 이런 현상에 크게 기여한다. 이런 여성은 다른 여성들보다 더욱 독성을 많이 가지고 있다.'[28] 사랑의 미약媚藥과 죽음의 술을 조제하는 가난한 노파는 바로 생리 현상 때문에 독성을 띠게 됨으로써 그녀 몸 안의 생리적 변화와 유사한 행위에 빠졌던 것이다. 남성의 노화과정에 대한 생각도 역시 결정론적이었다. 그러나 빈민을 포함하여 모든 남성에게 있다고 생각한 성격상의 변화가 사회적 위험이나 파괴적 행위를 감추고 있다고 여기지는 않았다.

종교적 그리고 교육적 저술에서는 늙은 몸이란 모든 세속적 존재의 무상과 허무에 대한 비유로서 작용했다. 몸에 관한 이상화되지 않은 스테레오타입은 자아와 세상에 대한 경멸을 불러일으키기 위한 것이었다. 교황 인노켄티우스 3세(1160~1216, 교황권의 발전에 크게 공헌한 로마 교황—옮긴이)는 호라티우스의 영향을 받았으며 설교에서 문학 작품에 이르기까지 중세 후기의 여러 텍스트에 영향을 미치기도 했던 한 편의 글에서, 잉태에서 죽음까지 세속적 삶의 부침과 고통, 죄악과 허무 등을 그렸다. 그는 노인의 몸을 상세하고 풍부하게 묘사했다. 즉, 심장이 약해지고 머리가 흔들린다. 얼굴에는 주름이 가고 등이 굽는다. 눈이 침침해지고 관절이 부실해진다.

여성의 슬픔을 그린 중세 프랑스의 세밀화 「슬픔」. 묘석 위에 앉아 있는 이 늙은 여인은 몸의 노쇠에 수반된 슬픔을 표현하고 있다.

콧물이 흐르고 머리카락이 빠진다. 손이 떨리고 거동이 위태위태하다. 치아가 썩고 귀가 먹는다. '젊은이여! 시들어가는 사람의 면전에서 뽐내지 마라. 한때 그는 현재의 당신이었다. 지금의 그는 차례에 따라 앞으로의 당신이다.'[29] 노년의 쇠락에 대한 이 서술의 의도는 동정을 촉발하기 위해서가 아니라 자만을 경고하고 육신에 대한 경멸을 불러일으키기 위한 것이었다. 교황은 젊은이에게 노인의 지혜와 도덕을 존중하도록 타이르고 있는 것이 아니라, 노년이란 오래 사는 이는 누구도 피할 수 없는 인간의 한 조건이라는 사실을 강조하고 있다.

　의학 저술에서 시사된 것처럼, 늙은 몸이란 단순히 생물학적 종말의 임박을 의미할 뿐 아니라 인간이 어리석고 죄악에 빠져 외면하려 하는 내세에서의 무서운 심판을 상징한다. 페트라르카(1304~1374)의 철학 저술 『두 종류의 운명에 대한 구제책De Remediis Utriusque Fortune』에서는 인노켄티우스 3세의 종교 텍스트와 동일한 목적을 위하여 늙은 몸이 비유적으로 사용되고 있다. 기쁨과 이성 사이의 대화에서 비관적인 이성의 기능은 기쁨을 억제하고, 기쁨이 누리는 행복의 어리석음을 깨우치며, 현재 행복을 가져다주는 모든 것이 후일 악과 고통의 근원이 되리라 설득하는 것이다. 몸의 품위가 떨어지고 매력이 감소하고 육체적 쾌락이 사라지는 것은 이승의 덧없음과 무상함, 무의미함에 대한 표식이다. 젊은 몸은 피어날 때 본래 시들게 되어 있는 한 송이 꽃과 같다. 페트라르카는 늙은 몸의 변화와 그것의 운명인 질병을 기술한 뒤 육체와 영혼이 하나라는 관념에 충실하게 이해력의 감소, 기억력의 감퇴, 언어능력의 장애를 묘사한다.[30]

　도덕적이고 교육적인 글의 저자와 전파자들은 늙은 남성의 추한 몸에 대해서는 상세하게 그렸지만, 여성의 몸은 회피했다. 그들 가운데 일부는 여성의 아름다움이 덧없음을 막연하게 언급만 하고 사치스러운 옷, 화장

1400년경 프랑스의 우화적 성격의 텍스트인 『인생의 순례』에 딸린 일련의 그림에서는 노년에 대한 편견이 너무나 분명하다. 미덕은 아름다운 젊은 여성으로(맨 위 그림에서 참회와 자선), 악덕은 늙고 추한 여성으로 표현되어 있다. 즉 수행원을 거느린 순례자가 게으름과 오만, 폭식과 탐욕을 만나고 있다.

품, 여성적 잔꾀로 노쇠함을 감추려는 늙은 여성의 헛된 노력에 대해 비판적이고 빈정거리는 논평을 덧붙였다.[31] 젊음과 늙음의 이항대립을 제시하는 텍스트들, 특히 여성의 늙은 몸을 이용하여 겨울, 사랑의 적, 사악한 기질, 죄악, 노년 자체와 죽음을 의인화하는 텍스트들은 그런 몸에 대한 상세하고도 끔찍한 묘사를 담고 있다. 하나의 예를 드는 것으로 충분할 것이다. 14세기 프랑스 작가 기욤 드 데귈레빌의 저술인 『인생의 순례Le Pèlerinage de la vie humaine』에서는 신의 은총과 아울러 자비, 자선, 이성, 참회, 근면의 미덕은 멋지게 차려 입은 젊은 여성으로 의인화된다. 반면 재난, 이단, 질병, 노년과 함께 나태, 오만, 아첨, 위선, 질투, 배반, 죄악, 분노, 탐욕, 폭식, 색욕의 악덕을 표상하는 것은 추한 늙은 여성이다. 나태는 추하고, 털이 많으며, 더럽고, 냄새나는 할멈이다. 오만은 괴물처럼 살찐 노파다. 그녀는 살이 찌고 다리가 부어 혼자서는 걸을 수 없다. 그녀는 아첨의 등에 올라타 있는데 한 손은 막대를 잡고 있고(그녀가 탄 것에 박차를 가하려고), 다른 한 손은 거울을 든 채 응시하고 있다. 위선의 이미지는 뚜렷하게 그려져 있지 않다. 늙은 여인이 추함과 허약함을 감추려고 두르는 소매 없는 외투에 가려져 있다. 질투는 한 마리 뱀처럼 배를 깔고 긴다. 그녀는 시들고 말라서 살과 피가 없다. 질병은 목발에 기대고 있고, 노령의 다리는 납덩어리다. 반면 자비는 순례자를 구호소로 안내하는 젊은 여인인데, 그녀의 가슴은 병자에게 젖을 물리기 위해 노출되어 있다.[32] 젖이 말라버린 늙은 여인은 아기에게 수유하는 성모의 이미지, 즉 선과 아낌없는 베품의 상징이 결코 될 수 없다. 캐럴라인 바이넘은 중세 문화에서 젊은 여인의 몸은 음식과 결부되고, 음식을 여성의 신비한 경험을 서술하는 비유로 사용했음을 보여주었다.[33] 늙은 여인의 몸의 경우에는 그런 연상의 여지가 없었다.

정신의 고양

의학과 과학 문헌은 노인의 성격에서 부정적 특징들이 나타나는 것을 불가피한 것으로 서술함으로써 중립적인 태도를 취하고 있다. 그러나 도덕적·교훈적 저술들은 사람들 사이의 개인적 편차를 의식함과 아울러 도덕적 책임을 암시하면서, 논조가 좀 더 비판적이다. 아에기디우스 로마누스(1247?~1316, 신학자이자 정치이론가로 세속 군주에 대한 교황권의 우위를 주장했다—옮긴이)는 국왕의 교육지침서를 저술해 자신의 옛 제자였던 프랑스의 국왕인 공정왕 필리프(필리프 4세—옮긴이)에게 헌정했다. 이 저술에서 아에기디우스는 아리스토텔레스를 추종하면서 노인은 소심하고 의심이 많고 수치심이 없으며 (명예보다는 실리를 더 중시하기 때문에) 인색하고 비관적이라고 서술한다. 다른 한편으로 그는 노인은 연민을 보이고 성급한 판단을 피하는 경향이 있다는 점도 아울러 언급한다. 그러나 명백히 긍정적인 이러한 특성이 어디에서 유래하는지는 불분명하다. 노인의 자비란 아직 아무에게도 해를 끼치지 않은 자신처럼 누구나 선하다는 믿음에서 오는 젊은이의 자비와는 달리 그들이 약하기 때문이라고, 아에기디우스는 쓰고 있다.

노인은 모든 사람이 약자를 동정하기를 원한다. 그들은 세파에 시달려 어떤 일에도 더 이상 확신할 수 없어서 서둘러 판단하지 않는다. 권력의 지위에 가장 적절한 연령은 중년이라는 아리스토텔레스의 결론에 아에기디우스 역시 동의하는데, 이 주장은 중세 다른 사상가들도 받아들였다. 중년은 젊음의 부정적 특징은 사라지는 반면 노년의 부정적인 특징은 아직 발전하지 않은 단계다. 그러나 아에기디우스의 시대에 군주정은 세습이었다. 그래서 젊은이가 왕위를 계승할 수도 있으며, 적어도 이론적으로는 노인도 가능했다. 아에기디우스의 능란한 해결책은 젊은이와 늙은이가

중세 시대에 노년에 관한 가장 영향력 있는 글은 키케로의 『노년에 관하여』였다. 이 책은 로마의 철학자 카토, 로마의 정치가인 스키피오와 라일리우스 사이의 대화의 형태를 띠고 있다. 키케로는 친구 아티쿠스에게 이 책을 헌정하며 다음과 같이 썼다. '그들의 성찰에 최대의 힘을 부여하기 위하여 나는 덕망 있는 카토가 남긴 것처럼 서술했다. 나는 이러한 목적을 위하여 스키피오와 라일리우스를 끌어들여 카토가 노년을 놀랍게 잘 견디는 데에 대한 감탄을 카토 자신에게 토로하도록 했다. (…) 단지 내가 덧붙여야 할 것은 카토의 감정을 전달하면서 내 자신의 감정을 완전히 드러내고 있다는 점이 이해되기를 원한다는 사실이다.' 15세기 프랑스어 판에서 카토는 책상에 앉아 아티쿠스, 라일리우스, 스키피오에게 무엇인가 말하고 있다. 키케로는 그들 사이의 친밀한 우정을 『우정에 관하여De Amicitia』라는 또 다른 책에서 칭송했다.

모두 자신들의 본성을 초월한다는 것이었다. '젊은이와 늙은이가 다같이 (자신들의 나이가 갖는) 경향을 거스를 수 있다.'34

키케로가 『노년에 관하여』에서 그러했듯이, 가톨릭 성인 시에나의 베르나르디노도 '좋은' 노인과 '나쁜' 노인을 구별했다. 노년의 정신적 재앙들, 즉 조급함, 우울증, 무지, 침울, 심술 혹은 부도덕, 어리석음과 무분별 등을 열거하고서 이 모든 것은 주로 '나쁜 노인'들에게서 찾을 수 있다고 덧붙였다. 그는 결정론을 거부했고 생리학을 무시했다.35 종종 양립 불가능한 다양한 견해를 수록한 편찬자로서 보베의 뱅상은 노년에 대한 두 가지 다른 생각을 적었고, 그러면서 정말 그것을 조화시키고자 했다. 그는 지혜는 늘고 열정은 줄어드는 노년의 좋은 점에 관하여 기술하고서는, 나아가 정신적 쇠퇴 현상들, 즉 활력의 부재, 건망증, 분별력 저하를 열거했다. 그는 모순을 의식하고서 사람들 사이의 개별적 차이, 그들의 각기 다른 개성을 인정한 바탕 위에서 하나의 해결책을 제시했다. 즉 열정과 자유분방함이 모든 젊은이의 특징이 아닌 것과 마찬가지로 모든 노인에게서 노년기의 어리석음이 분명하게 나타나지는 않는다는 것이다.36 자연철학에 관한 사전을 저술하고 의무적으로 체액 이론, 즉 개성을 결정하는 신체적인 바탕에 주목한 보베의 뱅상과는 달리 도덕적이고 교훈적인 문헌은 이러한 의무가 없었다. 오히려 결정론을 거부하고 신의 은총과 함께 인간의 의지와 선택을 강조했다.

결정론에 대한 거부는 몸과 영혼이 서로 반대 방향으로 발전할 수 있다는 생각에서 유래한 것으로서 위안과 희망을 주었으며 행동과 마음상태와 관련하여 노인에게 다양한 가능성을 열어주었다. 몸과 영혼의 발전을 명백하게 분리하는 것은 14세기에 설교자를 위한 사전 하나를 편찬한 존 브롬야드의 저술에서 찾을 수 있다. 그는 다음과 같이 주장했다. '노년에 젊음의 힘이 줄어드는 만큼 영혼의 헌신은 늘어난다. 전자에서 억눌린 것이 후자에서 고양된다.'[37] 일부 저술가들은 죄악의 소멸을 좀 더 강조했고, 단테와 같은 다른 저술가들은 정신적 고양을 강조했다. 단테는 『향연 Convivio』에서 삶의 마지막 단계를 입항하기 전에 점차적으로 돛을 내리는 배에 비유했다. 품위를 갖게 된 영혼이 조용히 그리고 우아하게, 괴로워하지 않고 정해진 순서에 따라 최종 목적지를 향해 나아간다. 단테는 다른 사상가들이나 의학 지침서 저자들처럼 노인의 죽음을 익어서 나무에서 떨어지는 사과에 비유했다. 의학 저술들은 자연스러움과 평안함을, 단테는 행로의 끝, 수용, 커다란 평화를 강조했다.[38] 이렇게 해서 노년은 죄악이 사라질 뿐 아니라 정신적으로 고양될 수 있는 시간이 된다.

'신께 더 가까이 가라'

하지만 가장 순수한 위안을 제공하는 것은 영원히 젊은 영혼에 대한 생각이며, 이 생각은 남녀 모두에 해당한다. 이 생각은 마이스터 에크하르트(1260?~1327, 중세 독일의 신비주의 사상가이자 도미니크파의 신학자―옮긴이)의 설교에서 최대한 공들여 다듬어져 있음을 발견하는데, 그 설교는 로마서 6장 4절에 관한 것이다. '그리하여 우리는 세례를 받아 그와 함께 죽음 속으로 매장된다. 그것처럼 그리스도가 아버지의 영광에 의해 죽음에서 부활되듯이 우리도 새 삶을 얻어 걷게 되리라.' 에크하르트는 무에서 창조하고, 언제나 존재하고, 언제나 활동하는 하느님은 새롭다고 썼다. 생명과 새로움은 하느님의 영역이다. 새로운 것은 무엇이든 하느님에게서 오며 재생의 다른 원천은 없다. 그리하여 에크하르트는 말했다. '하느님께 가까이

하느님 자체를 늙음, '옛적부터 항상 계신 분the Ancient of Days(영국의 낭만주의 시인이자 화가인 윌리엄 블레이크가 남긴 판화의 제목. 우주의 창조자를 그린 작품—옮긴이)'으로 표상하는 것은 변함이 없다. 양옆의 이미지는 16세기 초의 것이다.

△ 브라이자흐 본당 교회에 설치된 보리수나무 조각가 독일 출신 마이스터 H. L.의 작품이다.

▷ 로마의 성모마리아 교회 성물 안치소에 있는, 이탈리아의 화가 가우덴초 페라리의 것인데, 불꽃의 왕관과 푸토putto(복수형은 putti. 르네상스기의 장식적인 조각으로, 큐피드 등 발가벗은 어린아이의 상—옮긴이)와 활기 넘치는 천사 악사로 이뤄진 원에 둘러싸여 있다.

△아버지 하느님이 15세기부터 내려오는 잉글랜드 클레버링의 교회 스테인드글라스 창문에서 내려다보고 있다.

◁늙음과 권위를 연결시키고 있는 클라우스 슬뤼터르의 작품 「이사야」는 아주 사실적이면서도 동시에 대단히 상징적이다. 1383년부터 이 인물과 다른 예언자들, 또 그리스도의 선구자들을 부르고뉴 지역 샹몰의 카르투지오 교단 수도원에 있는 예수의 십자가상 아래에 세우려고 했는데, 구약이 신약을 뒷받침하는 형국이다.

가라.' '하느님께 접근하고, 복귀하고, 하느님을 향하라.' 하느님께 접근하는 자는 누구나 새로워지고 정화될 것이다. 시편 103장 5절에 '너의 젊음이 독수리처럼 부활할 것이다'라고 쓰여 있듯이, 그들은 모두 선하고 죄를 씻게 될 것이다. 은총의 삶에서 사람은 언제나 재생할 것이며, 재생이 생명이다. 반면 신에서 떠난 사람들은 늙고 소멸할 것이다. '왜냐하면 죄의 대가는 죽음이기 때문이다(로마서 6장 23절).' 하느님의 형상으로 만들어진 영혼은 젊게 창조되었다. 영혼은 육신의 형태로는 지치고 허약해질 수 있지만 스스로 새로워지고 정화될 수 있다.

물질적이고 눈에 보이는 것만이 늙게 되어 있다. 에크하르트는 몸에 대해서는 언급하지 않으며, 늙은 몸을 고통과 열정으로부터의 해방, 속죄를 통한 정신적 정화의 기회와 수단으로 인식하지도 않는다. 불변의 요소는 바로 영혼의 재생이며, 재생은 일회적이 아니라 반복된다. 내면의 구원책을 찾아나서고, 속세와 거리를 두며 신의 은총에 몰두하는 자는 부활할 것이다. 하느님을 멀리하는 자의 영혼만이 늙을 것이며, 멀어질수록 그 영혼은 더 늙을 것이다.[39]

노인에 대한 기대

이미 언급한 바처럼 결정론에 대한 거부는 위안을 주었을 뿐 아니라 노인에 대한 기대를 수반할 수도 있었다. 기대는 대단히 컸다. 노인의 곤경, 즉 신체적 고통, 가난, 짐스럽고 성가신 존재로 여겨진다는 사실 등에 대한 감정이입의 표현이 여러 다양한 담론에 등장한다. 대중적인 사전의 저자인 바르톨로메오 앙글리쿠스는 노인을 기침하고 침 뱉는 사람, 누구에

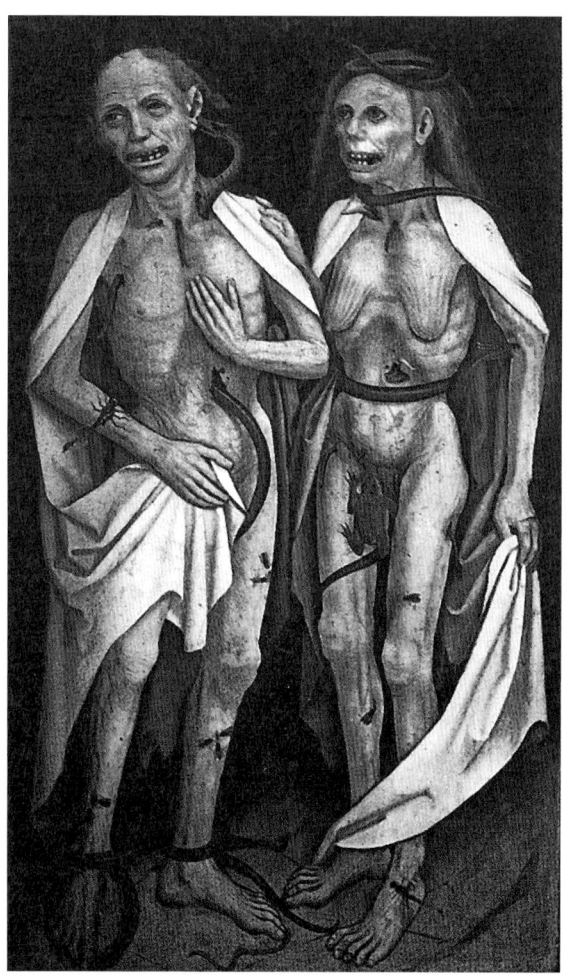

「죽은 연인」. 이승의 행복이 덧없음을 가혹하게 상기시키는, 1470년경 독일 르네상스기 화가 마티아스 그뤼네발트의 작품.

게나 짐이 되고 모든 이에게 심판과 경멸의 대상이 되는 사람으로 서술했다.[40] 반면 마음과 행동에 대한 기대치에서 벗어난 노인의 일탈에 대해서는 관용이란 거의 없었다. 노인은 체념을 보여주고, 세속적 야심과 열정에서 자유로워지며, 불평을 삼가고, 노년과 다가오는 죽음을 수용하고 준비하며, 자신의 영혼을 들여다보고 구원을 위해 노력할 것이 요구되었다. 노년은 노인만이 받을 특권이 있는 선물로 제시되었다. 장수 그 자체가 선물인데 다른 많은 사람은 유년기나 청년기에 일찍 죽은 반면 노인은 그것을 누린다. 시에나의 베르나르디노는 노인들이 투덜거리고 불평한다고 혹평하면서 다음과 같이 말한다(혹은 차라리 외친다). '당신네는 오래 살고자 했고, 오래 살기를 원했으며, 오래 살지 못할까 걱정했소. 이제 오래 살게 되자 당신네는 불평하오. 누구나 오래 살기 바라지만 아무도 늙으려고 하지는 않는군.' 좀 더 높은 수준에서 선물이란, 허약하고 고통받는 몸을 통해 죄를 뉘우치고 참회하며 하느님께 다가가는 기회가 노인에게 주어진다는 것이다. 주어진 기회를 활용하느냐의 여부는 노인에게 달려 있다. 몸의 노화 그 자체 때문에 사람은 가장 가증스러운 죄악 가운데 일부를 저지르지 못하게 된다. 설교사 베르나르디노가 말하기를, 노인은 이빨이 빠진 뒤 덜 웃고, 다른 사람들의 명예를 덜 헐뜯게 되고, 말을 덜하게 될 것이다. 약화되는 시력이 노인에게서 폭식과 탐욕, 색욕을 덜어줄 것이다. 귀가 멀게 되면 노인은 터무니없는 말을 덜 듣게 되고, 그 대신 종교 서적을 읽고 천국과 지상에서 하느님이 하신 일과 그 의미를 침묵 속에서 응시하게 될 것이다. 성적 충동이 줄어들어 육신의 죄에서 자유로워질 것이다.[41] 색을 밝히며 성적 기행을 찾아나서는 늙은 남녀는 자연의 법칙을 비웃고 미친 사람처럼 행동하는 것이었다. 도덕적·사회적·미학적·의학적 주장들이 '자연의 이치에 따르는' 것과 '그렇지 않은' 것에 대한 견해와 결합하여 노령에

아직도 젊은 여성의 매력에 굴복하는 어리석은 늙은 남자들은 (결코 사라지지 않는 유머거리로서) 전 역사에 걸쳐 풍자작가의 과녁이 되어왔다. 종교화와 초상화를 주로 그린 독일 화가 루카스 크라나흐의 이 그림 제목은 「늙은 바보」다. 그는 여성의 손이 자신의 지갑에 들어와 있음을 부주의하게도 의식하지 못하고 있다.

10단계의 일생이라는 주제가 예술가의 창의성을 자극하기도 했다. 1520년 안트베르펜에서 제작된 목판화에는 (팽이를 치는) 어린아이, (매를 데리고 있는) 청년, (갑옷 입은) 병사가 또렷하게 보인다. 그러나 다음 세 명(상인?)은 눈으로 식별할 수가 없으며, 주로 수염의 길이가 노령의 진행을 나타낸다.

어울리게 행동하지 않는 늙은 호색한을 책망했다.[42]

1인칭으로 자신의 노년에 대해 글을 썼던 몇몇 남성 노인은(그런 저술 가운데 오늘날 여성이 쓴 것은 전해지지 않는다) 노년을 즐기기보다는 인내해야 할 시기로 서술하고 있다. 그들은 능력의 상실을 강조하며, 논조는 일반적으로 슬프고 쓰라리다.[43] 마저리 켐프(1372~1439?, 영어로 된 최초의 자서전 『마저리 켐프의 책The Book of Margery Kempe』을 쓴 인물—옮긴이)는 그녀 자신이 노년에 겪은 곤경이 아니라 불구자였던 늙은 남편을 돌보는 어려움에 대하여 (자기 연민의 경향이 두드러진) 글을 썼다.[44] 16세기 이탈리아인 알비세 코르나로는 드문 예외인데, 그는 '순박한 삶에 관한 에세이' 네 편을 썼다. 첫 편을 썼을 때 83세, 두 번째는 86세, 세 번째는 91세, 그리고 마지막엔 95세였다(그는 98세에 편안히 숨졌다). 에세이는 건강한 섭생을 내세우고 있으며 평화롭고 쾌적한 노후 생활을 묘사하고 있다.[45] 코르나로는 귀족이었고 경제적으로 걱정이 없었으며, 그래서 추천된 섭생을 따를 수 있었음을 유념하는 것이 좋을 것이다.

또 하나의 기대는 늙은이는 주변으로 물러나고 젊은 사람들에게 양보해야 한다는 것이었다. 나바르(프랑스 남서부에서 스페인 북부에 걸쳐있던 옛 왕국—옮긴이)의 필리프는 60세가 된 남자는 복무를 면제한다고 공표했다. 라틴어나 나바르 시대 프랑스어에서 복무라는 말의 의미를 고려하면 필립이 단지 노역만이 아니라 공직 근무도 관련시켰음이 분명하다.[46] 보베의 뱅상 역시 노인은 직업 활동과 영지 경영을 그만두어야 한다고 말했다.[47] 13세기에 토지는 행정적 기능과 아울러 종종 통치 및 군사 직책도 수반했다. 알베르티의 『가족에 관하여Della Famiglia』에서는 현명하고 존경받는 노인에 대한 하나의 모델인 늙은 자노초가 퇴진한 것으로 서술되고 있다. 그는 친구 가운데 자신과 같은 늙은이들을 힘과 능력이 닿는 데까지 돕는다. 즉 그들을 시 당국에 위탁하고 재정적으로 후원하는 한편 상담자이자 중재자로서 가족의 젊은 구성원들을 위해 일한다. 그러나 그는 더 이상 어떤 일도 하지 않고, 공직도 맡지 않으며, 세상사의 중심에서 이미 밀려난 것처럼 보인다.[48]

늙은 교황, 젊은 국왕

이미지는 행동에 영향을 미칠 수 있는 태도를 좌우하나 이미지가 실재를 반영할 필요는 없다. 이미지, 사고방식, 제시된 규범에서 노인의 사회적 현실로 눈을 돌리면 개인으로서 노인의 사회참여는 성별, 계층, 경제력, 생활수준에 따라 달랐음이 분명하다. 의무적인 은퇴 연령은 없었으며 법적으로 노인의 자격을 제한하는 것은 예외적이었다. (산술적 연령에 따라 관직에 대한 자격을 박탈한 유일한 사례는 루카의 법령에서 찾을 수 있는데, 55세 이상이면 공직에 선출할 수 없었다.)[49] 일반적으로 교회법과 세속법 양자에 규정되는 것은 다양한 관직의 임명이나 선출을 위한 최소 연령이었지 최고 연령이 아니었다. 그러나 국왕이나 봉건 지배자는 종종 그들의 관리나 고용인에게 은퇴를 강요할 수 있었다. 14세기 후반에서 15세기 중엽까지 잉글랜드에서는, 이론상 종신으로 임용됨에도 국왕의 검시관 가운데 다수가 강제로 은퇴했다. 이 하급 왕실 관리의 해고 이유는 너무 늙거나 허약하여 더 이상 제대로 일할 수 없다는 것이었다.[50] 이런 이유는 관직 재직의 첫 번째 기준이 개인의 성취 능력이었던바 적어도 부분적으로는 진실이었을 것이다. 그러나 다른 한편으로 대개 노인들은 자신들의 역할을 계속 수행할 능력을 지니고 있었다. 특정인의 정확한 나이가 어떤 식으로든 언제

교황과 고위 성직자들이(왼편) 고위 직책에 도달했을 때는 이탈리아 도시국가의 총독처럼 노령이었다. 교황 바오로 3세(본명 알레산드로 파르네세)는 76세에 선출되어 81세까지 살았다. 추기경이자 밀라노의 대주교였던 필리포 아르친토가 자신의 초상을 그리게 한 것은 아마 베네치아에서 망명했던 1554년부터 1556년 사이였을 것이다. 두 초상화는 모두 티치아노가 그린 것인데, 오른편 것은 반쯤 드리워진 투명한 커튼을 통하여 환상주의 기법을 동원한 거장의 솜씨를 보여준다.

주목할 만한 중세 여인들은 수없이 많지만 그 가운데 빙엔의 힐데가르트보다 더 인상적인 이는 없다. 신비주의자이자 신학자이며 시인이고 화가이자 음악가였던 그녀는 67세 때 수녀원을 세워 1179년 81세로 사망할 때까지 관리했다. 그녀의 활동 범위는 넓었다. 교황 및 황제들과 서신을 교환했으며 거의 성인으로 추앙될 뻔했으나 아깝게 탈락했다. 초상은 1250년경의 한 필사본에 수록된 것이다.

나 알려진 것은 아니었고, 설혹 알려졌다 하더라도 개인의 권리와 참여에 미치는 영향은 근대 관료제 사회보다 덜했다. 나이가 사회조직의 기본 원리는 아니었으며 60세 혹은 70세가 반드시 생애 과정에서 주요 경계표지였던 것도 아니었다.

교황과 다른 고위 성직자, 즉 교단의 수장과 아울러 대주교, 주교, 남녀 수도원장 등은 대부분 연로했다. 이미 언급한바처럼 이는 그들을 의식적으로 선호한 결과가 아니라, 그들이 60대 혹은 심지어 70대에 경력의 정점에 이르렀다는 사실의 결과였다. 그들 가운데 일부는 80대까지 살았고, 재직 중에 죽었다. 은퇴를 하더라도 60대 이전까지는 일을 했고, 종종 훨씬 이후까지도 은퇴하지 않았다. 몇몇 사례가 이를 넉넉히 입증한다. 랜프랑크(1005?~1089)는 65세경에 정복자 윌리엄에 의해 캔터베리 대주교로 임명되었고, 84세의 나이로 집무실에서 숨을 거뒀다. 캔터베리의 안셀무스(1033?~1109)는 60세에 캔터베리의 대주교로 선출되어 75세 때 영면하기까지 봉직했다. 리지외의 주교 아르눌프는 81세 때 파리의 생 빅토르 수도원으로 은퇴했다. 12세기 트루아의 주교 하토는 69세 때 클뤼니 수도원으로 은퇴한 반면, 셈프링햄의 길버트가 교단의 수장으로 최종적으로 은퇴했을 때는 적어도 89세였다. 로망스의 움베르는 65세 때 도미니크 수도회 총단장으로 은퇴했다. 같은 교단 소속 부르봉의 스테판(1182~1261)은 현직 설교사이자 종교재판관으로서 70대 후반에야 비로소 은퇴했다. 빙엔의 힐데가르트(1098~1179)는 67세 때 아이빙엔에 독자적인 수녀원을 세웠고, 81세에 죽을 때까지 원장직에 머물렀다. 솔즈베리의 엘라 백작 부인(1191?~1261)은 과부가 된 뒤 시토파 수녀원을 건립해 원장이 되었고, (죽기 2년 전) 68세의 나이에 은퇴했다. 엘로이즈는 63세로 죽을 때까지 파라클레 수녀원장으로 머물렀다. (그녀는 교회법이 규정한 최소 연령보다 더 어린 나

「라 베키아-늙은 여인」은 조르조네의 많은 그림처럼 하나의 수수께끼이다. 전해오는 말에 따르면 이 작품은 화가 자신의 어머니의 초상이다. 그런데, 이 작품이 연민을 나타내고 있는가, 아닌가? 일부 사람들이 생각해왔던 바와 같이 노년에 대한 존경의 표현인가? 혹은 (좀 더 그럴 듯해 보이듯이) 여성의 미를 망쳐놓는 세월의 힘에 대한 가혹한 논평인가? '시간과 함께'라는 종이의 글귀는 두 견해 모두와 어울린다.

네덜란드 화가 마리우스 반 레이메르발(1493~1567)의 이중 초상이 노년에 대한 적대적인 견해를 암시하고 있다. 그러나 단지 나이 듦에 대한 태도의 다양성을 묘사하고 있는지도 모른다.

이에 원장이 되었는데, 당시 그녀는 30세 정도였다.) 교회의 고위 직책자는 은퇴 시 경제적 어려움을 겪지 않았고 은퇴 뒤에도 재직 시와 동일한 특권을 누렸다. 교구 사제는 60세가 될 때까지 은퇴가 허용되지도 않았고, 또 (허약, 질병, 시각 및 청각장애 혹은 치매 등의 이유로) 강요되지도 않았다. 교회는 퇴직한 성직자를 위하여 일부 연금제도를 운영했다. 그러나 가난한 교구 사제나 교회 부속 예배당 사제는 생계유지가 힘든 경우가 더 많은 보잘것없는 액수만을 받았다.[51] 수도승이나 수녀의 노령이 수도원 내의 존경과 명예로운 지위를 보장하지는 않았다. 그들의 지위를 결정한 것은 개인의 인품이었다. 하지만 그들은 자신들보다 연소한 수도원 동료들의 보살핌과 병구완을 받았고, 외로움뿐 아니라 궁핍으로부터 보호받았다.

교황과는 달리 왕은 젊은 경향을 띠었다. 여기서 결정적인 것은 왕조의 원칙이었다. 선왕이 비교적 젊은 나이에 죽었을 때, 후대 왕은 이른 나이에 왕위를 계승했다. 11세기에서 15세기 초까지 유럽의 왕 가운데 가장 장수한 왕은 79세까지 살았던 카스티야이레온의 왕 알폰소 6세(1030~1109)였다. 그의 선대와 후대를 통틀어 단지 둘만 60대까지 살았다. 아라곤 왕 가운데 단 셋, 독일 황제 가운데 단 넷만이 60대까지 살았다. 잉글랜드 국왕 가운데 세 명이 60대에 이르렀으나 프랑스 카페 왕조는 단 한 명, 즉 루이 7세(1120~1180)만 그러했다. 전 유럽 국가에서 다른 모든 왕은 그보다 일찍 죽었다. 중세 교회와 국가 사이의 가장 극적인 투쟁에서는 젊은 왕이 나이든 교황에 대적했다. 1077년 카노사에서 신성로마제국의 황제 하인리히 4세는 22세였고, 그레고리오 7세는 57세였다. 그리고 '세상의 경이Stupor Mundi'라 불린 신성로마제국 황제 프리드리히 2세(1194~1250)가 1128년 당시 73세였던 교황 그레고리오 9세에 의하여 파문당했을 때 34세였다. 1303년 교황 보니파키우스 8세가 프랑스 국왕 필리프 4세의 사절단에 의해 공격

받았을 때 교황은 68세, 국왕은 35세였다.

귀족 사이에는 비명에 죽는 사람의 비율이 높았다. 귀족은 십자군이나 유럽 내의 전쟁, 군사훈련, 마상馬上 경기에서, 혹은 (중세 말) 내전의 와중에 처형을 당해 종종 노년에 이르기 훨씬 전에 최후를 맞았다. 생존자 가운데 일부는 봉토에 따른 군사적 의무를 계속해서 몸소 수행했고, 전투에 나갔다. 남부 이탈리아에 노르만 국가를 세우고 70세의 나이로 죽은 로베르 기스카르(1015?~1085)는 죽는 날까지 군대를 지휘했다. 툴루즈 백작 레몽 4세(1041?~1105)도 60세의 나이로 제1차 십자군의 지휘자 가운데 한 명이 되었고, 63세로 죽을 때까지 전장에서 싸웠다. 윌리엄 마셜은 (왕위를 계승한 헨리 3세가 미성년자였기 때문에) 71세의 나이에 잉글랜드의 섭정으로 임명되었으며, 72세의 나이에도 여전히 전투에 참가했다. 노퍽 공작 존 하워드가 전투 중 사망했을 때는 대략 75세였다. 세습되었던 봉토를 상실하지 않아 계속해서 수입을 얻었고, 경영을 장악했음에도 (군사적 봉사를 금납화하거나 다른 사람으로 하여금 대리하도록 함으로써) 은퇴를 선택한 사람들도 있었다. 그러나 봉건적 군역이 징병의 주요 자원을 구성하지 않게 된 지가 이미 오래된 중세 후반에조차도 은퇴는 지위 하락을 수반했으며, 은퇴자를 활동의 중심에서 배제했음에 틀림이 없다. 군역은 명예와 지휘권처럼 귀족의 에토스에서 기본적인 요소였다. 귀족의 친족집단을 서술한 연대기에서 귀족은 자신의 친족집단을 최고령자들이 아니라 중년 연장자들의 힘과 지위에 따라 평가했다.

그러나 집단의 명예, 그리고 연소자의 후원자와 조언자로서 연장자의 표상은 세대 간 갈등의 이미지를 흐리게 한다. 세대 간 노골적인 긴장을 표현하고 있는 것은 바로 서사시와 로맨스에 등장하는 노인에 대한 문학적 서술이다. 늙은 남성은 경멸의 대상이다. 그는 더 이상 할 수 없는 일을 하려고 한다. 즉, 더 이상 몸소 싸울 수 없는 나이임에도 전쟁을 원한다. 그는 신체적으로 허약하고 정신적으로 노쇠하건만 아들들에 대해 횡포를 부리고, 그의 명령은 엉망이다. 무엇보다도 그는 여전히 봉토를 쥐고 있고, 두 번, 세 번씩 젊은 여자를 아내로 삼는 반면 친족집단의 젊은이들은 봉토도 없고 결혼도 못하고 있다.[52]

봉토의 여성 상속인의 지위는 남성에 비해 덜 약화되었음이 확실하다. 69세에 사망한 토스카나의 마틸다(1046~1115)나 78세에 사망한 플랑드르의 마거릿(1202~1280)처럼 정치적·법적 권력을 수반한 봉토를 상속한 일부 여성들은 죽을 때까지 자신들의 봉건 공국을 다스렸다. 어떤 시대에도 그녀들은 직접 군역을 수행할 필요가 없었으며, 적법한 상속인이었음에도 14세기에 등장하던 대의기구에 참여하는 것이 허용되지 않았다. 공공 영역에 들어선 여성에게 여성이라는 정체성이 문제되지 않았던 상황은 거의 없었다. 그러나 이 점은 노년에는 불분명해졌다. 아마도 여성은 나이가 들면 좀 더 자기주장이 강해졌으며, 아랫사람과 윗사람 모두와 더 자유롭게 접촉하고 교제했을 것이다.

일과 노년

은퇴하길 바라지 않았던 많은 공직자처럼 도시에도 나이가 들어 경제활동을 멈추지 않으려던 시민들이 있었다. 은행가, 상인, 장인, 법률가, 공증인, 의사는 독립적이었고, 그들에게 은퇴를 강요할 수는 없었다. (훌륭하고 노련한 의사였던 기욤 드 아르시니는 프랑스의 샤를 6세가 처음 광기가 들었을 때 그를 치료했다. 당시 그는 92세였다.)[53] 상회의 소유자나 동업자는 자신의 일을 아들이나 젊은 친척에게 부분적으로, 또 점진적으로 넘겨줌으로써 은퇴의 수순을 밟곤 했다. 번창하는 도시계층의 여성은 귀족 여성처럼 노년에도 생활이 불안하지 않았다. 과부의 유산에 대한 권리나 결혼계약, 지참금, 그리고 종종 남편이나 친정으로부터의 상속 등이 안락한 생활을 보장했다. 이 사회집단의 여성에게는 경제활동의 은퇴 문제란 존재하지 않았다.

장인들은 은퇴하는 일이 거의 없었다. 장인의 처, 아직 동거 중인 자녀, 한두 명의 도제, 그리고 종종 한 명의 직공 등을 포함하여 가족이 생산 단위를 구성했다. 그리하여 늙어가는 장인은 가장 힘든 일은 다른 사람에게 넘겨줄 수 있었다. 게다가 중세 장인의 작업 속도는 기계나 성과급 혹은 시간제 상여금과 같은 경영기법에 종속되지 않았다. 한 사람의 일생 동안 생산방식에서 일어난 변화는 크지 않았고 점진적이었다. 그 변화가 그 사람의 숙련된 기술을 쓸모없거나 비효율적으로 만들지는 않았다. 물론 일부 장인들이 노동능력의 쇠퇴에 따라 경제적 어려움을 경험한 것은 의심할 여지가 없다. 길드 회원으로서 그들은 자신들이 가입한 수공업의 동업조합과 공제조합 모두 혹은 그 가운데 하나로부터 다양한 유형의 지원을 일정하게 받을 자격이 있었다.[54] 장인의 딸과 아내가 아버지와 남편 모두 혹은 어느 한쪽과 함께 일했지만 여성을 정회원으로 받아들인 수공업 길드는 극소수였으며, 여성으로만 구성된 길드도 드물었다.[55] 길드 회원의 과부들은 일반적으로 원조를 받았다. 그러나 비록 과부들이 남편 대신 일할 능력을 가졌더라도 길드가 그녀들로 하여금 죽은 남편의 직종에 계속 종사하도록 허용하는 경우는 거의 없었다.

가장 힘들었던 것은 노령의 남녀 임금노동자의 운명이었다. 종신으로 고용된 사람은 거의 없었다. (초등학교 교사와 법정의 소환 담당자가 그 사례에 포

결혼은 나이 든 남성이 젊은 여성에 비하여 유리한 영역이었다. 나이 든 남성은 두 번, 혹은 세 번씩 쉽게 결혼할 수 있다고 사람들은 믿었다. 플랑드르의 화가 쿠엔틴 마시스는 이를 대단히 못마땅하게 그렸다. 돈과 보석이 탁자 위에 쌓여 있고, 신랑과 나머지 남성들 모두 혐오스럽다. 실망하고 질투하는 늙은 여인도 마찬가지로 매력이 없다.

미술가들은 결코 은퇴하지 않았으며, 많은 이가 만년의 자신에 대한 기록을 남겼다. 대략 75세 때 제작한 피에타 조각상에 등장하는 니고데모의 모습을 한 미켈란젤로.

왼쪽 위에서 시계 방향으로 레오나르도 다 빈치(1510년, 58세), 티치아노(1562년, 80대), 틴토레토(1589년경, 70세), 루카스 크라나흐(1550년, 77세)

함된다.)⁵⁶ 종신 고용인들은 더 이상 직책을 수행할 수 없었을 때에도 적당한 임금을 아마 계속 받았을 것이다. 장인과 관련된 몇몇 경우에서는 노동의 대가로 여생 동안 생계 수단을 제공하고 과부가 된 아내에게 소액의 연금을 지불한다는 사전 협약이 있었다. ('유약 칠한 창유리'가 전공인 재능 있는 화가와 수도원, 그리고 식량공급자와 수도원 사이에 그런 협약의 사례가 있다.)⁵⁷ 그러나 대다수 노동자는 종신으로 고용되지 않았고, 연금도 확보하지 못했다. 수공업 직종 길드에 받아들여지지 않았던 직공들은 한시적으로, 또는 특별한 일거리를 위해 고용되었으며, 일급 혹은 주급을 받았다. 그들 대부분이 노동 활동의 시기 동안 노년을 충분히 대비할 수 없었다. 그래서 그들은 은퇴할 수 없었고 가능한 한 오래 계속 일할 수밖에 없었다. 또 혼자 남게 되는 아내의 생계를 확보할 수도 없었다. 노동 활동이 자연적으로 제한된 유모와 매춘부를 제외하고는 기혼, 과부 및 독신 여성 임금노동자들도 가능한 한 오래까지, 아마 이와 비슷하게 계속 일했다. 여성은 남성보다 임금이 더 형편없었던 직업에 종사하는 것이 일반적이었던바 노년에 지독한 가난에 시달릴 위험이 훨씬 더 컸다.

충성스러운 군인, 관리 또는 오랜 하인이 노년을 대비할 수 있도록 유언장에 소액의 유산을 남겼던 주교, 국왕, 봉건 주군, 시민, 장원 영주들이 있었다. 수도원 역시 하인과 고용인 가운데 일부를 위해 대비책을 마련해주었다. 그러나 고용인들에게 어떤 종류의 연금을 주는 것이 법적 의무는 아니었으며, 일반적으로 수용된 규범은 더구나 아니었다. 그것은 자발적인 것이었고 유산의 대부분은 생계를 확보하기에는 너무 적었다.⁵⁸

확대가족이 지배적이었던 남부 유럽에서는 나이 든 농민은 은퇴하지 않고 가장으로서의 지위를 유지했다. 그 지역의 인구와 전통에 따라 그들은 결혼한 한 명의 아들 또는 여러 아들, 딸, 사위와 더불어 농사를 지었다.

중세의 육체 노동자들은 일할 수 있는 한 나이가 들어도 계속 일했다. 1411년에 간행된 한 성서에 수록된 보헤미아의 세밀화는 바퀴를 발로 밟아 돌을 끌어올리는 기중기를 비롯하여 한 부류의 건축 기술을 보여준다. 일하고 있는 사람들은 근대적 기준으로 보면 눈에 띄게 늙었다. 그러나 그림 전면의 남자가 입은 옷이 패션은 그리 바뀌지 않았다는 사실을 보여준다.

가족 농지에 머물렀던 아들과 딸은 모두 가부장의 권위 아래 있었다. 랑그독에서는 심지어 가부장이 죽어도 젊은 세대가 항시 통제에서 벗어난 것은 아니었다. 과부가 된 어머니가 아버지를 대신했고 결혼한 아들과 며느리에 대한 권한을 떠맡았다.[59]

핵가족이 지배적이었던 북부 유럽과 일부 중부 유럽에서는 관습이 크게 달랐다. 농민은 생전의 어느 시점에 계약(종종 문서화된 것)에 의하여 후손 가운데 한 사람에게 농지를 양도했고, 이로써 그 후손은 죽을 때까지 그를 먹여 살리고 돌보아야 할 책임을 지게 되었다. 자녀를 낳지 못하거나 자녀가 사망하거나 이주함으로써 (이는 1348년 흑사병 이후 14세기에는 흔한 일이었다) 마을에 후손이 없을 경우 친척, 친척이 없으면 다른 사람이 계약의 상대가 되었다. 활동 능력의 쇠퇴뿐 아니라 인구와 가족 상황 역시 은퇴의 시점을 결정했다. 일부 과부들은 농사일을 계속할 수 없거나 보유 농지에 부과된 부역을 장원 영주에게 제공할 수 없다고 느껴 노년에 이르기 전에 농지를 넘겨주었다. 인구 증가의 시기에 농민들은 아들을 결혼시켜 살림을 차려주기 위해 비교적 젊은 나이에 종종 은퇴했다. 인구 감소의 시기, 고향마을 바깥에 더 많은 기회가 주어지자 (더 많은 임금을 받거나 토지를 얻기 위하여) 많은 젊은이가 이주해 나갔다. 아들(혹은 결혼한 딸)이 마을에 머물러 계속 농사를 지으며 자신들의 노년을 보살펴주도록 하기 위하여, 나이 든 농민들은 은퇴해 아들이나 딸에게 농지를 양도하기도 했다. 자신의 토지가 제대로 경작되고 장원의 부역이 이행되기를 원했던 장원의 영주는 종종 과부나 나이 든 농민에게 물러나도록 압력을 가했다.[60] 그러면 물러난 부부(혹은 과부나 홀아비)는 본채에서 뒷방이나 다락방 또는 여분의 오두막으로 옮겼으며 새 가장이 본채를 차지했다. 이는 노인의 달라진 지위에 대한 재미있는 상징이었다. 교훈적인 글에는 생전에 자식에게

피터르 브뤼헐의 늙은 농촌 여성의 초상(1564년경)과 한스 발둥의 데생에 나타난 가혹함은 과거에 널리 퍼져 유행하던 남성적 선입관을 전형적으로 보여준다. 발둥의 그림은 일반적으로 '마녀' 혹은 '마귀할멈'으로 불리고 있다. 한쪽 젖가슴을 노출한 것을 볼 때 발둥은 뚜쟁이를 염두에 두었고, 아마 사창가의 한 장면 속에서 그녀를 활용할 의도였던 것으로 보인다.

농민들 역시 은퇴하는 일은 없었는데, 그렇게 할 수가 없었기 때문이다.

△ 15세기 잉글랜드의 스테인드글라스에서는 애덤이 다른 농민들과 마찬가지로 가능한 한 오래 일하고 있다.

▷ 네덜란드 화가 피터르 아르트선의 그림에서는 늙은 농부가 자신이 거둔 작물을 시장에 가져가고 있다.

1579년 빈에서 제작된 한 목판화에서 90세의 한 노인이 어린아이에게 조롱을 당하고 있다. 노령에 대한 경멸의 태도는 그에 대한 존경의 태도만큼 쉽게 찾을 수 있다.

재산을 넘겨준 노인의 곤경에 대한 자세한 이야기가 많이 있다.

그리고 중세판 리어 왕도 많았다. 아버지는 아들딸에게 재산(어떤 경우에는 왕국이고, 다른 경우에는 농민)을 나눠주고, 아들딸은 아버지를 모욕하고 못되게 대한다. 사실 '선하고' '악한' 아들딸은 어느 시대에나 있었다. 교훈적 텍스트에서의 경고와 오스트리아에 흔했던 속담들, 예컨대 '어린아이 의자에 노인이 앉기란 못할 짓이다'[61] 같은 속담은 나이 듦에 대한 걱정과 두려움을 표현하고 있다. 또한 자식이 착한 경우조차도 부모와 자식 간 관계가 균형을 잃는 데 대한 슬픔을 표현하고 있기도 하다.

교회는 혈연에 의한 가족보다 혼인에 의한 가족을 우위에 놓았다. 그것은 '그리하여 남자는 자신의 아버지와 어머니를 떠나 아내와 결합할 것이며, 그들은 한 몸이 될 것이다'(창세기 2:24)라는 성서의 구절과 성 바오로의 서신(고린도전서 7:4, 에베소서 5:2~22)에 부응하는 것이었다. 아울러 부모를 존중하라는 성서의 계명(출애굽기 20:12, 신명기 5:6, 에베소서 6:1~3)은 교훈적 문헌과 다양한 담론에서 되풀이되었다. 그리고 비록 법률화되지는 않았으나 부모를 존중하고 물질적으로 부양할 의무는 어디서나 도덕적으로 구속력을 지닌 것이었다. 그러나 이미 언급한 것처럼 모든 남녀 노인이 (농민집단에 속하지 않더라도) 보살핌을 받지는 못했다. 비록 자식이 있고, 자식이 부양을 못할 만큼 가난하지 않더라도 그러했다. 사회 상층부에서는 '의탁'(수도원, 수녀원, 구호소에서 살 수 있는 권리)이 성행했다. 일부는 후견인이 고용 관리의 노년을 준비하는 한 방편으로 사들이거나 획득했다. 그러나 대다수는 한꺼번에 지불하거나 유산을 약속하는 형태로 스스로 연금을 구입한 뒤 수도원과 구호소로 은퇴했다.[62] 선택할 수 있었던 사람 (예컨대 자식이 있고, 연금을 구입한 경우) 가운데 자식과 살기보다는 수도원이나 구호소로 은퇴하는 것을 선호하여 그렇게 한 사람이 얼마나 많았는지는 알 수 없다.

은퇴에는 불리한 점이 있었고, 분명히 지위의 하락이 뒤따랐다. 하지만 은퇴 의무가 없었다는 것과 연금의 부재는 명백히 연계되어 있었다. 개인에게 주어지는 연금은 소액이라도 드물었고, 정부 관리의 일반 부조를 포함하여 공공 연금도 거의 없었다. (정부가 궁핍한 자에게 제공하는 유일한 보조의 형태는 극빈자를 위한 면세, 그리고 기근, 전시의 세금과 부채 유예, 곡물 수출과 매점매석 금지, 곡물의 시장가격 단속 등이었다.) 오로지 교회만이 은퇴 성직자를 위하여 연금제도에 가까운 것을 만들었다. 소도시와 농촌지역 모두에서 육체노동 외 어떤 자산도 결코 가진 적이 없었던 사람들은 더 이상 노동하지 않을 경우 극단적인 궁핍과 굴욕에 빠지게 되어 있었다. 노인은 과부나 고아와 달리, 성서가 도움을 받을 자격이 있다고 규정한 사람에 속하지 않았다. 그럼에도 노년이란 흔히 궁핍을 동반하며, 자식이 항상 노인을 보살피는 것은 아니라는 사실에 대한 인식이 있었다. 실제적으로 교회가 운영하는 자선단체, 마을 공동체 혹은 부조단체가 노인을 차별했다고 말할 수는 없다. 노인들이 더 심하게 고통을 겪었던 것은 토지와 노동시장에서 변화가 있었을 때 젊은 사람들처럼 그것을 활용할 수 없었기 때문이다. 자선은 결코 충분치 않았다.

중세의 사료에서 늙은 남성의 목소리를 듣기란 매우 힘들며, 여성의 목소리도 거의 들을 수 없다. 그런 목소리가 있었다면, 우리에게 노인의 경험에 대하여 더 많은 것을 더 직접적으로 말해주었을 것이다. 중세에는 생산수단이 제한되어 있었다. 중세 사회는 자원이 부족한 사회였고, 자산은 위계 구조 때문에 소수 특권자의 수중에 집중되었다. 중세 사회는 폭력적이었고, 질병과 역병에 무력했다. 그리고 빈곤을 인간 사회의 불가피한 현상으로 여겼다. 중세 사회는 삶의 어떤 단계에서도 황금기가 아니었다. 사고방식과 이미지는 '긍정'과 '부정' 사이에서 항시 왔다갔다했다. 늙는 과정에서 상당한 부분은 생물학적으로 결정된다. 그리고 그것의 불유쾌한 면은 보편적이고 불가피하다. 과거 노인의 경험을 더 잘 이해한다면 생물학적인 것과 사회적으로 구성된 것, 생래적인 것과 변화하며 수정 가능한 것 사이를 구별하는 데 도움이 될 것이다.

제4장

17세기

린 A. 보텔로

'젊어 게으르면 늙어 궁핍해진다'

노년에 대한 렘브란트의 통찰은 대가들 가운데도 독특하다. 성격과 경험이 뚜렷한 다소 늙은 얼굴을 젊고 매끄러운 얼굴보다 선호한 것은 그만이 아니었다. 그러나 그의 관심은 이보다 더 나아갔다. 자기 자신의 노령기를 기록한 일련의 자화상은 전례가 없었다. 그는 설명할 수 없는 어떤 방법으로 외관을 뚫고 들어가 정신과 육체 사이의 갈등을, 전자는 좀 더 밝게 빛나는 반면 후자는 서서히 악화되는 형태로 분명하게 드러내는 것처럼 보인다. 이 그림들 대다수는 부득이하게 분위기가 우울하지만, 이 그림(렘브란트가 62세였던 1688년경)에서 그는 예외적으로 행복해 보인다. 그러나 렘브란트가 그리스 화가 제욱시스의 역할을 하고 있다는 설이 있다. 전설에 따르면 제욱시스는 우스꽝스러운 쪼그랑 노파를 그리던 중 너무 웃다가 숨이 막혀 이 세상을 하직했다.

17세기 유럽에서 '늙는다'는 것은 희귀한 것, 기이한 것, 또는 어떻게든 신이 별도로 분리해놓은 것이 아니다. 노령에 희소성의 가치란 없었다. 이 세기 동안의 인구구조는 60세 이상이 전체 인구의 대략 10퍼센트에 달하는 20세기 초 영국과 미국의 인구구조와 닮아 있었다. 늙고, 늙으리라는 것은 17세기 삶에서 일반적으로 예상하는 것이었다.

1600년대에 늙는다는 것은 무엇을 의미했는가? 쓸모가 없어졌을 뿐 아니라 동료들보다 오래 살아 혼자가 되고 친구와 가족에게서 고립되는 것? 또는 공동체의 정치적·사회적 네트워크의 핵심을 차지한 자랑스러운 여성 혹은 남성 가장이 되는 것? 어떤 연령이 되면 늙었다고 여겼는가? 17세기 이탈리아, 독일, 또는 프랑스의 남성과 여성도 현대 인구통계학자와 마찬가지로 60세를 중년과 노년의 경계선으로 삼았던가? 여성과 남성이 노년에 대하여 동일한 경험을 공유했던가?

노년의 시작

현대 서양에서는 '사람은 외관이나 행동에 따라 늙을' 뿐이며, 70세라는 연령도 한편으로는 60세에 비해 더 연로하지만, 여전히 활력과 생산성의 시간이 될 수 있다는 믿음이 강하며 더 커지고 있다. 17세기에도 비슷한 감정이 널리 퍼져 있었다. 17세기 유럽은 시각 중심 사회였다. 입는 것과 타는 것이 권위의 일상적 표현이었고 부의 과시가 현실 권력과 같았다. 이탈리아 귀족이 1679년 2월 27일에 베네치아에서 있었던 것처럼 공들인 카니발 가장무도회를 주최했다. 당시 베네치아의 무도회에서는 만토바 공작이 말을 타고 갔고, 인디언과 아프리카인, 터키인과 타타르인이 그 뒤를 따랐다. 베네치아 귀족의 맞상대인 프랑스 귀족도 장밥티스트 륄리의 「카니발 가면무도회Le Carnival Mascard」를 비롯하여 똑같이 종합적인 가면극을 제작했다. 한편 영국인 벤 존슨과 이니고 존스 팀도 「덕행과 조화된 쾌락 Pleasure Reconciled to Virture」이라는 이야기를 꾸며냈다. 이 모든 것은 귀족의 사회적·정치적 우월성을 주장하려는 시도였다. 따라서 노년의 시작 역시 비슷한 원칙에 따라 이루어졌던 것도 놀라운 일이 아니다. 즉 사람도 외관상 늙어 보일 때 늙은 것으로 여겨졌다. '누가 늙은 여성인가?' 하고 12세기의 박식가 마이모니데스가 물었다. 대답은 '늙었다고 불리고도 항의하지 않는 사람'이다.[1]

  예나 지금이나 신체적으로 누구나 같은 속도나 같은 정도로 늙지는 않는다. 식생활과 직업 그리고 실로 성별도 노화의 외면적 상태에 강하게 영향을 미친다. 그러나 근대 서양의 의학과 미용 기술이 발전함에 따라 감춰졌음에도, 노년의 신체적 특징은 크게 달라지지 않았다. 남자는 머리카락이 빠지고 여자는 얼굴에 털이 자라는 경향이 있다. 청력이 쇠하기 시작한다. 칼슘이 부족해짐에 따라 시력이 흐릿해지는데, 칼슘이 눈에 축적되면서 신체 다른 부분에는 공급되지 않아 뼈가 물러지고 부러지곤 한다. 골절된 엉덩이와 팔이 늙은 남성에게 그렇듯이, 골다공증에 의한 척추후만증은 17세기에 늙은 여성의 전형적인 표징이었다. 노인이 되면 신체가 줄어든다. 마찬가지로 연로해가는 다른 신호들도 나타났다. 피부가 건조해지고 탄력이 줄어 주름이 생기고 살이 처지게 된다. 코는 커지고 입은 쪼그

'어멈'은 50세가 넘은 여성에 대한 경칭이었다. '라우스 어멈'은 옥스퍼드 근처에서 라우스 홀이란 이름의 술집을 운영했기 때문에 그렇게 불렸다. '쉽턴 어멈'은 마녀로 악명이 난 점쟁이였다. 그녀는 15세기 말 요크셔에서 태어났고, 너무나 추악해서 '악마의 자식'으로 알려졌다. 가장 화제가 된 그녀의 점괘 가운데 하나는 울지 추기경에 관한 것이었고, 그래서 이 17세기 목판화의 배경에 그의 모습이 나타나 있다.

라든다. 여기서 묘사한 이미지는 음울하며 실로 과장된 것이다. 가장 불행한 사람만이 신체의 모든 부분이 한꺼번에 쇠약해지는 일을 겪었을 것이다. 우리가 살펴볼 것처럼 대다수 사람에게 노화과정은 훨씬 더디고 점진적이었다.

상황을 더욱 복잡하게 한 것은 바로 17세기 유럽의 정세였다. 대륙은 하나로 통일된 덩어리가 아니었다. 나라마다 기후, 식량 확보 방식, 심지어 음식조차도 같지 않았다. 유럽은 사회·정치·종교적 구성과 정체성에서 끔찍할 정도로 지역적이었다. 마지막으로 다른 무엇보다 중요한 것은 유럽이 사회적으로 계층화·위계화되었다는 점이다. 결과적으로 몇몇 일반적 원칙이 노년의 윤곽을 완만하게 만들어내는 가운데 노년의 문턱을 표시하는 지점은 단 하나가 아니라 오히려 여러 개였다.

여성은 남성보다 이른 나이에 '늙은이'로 여겨졌다. 폐경과 폐경의 신체적 증상은 부적절한 식사와 궁핍한 생활수준의 결과, 수다쟁이의 징후를 낳았다. 이 때문에 지역공동체 주민들은 가난한 여성은 50세 전후에 노년에 접어드는 것으로 여기게 되었다. 잉글랜드의 자료에는 대략 50세쯤부터 빈민 여성에게 '어멈' 또는 '노친네'와 같은 경칭을 사용한 기록이 있다. 빈민 남성의 경우는 '노인장' 혹은 '아범' 등 유사한 칭호가 아직 대략 60대에 몰려 있기는 하나, 특정 기준 연령이나 사건을 중심으로 조밀하게 모여 있지 않고 좀 더 광범하게 분산되어 있었다. 공통의 생물학적 전환점이 없는 상태에서 공동체로 하여금 나이와 존경 모두를 의미하기 위하여 노년에 이른 남성에게 '노인장'이나 '아범' 등의 칭호를 사용한 것은, 아마도 장기간의 육체노동에 의해 만들어진 신체의 외형적 표지 때문이었다.[2]

노년의 또 다른 구성요소는 사회적 지위였다. 엘리트에게 노년으로의 진입은 적어도 10여 년은 늦추어졌다. 단백질이 풍부한 식사, 안락한 (또 때

궁핍은 노년에 관한 이야기에 빠지지 않았다. 부자는 60대까지 건강하고 젊음을 유지할 수 있었던 반면 빈자는 영양가 없고 한정된 음식을 섭취하면서 40대나 50대에 '늙어' 버렸다. 조르주 드 라 투르(1593~1652, 17세기 프랑스 바로크 시대의 화가 — 옮긴이)는 내면적인 경건한 작품 그리고 농민의 생활 풍경을 전문적으로 그렸는데, 불행하고 억압받는 이들에 대한 동정을 드러내고 있다. 「완두콩을 먹는 부부」는 1618년경의 작품이다.

론 호화스러운) 주거, 그리고 육체적으로 덜 힘든 생활스타일 덕분에 남녀의 얼굴과 몸매에서 노년의 가장 분명한 표지가 더 오랫동안 나타나지 않았다. 이러한 한층 더 높은 생활수준의 결과 폐경은 여성의 노년이 사회적으로 구성되는 데 단지 사소한 역할만 했을 뿐이다. 즉 결과적으로 엘리트 집단 사이에서는 노년의 시작이 남녀 성별에 따라 날카롭게 차별화되지는 않았다. 전형적으로 노년과 연계된 치아의 부재가 이른 나이에 부자의 얼굴에 나타난 것은 역설적이었다. 사치품인 설탕을 조달할 수 있었고, 사회적 지위의 분명한 표식으로서 설탕을 아낌없이 사용한 결과 부유한 노인의 치아 대다수가 급속하게 썩고 빠졌던 것이다. 눈에 잘 띄는, 치아 없는 미소는 노년이 아니라 오히려 부의 표지였다.

다른 변수들도 작용했는데, 직업이 결정적이었다. 북대서양의 선원처럼 비바람에 시달리는 뱃사람이나 독일 주석 광산 등에서 일하는 창백한 피부의 광부들은 일찍 늙었고, 젊은 나이에 죽었다. 그들 일의 육체적 성격이 노화과정을 촉진했는데, 이는 쇠약해질 정도로 눈이 멀고 손가락이 굳어지는 고통을 겪었던 리옹의 여성 레이스 직공의 경우와 똑같았다. 그런 상황에서 노화는 40대에 시작될 수도 있었고, 50대에는 의문의 여지없이 나타났다. 반대로 종교생활처럼 육체적으로 덜 힘든 전문 직업은 노년을 좀 더 늦고 우아한 것으로 만드는 데 이바지했다. 여성이든 남성이든, 프로테스탄트든 가톨릭이든 종교인은 천천히 늙고 오래 살았던 것으로 보인다. 일관되게 자신의 능력 이상으로 안정된 식사와 거처를 가진 신부, 수녀와 성직자는 부자들과 유사하게 늙어갔다.[3] 성과 지위, 그리고 무슨 일을 했고, 무엇을 먹었으며, 어디서 살았는가 하는 것들이 특이한 방법으로 몸에 수렴되었다.

생애 주기의 개인적 속도가 다름에도 근대 초의 노령화 과정을 고찰할 때 일반적 가이드라인과 개략적인 구분은 유용한 도구이다. 부유한 이보다 가난한 이가, 남성보다는 여성이 일찍 늙었다. 칼슘이 부족한 식사, 칼슘이 소모되는 임신, 그리고 너무나 자주 있는 경우지만, 부적당한 음식과 주거 때문에 가난한 여성이 다른 어떤 집단보다 가장 빨리 연로해졌다. 그들은 50세에 노년에 들어섰고 노령화 스펙트럼의 한끝을 대표한다. 부유하고 여유 있는 남성이 다른 한끝을 나타낸다. 그들은 60세 이후까지도 공개적으로는 노년기로 접어들지 않았다. 하지만 노년의 시작은 갑작스럽지 않았다. 시작점을 부과하고 지정하고자 할 때 유념할 것은 시간적 흐름의 관문을 통과해 단번에 노쇠의 상태로 굴러떨어졌던 것이 아니라는 점이다. 그 과정은 훨씬 더 미묘한 것이었다. 라캉 후작 오노라 드 뵈이유는 '나이란 우리가 느끼지 못하게 죽음으로 몰고 간다'고 썼다.[4] 허약한 노년의 문화적 출발점을 표시하는 한 가지 방법은 일련의 시민적·군사적 의무에서 유럽 전역의 노령자를 면제시킨 연령면제 조치를 활용하는 것이다. 예컨대 피렌체의 6인 위원회에 봉직하거나, 외국의 대사로서 베네치아를 대표하거나, 여러 나라에서 군 복무하는 것 등이 그것이다. 우리가 살펴본 바와 같이 이는 앞 장에서 슐람미스 샤하르가 중세 시대 노년으로의 진입을 나타내기 위해 사용한 방법이다. 연령에 따라 촉발된 17세기의 면제조처들은 연로한 노년, 즉 60세와 70세 사이에서 일어나는 능력의 기능적 쇠퇴에 대한 표시였지, 이 과정의 시작에 대한 표시는 아니었다. 또 그것들은 엘리트의 경험이지, 가난한 사람의 팍팍한 세계를 반영하고 있지는 않다. 각 개인은 '늙었다'고 여겨졌을 수도 있지만, 여전히 활동적이고 쓸모 있으며, 세상사에 정력적으로 관여한다고 생각되었을 것이다.

우리는 '인간의 연령기'의 도식에 관한 많은 예를 보게 될 것이다. 사람

Sibenzig Jahr.

Jünger Esau treib das Birsen, Frommer Jacob halte hauß,
Daß der Alt Jsac frölich lebe durch das Leben auß.

Achtzig Jahr.

Alter Vater setzt euch nider, Müter schiket euch zu ihm:
Höret an, euch Fuergehen Gottes honigsüße Stimm.

Neünzig Jahr.

Wer schwachen Eltern nicht die schuldigkeit erweiset,
Der wird, auch alt und schwach, mit kindercreütz gespeiset.

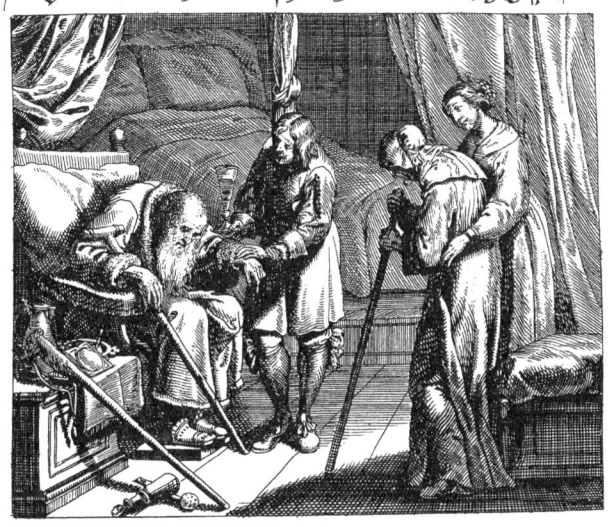

Hundert Jahr.

Wer nähest seinem Gott, die Eltern hertzlich ehret,
Dem ist langs leben hier, dort ewig freüd beschehret.

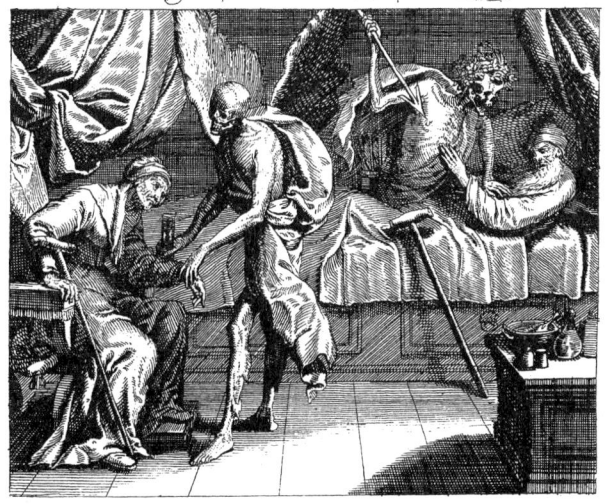

70세 이후에는 기대할 것이라고는 천국이 유일했다. 스위스 출신의 독일 미술가 콘라트 마이어가 1675년 그린 일련의 동판화는 성서의 이삭과 그의 아내가 보낸 마지막 30년을 기록하고 있다. 첫 번째 그림에서 그들은 70세에도 여전히 정정한 채로 화로 옆에 앉아 있고, 야곱과 에서가 집안을 꾸리고 있다. 그 아래 그림은 80세가 되어 성경 낭독에 귀 기울이고 있는 그들의 모습이다. (십계명이 뒷벽에 걸려 있다.) 90세에 이르자 효성스러운 자녀들의 세심한 보살핌을 필요로 한다. 마지막 그림에서 100세에 이른 그들은 무력하고 지쳐서 고통스럽게 죽음을 기다리며, 신 앞으로 나아갈 준비를 하고 있다.

이 이승에서 보내는 기간은 통상 3, 4, 7, 10 혹은 12개의 연령대로 나뉘며, 사람은 '중년'에 정점에 이르는 삶의 계단을 올라간 뒤 마찬가지로 정해진 내리막길을 따라 노쇠하는 것으로 이해되었다. 16세기의 독일에서 대중적이었고 17세기에도 아마 여전히 친숙했던 것은 다음과 같이 10년 단위로 쪼갠 일생에 대한 묘사였다.

10대 — 어린아이
20대 — 청년
30대 — 성년
40대 — 안정의 추구
50대 — 정착과 풍요
60대 — 은퇴의 시기
70대 — 영혼 수련
80대 — 세상의 놀림감
90대 — 어린아이의 웃음거리
100대 — 주여 불쌍히 여기소서.

종교개혁과 노년

이처럼 인생의 시기에 대한 고도로 구조화된 표현은 17세기가 시작될 때 북유럽에서 특별한 반향을 불러일으켰다. 그 표현의 규칙적이고 규범적인 성격은 종교적 변혁의 과정 중 삶의 구조가 뒤집힌 세상에서 위안과 안정, 어떻게 나아가고 행동해야 하는지에 대한 틀을 제시해 주었다.[5]

17세기 초, 특히 프랑스 북부, 독일, 지금의 벨기에, 네덜란드, 룩셈부르크 지역인 저지대 국가에서는, 전통 로마 가톨릭과 수적으로 팽창하던 프로테스탄트 집단들 사이에서 종종 유혈에 이르기도 했던 파괴적인 종교 갈등 이후 다시 안정을 확보하고자 하는 노력이 나타났다. 그 종교적 갈등은 루터와 함께 시작했고 칼뱅주의자들과 함께 끝났으며, 또 불운하게도 재세례파(종교개혁과 함께 출현한 다양한 급진파 가운데 유아세례를 부정하고 성인세례를 행한 몇몇 반교권적 교파―옮긴이)와 그것에서 파생된 분파도 포함했다. 유혈 참사와 전쟁, 종교적으로 용인된 살인 등으로 귀결될 만큼 신조와 교리의 여러 부분에서 로마 가톨릭과 프로테스탄트, 그리고 심지어 프로테스탄트와 프로테스탄트 사이의 차이점들이 매우 분명하고 뿌리깊었다. 그럼에도 두 집단은 기독교 공동체와 교회 내 노인의 지위에 대한 이해를 포함하여 많은 것을 공유했다.

연로한 자에 대한 기독교의 견해에서 가장 중요한 것은 성경의 계율이었다. 즉 '백발노인 앞에 서게 될지니 노인의 얼굴을 숭배하고 신을 두려워 할 지니라. 내가 여호와니라'(구약 레위기 19:32). 프로테스탄트와 가톨릭 교도는 똑같이 젊은 시절에는 모세의 말씀을 따르며 지혜와 경건함을 지닌 노인을 공경하라는 가르침을 받았고, 아울러 제어하지 않으면 젊은이의 판단을 흐려놓는 육욕에 대한 노인의 통제에 경의를 표하라고 배웠다. '언제나 백발의 경험과 백발의 이해(즉 삶에 대한 노인의 이해)를 존경하라'고 17세기 카버리 백작은 되풀이했다. 연로한 과부에게조차도 기독교인의 존경, 그리고 필요하다면 자선에 대한 정당한 몫이 주어져야 했다. 예컨대 성경의 열왕기 하권에서 한 과부의 램프가 정해진 것보다 며칠씩이나 더 오래 불을 밝혔던 것처럼, 고령의 과부는 하느님의 기적을 받을 가치 있는 수령인으로 여겨졌다. 늙은 과부들과 존경할 만한 남성 노인들 양자 모두

17세기 네덜란드를 보여주는 한 단면으로서 생애 주기. 마지막 이미지, 즉 죽음 후에는 천국의 문이 트럼펫 소리에 맞춰 열린다.

'이는 사랑하는 내 아들이다.' 몰타의 발레타 소재 성 요한 대성당에 있는 마티아 프레티의 천장 벽화 가운데 하나.(그는 1660년대에 친구에게 보낸 편지에서 '어떤 화가도 성 요한 대성당의 둥근 천장 작업보다 더 힘든 일을 해 본 적이 없다'라고 썼다.) 이 그림은 세례 요한의 생애 주기 가운데 한 부분인데, 하느님은 그리스도의 세례 순간에 위와 같이 말했다. 그리고 프레티는 하느님을 늙은이로 묘사하면서 전통을 따랐다. '백발노인 앞에 서서 노인의 힘을 숭배할지어라.'

종파에 상관없이 기독교에서 특별히 존중되었다.

이 생각이야말로 부모를 존중하라는 십계명의 근본적인 가르침 가운데 하나이다. 그리고 사도 교회의 재건을 위한 성상 파괴 운동의 일부로 많은 교회의 벽에서 언어가 이미지를 대체함에 따라 십계명은 유럽의 프로테스탄트 공동체에서 특별한 반향을 얻었다. 종교개혁 이전의 교회를 보편적으로 장식한 성 크리스토퍼와 같은 성인의 그림은 말 그대로 하얗게 덧칠되었고, 그 자리에 하느님의 말씀이 새겨졌다. 모세의 명판은 모든 남녀에 대해 부모, 그리고 범위를 늘려 연장자이자 손윗사람으로 그들 앞에 서 있는 모든 노인을 존경할 것을 요구했다. 십계명에 대한 확대된 하나의 해설서인 『부호와 빈민』의 저자는 쌍방 도덕의 맥락에서 이 의무를 기술했다. 즉 '네 부모는 네가 무력할 때 너를 키웠다. 이제는 네가 그들을 보살펴야 한다'는 것이다.[6]

프로테스탄트 교도들은 주제가 서로 연결되어 있음에도 부모에 대한 존경과 성부에 대한 존경의 시각적 결합에 종종 놀랐다. 전통적인 로마 가톨릭의 도상은 하느님을 노인으로 묘사했다. '나는 삼위일체의 대형 은백색 이미지에 아주 많이 분개했다'라고 18세기 초 몬터규 부인은 유럽의 가톨릭 세계를 광범위하게 여행하면서 썼다. '그곳에서 성부는 무릎까지 턱수염을 기르고 머리에 3중관('교황관'이라고도 부르는 교황 전용 장식관으로, 교황의 직권을 상징한다 — 옮긴이)을 쓴 쇠약한 노인의 형상으로 표현되고 있다.'[7] 분리된 종파 모두에 노년과 노인의 모든 측면이 존재하지는 않았다.

모세의 가르침, 곧잘 암송한 십계명의 계율, 가톨릭에 의한 성부와 현세 부모의 중첩 등에도 기독교는 노년이 언제나 존경과 은퇴의 시간이 아니라는 점을 알고 있었다. 늙은 빈민은 어떤 종파에 속하더라도 구약 시편 71편에 서술된 감정에 공감했을 것이다. '저 역시 늙고 백발이 된 지금, 주

신을 닮은 무한한 지혜의 이미지는 전통적으로 모든 현인과 입법자, 예언자에게 적용된다. 유대교와 기독교의 어떤 도덕주의자도 노년의 단점을 과소평가하지 않았고, 또 양자는 이러한 맥락에서 노년을 이상화된 형태로 제시하고 있다.

△하느님이 십계명을 전달했던 모세(잔로렌초 베르니니의 작품에서 무성한 포도를 든 가나안의 전령들을 만나고 있다)에서 ▷하느님의 직접적인 인도 아래 성경을 라틴어로 번역한 성 제롬(구이도 레니의 작품)에 이르기까지가 이에 해당한다.

여, 저를 버리지 마소서'(시편 71:18). 마찬가지로 시편의 다음 글귀도 늙어 가는 것에 대한 유럽 전역에 공통된 두려움을 요약했다. '노년의 시기에 저를 물리치지 마소서. 기운이 쇠한 때 저를 버리지 마소서'(시편 71:9). 연로한 기독교인들은 부나 사회적 지위와 무관하게 존경을 받아야 마땅했다. 만약 궁핍하고 가난한 자에게 구호와 자선을 제공하라는 기독교의 분명한 지시가 없었다면, 성서의 가르침은 나이 들고 재산이 없는 사람에게는 아마 그다지 위안이 되지 못했을 것이다.

의술과 섭생: 생명의 연장

노인으로 하여금 곧잘 기독교의 자선을 구하고 받도록 한 체력의 쇠퇴는 17세기 유럽인의 생각으로는 신체의 열기가 식는 것과 직접적으로 연결되었다. 17세기는 파라켈수스(1493~1541, 16세기 스위스의 의사, 화학자, 연금술사—옮긴이)파와 헬몬트(1579~1644, 17세기 플랑드르 출신의 의사, 화학자, 신비사상가—옮긴이)파의 이론뿐 아니라 연금술, 화학처럼 의술의 혁신과 경쟁적인 의학이론으로 활기를 띠었던 시기였지만, 신체에 대하여 널리 보급된 인식은 여전히 갈레노스와 체액에 대한 그의 이론에 따른 것이었다.

17세기까지 4체액(혈액, 점액, 황담즙, 흑담즙)은 아리스토텔레스의 4원소(흙, 물, 공기, 불)와 연계되어왔다(4원소설은 엠페도클레스가 처음 주장했으나 아리스토텔레스에 의해 변형, 심화되었다—옮긴이). 체액과 원소 모두 세계를 구성하는 네 가지 성질 또는 구성요소(열기, 건기, 냉기, 습기)로 이루어졌다. 역으로 그것들은 사계절(봄, 여름, 가을, 겨울) 및 인간의 네 시기(유년, 청년, 장년, 노년)와 짝을 이루었다. 각 개인은 기질, 체액, 체질, 용모에서 독특한 혼합물로 여겨졌다. 그리고 냉정함, 다혈질, 성마름, 노인의 특징인 우울함 등 개별적으로 두드러진 심리적 특성을 가져온 것도 이 모든 요소 사이의 상호작용이었다.

사람은 나이가 듦에 따라 생명의 원천인 신체의 열기가 서서히 소진된다. 나이가 많아질수록 몸은 더 차가워졌고, 적어도 내면적으로는 더 건조해졌다. '시간이 흐르면서 모든 신체기관은 한층 더 건조해지며, 기능이 저하될 뿐 아니라 생명력이 약해지고 제한된다. 더 건조해지면서 생명체는 야위고 주름이 생기며, 사지가 약해지고 움직임이 불안정해진다. 이러한 상태를 노년이라 부른다.'[8] 이 냉한 건조함이 노년의 내적 본질이자 가장 중요한 특징이었다. 하지만 노인은 '외관상의 습기'와 같은 제2의 특징도 아울러 지녔다. 종종 '나쁜' 것으로 여겨졌던 이 외관상의 습기는 노인 스스로 만들어내는 눈물, 점액, 가래 등인데, 냉하고 습한 것을 노인의 이차적 특징으로 만들었다. 이런 방식으로 아마 노인의 육체는 마르고 노쇠해지는 반면 동시에 우울하고 신경질적인 성향을 드러냈을 것이다.

앞서 보았듯이 늙어가는 여성의 몸은 훨씬 더 본질적인 문제를 안고 있었다. 나이가 들고 건조해짐에 따라 늙은 여성은 신체적 측면에서 더 굳어졌고 더 '남성적'이 되었다. 결과적으로 그들은 더 이성적이고 더 분별 있는 존재가 될 수 있으며, 따라서 더 많은 존경을 받을 수 있다고 여겨졌다. 다른 한편으로 그들은 폐경이 시작됨에 따라 점점 더 사악하고 위험해진다고 생각되었다. 체액의 균형은 양호한 건강 상태를 의미했는데, 여성은 생리의 종결과 함께 유독한 피를 몸에서 더 이상 방출하지 않게 되면서 체액을 위험한 불균형의 상태로 남겨두게 된다는 것이다. 몸 안에 갇힌 생리혈을 내보내거나 통제했던 신체의 열기가 이제는 자연적으로 소멸함에 따라 상황은 악화되었다. 배출되거나 통제되는 대신 이 유독한 물질은 치

겨울이 자연스럽게 노년과 연결되는 식으로 계절과 인간의 연령기는 연속해서 상호 대응하는 것들을 구성했다. 크리스티안 반 데르 파세의 이 판화에서 한 노인이 화롯가에서 언 손을 녹이고 있다.

명적인 독물로 바뀌었다. 생리혈은 손에 닿으면 치명적인 것으로 오랫동안 알려졌다. 생리 중인 여성은 풀을 말려 버리고, 포도 열매를 시들게 하며, 나무를 죽게 할 수 있다고들 했다. 그녀가 단지 그 자리에 있다는 것만으로 개가 미치고 거울이 깨져버릴 수도 있다는 것이었다. 그런 여성들은 심지어 의도하지 않아도 재앙을 초래할 수 있었다.[9] 사악한 의도를 갖고 있다면 폐경기 여성은 눈짓으로 생명을 빼앗을 수 있었다. 이와 같은 상황에서 여성과 마녀의 세계가 결합하여 마녀사냥과 광기의 발현에 이르렀다. 17세기 유럽은 가부장적이자 위계적이었다. 즉 여성은 늙어가는 유독한 몸을 지녔으며, 그런 특징을 명백히 보였던 것은 가난한 여성들뿐이었다. 부유한 여성들은 폐경기에 뚜렷한 신체적 변화를 보여주지 않았으며 사악한 마법으로 재판을 받는 일도 드물었다.

  매우 늙어 아주 어린 시기를 다시 닮게 될 때까지, 신체의 체액 구성이 생애 주기에 걸쳐 변하는 것에 맞춰 신체는 일련의 변화를 보여주었다. 노년에 이르면 겪어야 할 불편과 질병은 매우 많아졌고 감기, 기침, 일반적인 신체 통증에 덧붙여 폐렴, 인플루엔자, 기관지염 등 호흡기가 문제가 되는 경향이 강했다. 겨울은 노인에게 특히 시련의 시기였다. 나이와 연관된 일반적인 문제들은 귀의 이명, 소화불량, 배뇨 장애, 어지러움, 성가신 피부 증상, 가려움 등을 포함했다. 좀 더 심각한 문제들도 노인을 괴롭혔다. 노인은 시력 상실은 아니더라도 시력 저하로 고통을 겪었다. 또 노동과 관련된 그 전의 상해나, 뼈가 부러져 제대로 완치되지 않은 낙상에서 기인하는 일부 신체적 장애가 발생할 가능성도 높았다.

  대다수 유럽의 의사는 연령과 생활스타일을 포함하여 환자의 모든 측면을 고려하라는 갈레노스의 거듭된 조언에도 불구하고 노인의 통증과 아픔을 젊은 사람의 경우와 똑같은 방식으로 다루었다. 눈의 통증에는 계란

Ioan. Stradanus inuent.   Ioan. Collaert sculp.

15.   CONSPICIL

'코에 안경을 걸치고'는 노년에 관해 셰익스피어가 규정하는 특징 가운데 '모든 것의 마지막 장면', 즉 '슬리퍼를 신은 여윈 판탈롱pantaloon(통이 좁은 바지인 '홀태바지'를 뜻하는 말인데, 이탈리아 희극에서는 말라깽이 노인을 상징한다—옮긴이) 늙은이'에 버금가는 것이다. 시장을 그린 17세기 이탈리아의 판화는 당시 비교적 새로운 발명품이었던 안경을 착용한 노인들을 모은 연민을 자아내는 작품이다. 비록 오늘날의 안경사는 시력 검사 기술을 다소 원시적이라 여기겠지만, 그 소유자에게 안경은 명백히 하나의 축복이었다.

환자를, '졸음에는 페니로얄(박하과의 식물로 박하 특유의 향기가 강하게 나며 향료로 많이 쓰인다―옮긴이)의 새 잎을 혀 아래 물고 있어라'고 처방했다.[10] 그러나 치료가 달라진 몇몇 중요한 분야가 있었다. 예를 들면 신체의 기능에 대한 지나친 개입은 가급적이면 피하는 것이 좋다는 생각이었다. 방혈을 해야 한다면 조금만 해야 했다. 출혈은 생명에 절대적인 열의 손실을 의미했기 때문이다. 균형이 흐트러진 체액을 제거하거나 변비를 없애기 위한 통상적인 방법이었던 강력한 관장제는 사용해서는 안 되며, 그 대신 마사지, 무화과 열매, 허브 차 등으로 좀 더 부드럽고 본질적으로 문제를 다루어야 했다. 그러나 전체적으로 볼 때 '노년의 질병'에 대한 의술의 반응은 중세 시대와 근본적으로 달라진 것은 없었다. 즉 병을 예방할 뿐 고치는 것은 아니었다. 달리 표현하면 의료 종사자들은 환자를 치료하려는 것이 아니라 불편하지 않게 하고자 했다.

목표는 조로를 막고 젊음을 연장하는 것이었다. 근대 초 유럽이 장수에 매력을 느꼈던 현상은 시공간의 측면에서 독특한 것이 아니라, 전 세계적으로 유구한 관심의 일부였다. 이 관심이 스페인 사람들로 하여금 젊음의 샘을 찾아나서게 했고, 17세기 잉글랜드로 하여금 153세라고 소문난 토머스 파에 대한 생각에 홀리게 했다. 노년을 늦추는 열쇠는 음식과 양생법, 즉 식사와 생활의 습관으로서, 체력이 쇠퇴하기 시작한 뒤 부추겨보아야 효력이 없다고 여겨짐에 따라 젊은 시절에 단단히 확립할 필요가 있었다. 여기에서도 의술 해설자들은 노년의 다양한 단계를 인지했고, 이에 따라 섭생법을 구체화했다. 노년의 초기에 있는 사람은 젊은이의 경우처럼 체력을 증진하는 수단이 아니라, 기존의 체력을 유지하기 위한 방편으로 걷기와 같은 적당한 운동을 계속해야 했다.

먹을거리와 마실거리가 성공적인 노화를 이뤄내는 바탕이었다. 노년의

이탈리아의 속담은 '늙은이가 술을 멀리할 때는 저승으로 간 것이 아닌지 살펴보라'고 조언한다. 사람들은 노인에게 수명을 연장하는 것으로 포도주를 권했다. 그래서 1665년 안젤로 미켈레 콜로나가 그린 알베르가티 테오돌리 대저택 천장 벽화의 이 부분은 시간의 흐름에 대한 하나의 암시임이 틀림없다.

노인 공경은 17세기 네덜란드의 가족생활 지침서에서 두드러지는데, 당대의 회화에도 반영되었다. 네덜란드의 풍속화가이자 초상화가인 니콜라스 마스는 가내 노동의 세속적 장면에 위엄을 부여했다. 「레이스 직공」은 그가 1655년에 그린 것으로, 거의 동일한 시기에 어린아이에게 걸음마를 가르치는 늙은 여성을 그린 렘브란트의 스케치와 비슷한 성격의 것이다.

활동적인 시기 동안 개개인은 이미 줄어드는 열기를 감소시키지 않는 것을 소비하면서 열 섭취를 위해 따뜻하고 수분이 많은 음식과 음료에 집중해야 했다. 적포도주, 어리고 건강한 동물의 육류, 또 우유를 정기적으로 소비해야 했다. '포도주'는 속담에도 있듯이, '노인의 우유이다'. 실제로 이탈리아 사람들은 더 이상 포도주를 마시지 않는 노인은 죽음에 접근하고 있다고 여겼다. '늙은이가 술을 멀리할 때는 저승으로 가는 것은 아닌지 살펴보라.'[11] 나아가 노인에게는 소량의 음식을 자주 먹어야 한다는 가르침이 주어졌다. 난방이 되거나 해가 드는 방에서 충분히 수면을 취하는 것을 포함하여 가능한 한 모든 방법을 동원해 온기를 보존해야 했다. 나이가 훨씬 많이 든 노년기의 노인은 이 지침을 어기거나 바꾸지 않고 엄격히 따라야 했다. 삶의 이 단계에서는 과도한 활동과 열기를 방출하는 음식을 피하라는 엄한 경고가 주어졌다. 즉 노인들에게는 일, 방혈(상황을 불문하고), 성교를 피하고, 음식을 소량이지만 잦은 회수로 먹으라는 지침이 내려졌다. 몸과 음식의 체제는 열기와 습기를 보존하기 위한 것으로, 회춘이 아니라 노년을 유지하기 위한 것으로 생각되었다.

체액이 서로 영향을 주고받으며 미묘한 균형을 이루었던 것과 마찬가지로 육신과 영혼도 그러했다. 정신적·영적 상태가 신체적 건강에 반영되었다. 그런 목적으로 노인들에게 걱정, 분노, 슬픔을 피하라는 충고가 주어진 반면 동시에 행복과 만족을 찾으라는 권고가 있었다. 의술 관련 조언자들은 우울증을 없애는 동시에 즐거움을 발견하는 수단으로 음악, 좋은 모임, 지적·종교적 수행, 적포도주를 제안했다. 그리하여 완전한 섭생법이자 젊음을 연장할 수 있는 가능성에는 음식과 음료, 친구와 가족, 그리고 적절한 양의 육체적·지적 활동이 포함되었다. 육체적 성공의 열쇠는 정신적 성공의 열쇠와 동일한 것, 즉 젊을 때부터의 습관이었다. 프랑스 사람들이 말하기를 '젊은 시절 배운 것은 늙을 때까지 간다'.[12] 노년 그 자체는 생활스타일이나 몸가짐을 후회하기에는 너무 늦은 시기였다.

의학 저술들은 나이와 경험을 칭송하는 속담, 경구, 금언과 젊음과 무경험에 대한 경고로 가득했다. 예를 들면 포르투갈에는 '젊은 내과의와 나이 든 외과의를 조심하라'는 말이 있었고, 프랑스에는 '늙은 외과의와 젊은 내과의는 교회 묘지를 늘어나게 한다'는 말이 있었다.[13] 유럽인들은 늙어가는 몸과 의사의 공과에 대하여 공통된 견해를 가지고 있었다. 또한 노년이 수반한 것에 대한 공통된 문화적 고정관념을 지니고 있었다. 북유럽과 남유럽, 동유럽과 서유럽이 본질적으로 다르지 않았다. 비록 많은 속담의 구문이 동일하지는 않았지만, 그 의미는 보편적이었다. 연극이나 오페라 역시 '판탈롱 늙은이'와 '우두머리 의사선생'과 같은 다수의 전형적인 등장인물을 공유했고, 호색과 탐욕과 같은 일단의 공통된 스테레오타입을 참조했다. 해설자와 비평가들 역시 힘들게 습득한 노년의 지혜를 존중하라는 소리뿐 아니라 흔히 추정하는 노인 정치에 대한 신랄한 비판 모두를 역설적으로 담고 있었던, 공통의 문화적 기풍을 끌어들였다.

동시에 모든 게 다 제철이 있다는 인식도 있었다. 마튀랭 레니에(1573~1613, 프랑스의 풍자시인—옮긴이)는 '나이에는 저마다 무드와 취향과 놀이가 있다. 머리카락이 백발이 되듯 기분도 그렇다'라고 썼다. 이와 밀접하게 연관된 것이, 이미 우리가 보았듯이 노년의 본질은 좋든 나쁘든 젊음을 어떻게 보냈는가와 직접적으로 관련되어 있다는 강한 인식이었다. 프랑스 사람들은 '게으른 젊음은 노년을 궁핍하게 만든다'는 점을 환기시켰다. 그에 대해 이탈리아 사람들도 '젊을 때는 늙을 때를 대비하고, 늙으면 죽음을 대비한다'고 화답했다. 노년은 죽음과 밀접하게 연결되었는데, 전자는 후자의 전조였다. 프랑스 산문작가와 극작가들은 여기에서 풍부한 소재를 발견했다. 프랑수아 메이너드(1582~1646)는 「아름다운 노파와 함께 A une belle vieille」(1638)에서 노년을 산 자와 죽은 자 사이의 경계 영역으로 규정했다. '내 발은 저승 문턱을 딛고 있다. 노령은 내게 욕망도, 원기도, 잠도 빼앗아갔다. 곧 바다 깊은 곳에서 내 마지막 태양이 그 첫 번째 빛을 내기 시작할 것이다.' 프랑스의 위대한 극작가 피에르 코르네유(1606~1684)는 똑같은 생각을 다음과 같이 표현했다. '삶의 모든 순간은 죽음을 향한 발걸음이다.'14

코미디와 늙어가는 연인

노년의 긍정적·부정적 속성은 서로의 거울 이미지였다. 즉 지식은 어리석음과, 훌륭한 조언은 교활함과 짝을 이루었던 것이다. '노인의 조언을 들어라. 그러면 그대의 의견이 회의장을 압도할 것이다'는 포르투갈에서 흔한 격언이었는데, 이 말은 15세기 초 스페인의 산티야나 백작의 다음 말과도 긴밀하게 상통한다. '훌륭한 조언을 듣고 한 행동은 항시 변함없이 유효하며, 애써 다른 사람을 통해 수정될 필요가 거의 없다. 그대가 무엇을 의도하든 늘 조언을 받을 것이며, 그대의 충직한 나이 든 친구를 그대가 먼저 떠나보내지 말지어다.' 다른 대안적인 의견도 열렬히 제시되었다. '늙은 새는 올가미에 걸려들지 않는다.' 격언의 표현은 모순될 수 있었다. 노인은 진취적인 복병이 될 수도 있었으나, 노년은 어리석음의 시기이기도 했다. '늙은 바보만 한 바보는 없다'라는 말은 17세기의 격언이었으며 21세기에도 여전히 통용된다. 아드리아노 반키에리(1568~1634, 종교음악을 작곡한 이탈리아의 작곡가―옮긴이)의 오페라 〈노년의 광기〉(1598)는 바로 이러한 생

라신은 '그녀는 치유할 수 없는 세월의 무례함을 고쳐보고자 애써 얼굴을 화장하고 꾸몄다'라고 썼다. 무자비한 비평이지만 동일 주제에 대한 베르나르도 스트로치의 그림 「늙은 바람둥이 여성」 만큼 무자비하지는 않다.

각을 주제로 했는데, 이 오페라에서는 역겨운 중매결혼을 고집하면서도 자기 마누라에게는 놀림감이 되는 늙은 아버지가 등장한다.[15]

여성을 도덕적·사회적·종교적으로 대단히 평가절하한 17세기 사회의 가부장적 성격을 반영하는 형태로, 늙은 여성에 대해서는 남성보다 제한적이며 훨씬 더 부정적인 속성이 부과되었다. 여성의 결점을 보완하는 극소수의 속성은 신체적 힘이나 지혜가 아니라 인내와 가족에 대한 어머니의 헌신이었다. '조금씩, 조금씩 나이 든 여성은 아마亞麻실을 잣는다'라는 말은 시간의 지속적인 흐름과 서서히 이뤄지지만 끊임없는 진척의 가치에 대한 노년기 여성의 인식을 표현하고 있다. 늙은 남성이 탐하는 부와 권력과는 달리 늙은 여성의 꿈은 훨씬 더 소박했으며 여성으로서의 역할에 부합했다. '양과 벌, 맷돌, 귀에 달린 보석, 그게 늙은 여성이 자신의 아들을 위해 바라는 것이다.' 늙은 여성에 대해 유럽 사회가 무엇을 소중히 여겼는지 상기시키는 중요한 것이 있다. 인내와 가족의 행복에 대한 배려가 그것이다. 그러나 그런 서술들은 드물었다. 여성은 두려움이나 경멸의 대상이 되는 것이 일반적이었다.

대다수 늙은 과부는 섹스와 남편을 얻고 싶은 욕망에 이끌리는 음탕한 존재로 여겨졌다. 성관계를 가지는 늙은 여성이라는 관념 자체가 17세기 사회에서는 못마땅한 것이었다. 섹스가 승인된 유일한 목적이 재생산이었던바, 늙은 여성은 아이를 낳을 수 없었기 때문이다. 나아가 성적인 목표를 달성하기 위해 사용된 수단들도 질서 정연함을 추구하던 사회에서는 역시 마음을 혼란스럽게 만드는 것이었다. 장 라신(1639~1699, 17세기 프랑스의 극시인이자 고전 비극의 대표적 작가―옮긴이)은 '그녀는 치유할 수 없는 세월의 무례함을 고쳐보고자 애써 얼굴을 화장하고 꾸몄다'라고 썼다. 플루타르크는 일찍이 비슷한 행위를 비난했다. '이제 당신은 노파니 향수 따위로 칠갑하지 마시오.' 더 신랄한 비난의 대상이 된 것은 늙은 여성의 행동이었다. 근대 초 유럽에서는 호라티우스의 말이 상당히 빈번하게 인용되었다. '유명한 루체라(남부 이탈리아 소도시—옮긴이) 인근에서 깎은 양털이나 당신에게 어울리지, 댄스 음악 밴드와 붉은 장미, 마지막 찌꺼기까지 마셔버린 술통은 당신 것이 아니다. 말하자면 이제 당신은 늙은 여인이다.' 화장과 환락은 젊고 아름다운 이를 위한 것이지, 늙고 주름진 이를 위한 것이 아니다. 과부의 간계에 빠진 젊은 남성은 비록 다소 조롱을 받기도 했으나 연민의 대상이 되곤 했다. '늙은 여성을 아내로 맞이하는 남성은 잠자리에 들 때 찬 사과를 먹어야 한다.' ('이는 발기를 불러일으키는 사과의 충동효과와 관련이 있다'는 것이 17세기 유럽의 속담 채록자였던 제임스 하우얼의 설명이었다.) 그러나 포르투갈의 한 속담은 '부유한 늙은 여성이 아름다운 젊은 여성보다 낫다'라고 결론지었다.[16]

    늙은 남성은 일반적인 평판에서 좀 더 나은 대접을 받았다. 포도주에 대한 그들의 사랑은 당대의 의료와 비교하면 대부분의 경우 탈 없고 건강에 이로운 것으로 여겨졌다. '늙은 내과의사보다 늙은 술주정뱅이의 수가 더 많으리라.' 청년시절의 행동이 좋든 나쁘든 노년에 직접적으로 영향을 미치리라는 점을 일깨우는 것으로서, 늙은 남성은 젊은이의 본보기가 되었다. '늙은 종복, 젊은 걸인'이라는 (즉, 젊은이가 일하지 않으면 노년을 대비해 저축을 못해 늙어서 일할 수밖에 없다는) 잉글랜드의 표현은 전 유럽에 통용되었다. '20대에 자질을 갖추지 못하고, 30대에 지식을 쌓지 못하고, 40대에 재산을 소유하지 못하면 결코 중요한 인물이 될 수 없고, 아는 것도, 소유하는 것도 결코 없을 것이다'라는 이탈리아의 속담도 마찬가지였다. 이미 살펴본 바와 같이 이러한 경구들은 젊은이들에게 가난에 찌든 노년의 고통을 겪지 않도록 적절한 노동 윤리를 주입시키려는 의도를 가지고 있었

△ 허영이 늙은 여성의 악덕이듯 늙은 남성의 악덕은 물욕과 색욕이었다. 그리고 17세기의 도덕주의자들은 어느 쪽에 대해서도 자비를 보이지 않았다. 다비드 테니에르(1610~1690, 주로 풍경화와 역사화를 그린 플랑드르 출신의 화가 — 옮긴이)는 「욕심쟁이 남자」에서 그린 늙은 남성을 거의 미친 듯이 탐욕스러운 인물로 묘사하고 있다.

▷ 작가 미상의 네덜란드 회화(일부) 속의 늙은 호색한도 마찬가지로 열정에 사로잡혀 있다. 하지만 여기에서 그는 악하기보다는 우스꽝스러운 존재로 취급되고 있다.

1620년경 프랑스의 판화가 자크 칼로의 판탈롱 동판화. 코메디아 델라르테는 일련의 인물 유형을 제공하면서, 대중이 그들을 어떻게 인식하는지 보여주었다. 통이 좁은 판탈롱을 착용한 인물은 늙은 남성을 대표하는 존재로서 경멸의 대상인데, 성마르며, 젊은 척하고, 취할 수 없는 젊은 여성과 사랑에 빠지며, 도처에서 사기를 당한다.

다. 포르투갈 사람들도 노령의 부모에게 아들 교육에 대하여 유사한 조언을 했다. 즉 '모으는 아버지, 탕진하는 아들'과 '인색한 아버지, 방탕한 아들' 등이 흔한 구절이었다. 달리 표현하면 자녀에게 긍정적인 모델을 제공하기 위하여 노인을 상기할 필요가 있었던 것이다. 남성의 노년에 대한 이런 문화적 구성에 담긴 의미는 중립적이었다. 비난도, 경탄도 표현하지 않았던 것이다.

다른 전형적인 속성들은 긍정적으로 여겨졌다. 그것들은 젊은이의 경솔하고 풋내 나는 권고와는 대조되는 현명한 조언의 원천으로서 오랜 경험의 산물인 노인의 지혜를 반영하는 것이었다. '늙은 개는 쓸데없이 짖지 않는다'라는 말이 그렇다. 프랑스 사람들도 '늙은 사냥개가 없으면 사냥도 없다'라는 말로써 동일한 메시지를 전달했다. 17세기 유럽인들은 여성의 경우와는 달리 남성 노인을 귀중한 조언자요, 젊은이에게 살아 있는 윤리적 본보기로 생각했다.[17]

늙은 남성이 술에 취하면 다소 우호적인 즐거운 시선으로 그를 바라보거나, 회의석상에서는 일부러 귀를 기울였다. 그러나 남성의 노년에 대한 압도적인 이미지와 노년 전반에 대한 일반적인 견해는 돈에 욕심이 많고, 성에 탐욕스럽고, 으스대고, 수다스러우며, 참견 잘하는 사람이었다. 결과적으로 그들은 농담의 대상이었고, 조롱의 표적이었다. 이탈리아의 연극에는 '역겨운 중매 혼인을 고집하는 탐욕스러운 늙은 아버지'가 많았다. 실생활에서 그런 혼인이 이뤄지는 경우 공개적으로 한탄의 대상이 되었다. 17세기 여배우였던 이사벨라 안드레이니는 다음과 같이 썼다. '우리 아버지들의 탐욕이 가져온, 젊음과 노년 사이의 이 이상한 결합은 많은 폐단을 가져온다. (…) 젊은 여성들은 그런 결혼에 따른 보상을 기꺼운 마음으로 받아들이지 않거나, 받아들이더라도 돋보기를 쓴 남편들이 요구하는

판탈롱과 박사. 코메디아 델라르테의 두 전형적인 인물. 전자는 어처구니없도록 우쭐대는 인물이고 후자는 현학적이고 불가해한 인물. 두 그림은 L. O. 부르나치니의 수채화.

절약을 싫어한다.' 게다가 늙은 아버지들이 금전적 이득을 위해 딸들에게 자신들의 친구나 사업 파트너와의 결혼을 강요하지 않을 때는 그들 스스로가 딸 또래의 여성을 열심히 찾아다닌다고 일반적으로 생각했다. '수족이 늙은 만큼 색욕은 젊다'는 것이 잉글랜드의 격언이었고, 연령 차이가 매우 큰 결혼을 한 늙은 남성은 육욕에 의해 소진된다는 것이 이탈리아 사람들의 생각이었다. '색욕은 젊은 남성의 평판을 손상시키고, 늙은 남성의 생명을 빼앗아간다.' '늙은 노인에게 젊은 여성을 혼인시키는 것은 헌 짚단으로 새 집을 치장하는 것이다'라는 말처럼 이탈리아 바깥에서도 그런 결혼은 혐오의 대상이었으며, 샤리바리Charivari와 러프 뮤직Rough Music과 같이 취사도구를 두드려 시끄러운 소리를 내는 야유 행위를 통해 집단적으로 항의할 만한 표적이었다. 그런 늙은 남성이 젊은 마누라의 서방질 때문에 곧 망신을 당하게 될 것이라는 추정에는 이견이 없었다.[18] 하나의 개념으로서 노년은 존중되었으나, 노인 그 자체는 종종 조롱거리였던 것이다.

이탈리아의 연극 장르인 코메디아 델라르테Commedia dell'Arte(정형화된 인물이 가면을 쓰고 등장하는 이탈리아 전통극으로, 14세기에 시작하여 16~17세기에 절정에 이름—옮긴이)는 유럽 전역에서 늙은 남성을 조롱과 경멸의 대상으로 특징짓는 현상을 반영했다. 고정 배역(노년의 대표로서는 판탈롱과 박사)과 공통된 플롯(호색적인 늙은이, 사기 치는 젊은이, 젊음과 늙음 사이의 다툼)이 등장하는 이 즉흥적인 스타일의 공연은 베네치아에서 유래하여 17세기에는 대륙 전역으로 퍼졌다.

판탈롱은 '애써 젊은이처럼 행세하는 노쇠한 남성' 혹은 '다른 사람들에게 힘이 되어주거나 적절한 조언을 줄 수 있는 인물인 체 하지만, 실제로는 색욕에 눈멀었으며 계속 유치한 짓을 함으로써 100세에 가까운 그를 어린아이라고 부르게 하는 나이 먹은 남자'이다. 그의 행동은 '늙어서 사랑에 빠진 사람은 누구나 형틀에 채워 창피를 주어야 한다'는 이탈리아의 속담에 힘을 실어주었다.[19] 또 판탈롱은 금은 상자를 숨겨 보관하면서도 인색했다. '그가 준비한 가장 호화스러운 축연에는 개죽이 차려지며, 포도주는 길모퉁이 분수에서 길어오는가 하면 오리알 하나를 연회의 주식으로 나눠 먹는다'는 것이 판탈롱 동료들의 불평이었다. 〈마그니피코 Magnifico〉〈징가나 Zingana〉같은 연극에서 판탈롱의 딸들이 열심히 일하여 아버지의 통제에서 벗어나고, 그를 속여서 자신들이 선택한 젊은이와의 결혼을 허락하도록 만드는 것은 조금도 놀랍지 않다.[20]

늘 그렇듯 색욕과 물욕을 충족하지 못하는 늙은 판탈롱은 무대 위에서나 17세기 유럽 관객의 마음속에서나 모두 그와 똑같이 늙은 '박사' 즉, 대학의 학자라는 인물과 짝을 이루었다. 그는 친구 판탈롱과 마찬가지로 젊은 호남 행세를 했고 여성의 뒤꽁무니를 쫓아 다녔으나, 주로 책상물림의 학문과 미사여구의 말솜씨를 뽐냈다. 그는 쉬지 않고 지껄이지만 이치에 맞는 말은 거의 없고 빤한 것을 자주 언급하는 것으로 유명했다.

다음은 17세기의 한 대화인데, 여기에 등장하는 의사는 의학 박사로 간주해야 할 인물이다.

> 의사: 예, 저는 의술에 대한 순수한 사랑으로 일하고 있습니다. 저는 간호하고, 소제하고, 측정하고, 수술하고, 톱질하고, 부황을 뜨고, 절단하고, 분쇄하고, 쪼개고, 째고, 추출하고, 찢고, 자르고, 탈구시키고, 해부하고, 잘라내고, 얇게 베고, 그리고 물론 저는 사정을 봐주지 않습니다.
>
> 박사: 당신은 진정한 의술 덩어리군요.
>
> 의사: 저는 의술 덩어리일 뿐 아니라 모든 질병에 대한 맹독이기도 합니다.

여성이 노년에 이를 때 자신을 어떻게 여겼는가 하는 점은 기술된 회고록을 통해서는 (좀처럼) 이해하기 어려우며, 그림을 통해서도 (더욱) 그러하다. 가장 뛰어난 17세기 화가 가운데 한 명이었던 소포니스바 안구이솔라는 여성이었기 때문에 해부학과 인체 드로잉을 배울 수 없었고, 따라서 자화상 그리기에 특별히 집중했다. 그 가운데 마지막 작품(1610년)에서 그녀는 78세였고, 감상에 빠지지 않고 솔직하게 자신을 묘사했다. 그녀는 92세까지 살았다.

저는 모든 발열과 오한, 가려움, 신장결석, 홍역, 전염병, 백선, 통풍, 뇌졸중, 단독丹毒, 류머티즘, 늑막염, 카타르catarrh, 그리고 동일한 명칭의 중증과 경증의 질병들을 따로 열거하지는 않지만, 고창 선통과 일반 복통 모두 박멸시킵니다. 요컨대 저는 모든 형태의 질병을 상대로 잔혹하고 무자비한 전쟁을 수행합니다. 근절할 수 없는 질환을 발견할 때는 환자를 질병에서 구제하기 위해 심지어 그를 죽이기까지 합니다.

박사: 그건 탁월한 치료법이군요.

의사: 저는 다른 어떤 치료법도 알지 못합니다. (그는 박사가 중단시키기 전에 이야기하느라 숨을 헐떡인다.) 황달은 이러쿵저러쿵 (…) 가려움은 어쩌고저쩌고 (…) 요사병의 (…) 즈 (…) 즈 (…) 증상은 ……

박사: 내 귀를 윙윙거리게 하는군.

의사: 귀라고 말씀하셨나요? 귀를 덮고 있는 피부는 귀를 민감하게 만드는 신경조직의 얇은 막에 의해 연골에 붙어 있죠.

박사: 저 작자 코를 한 방 먹이고 싶군.[21]

의술보다 더 재미없는 문제에서 늙은 박사는 더 이상 쓸모가 없었다. 종종 엄숙하고 거만하게 말하기를 '잠들어 있는 자들 가운데 아무도 아직 깨어나지 못하고 있도다.'[22] 사람들은 종종 박사의 단조로운 말소리에 깊이 잠들었다.

판탈롱과 박사는 남성이든 여성이든 17세기 유럽인이 노년에 대해 연상하고 경멸하던 모든 것을 물리적으로 구체화한 것이었다. 그들은 좋은 노인이란 규범과는 반대되는 인물이었다. 그들은 현명하지 않고 우둔했다. 육욕에서 벗어나는 대신 그에 탐닉했다. 훌륭한 조언을 제공하는 대신 진부한 말만 했다. 결과적으로 그들은 존경이 아니라 조롱의 대상이 되었다. 그런 문화적 구성이 실제 삶의 경험과 일치하지 않음은 분명하다. 각각의 부정적인 속담은 긍정적인 것으로 무효화할 수도 있었다. 그럼에도 이런 예들은 17세기 유럽인의 사고방식에 대한 값진 통찰을 제공한다. 당대의 논평가, 극작가, 오페라 작가, 속담과 격언, 금언의 채록자는 유럽인의 두려움을 말해주었고, 그들의 가치관을 반영했다.

노년의 규범

책을 읽고, 극장에 가고, 담소했던 많은 사람이 이런 표현들을 활용해 무엇을 했으며, 그런 문화적 영향을 자기 자신들의 삶에—정말 결부시켰다면—어떻게 결부시켰는가 하는 물음은 언제나 대답하기 어려운 것이었다. 그들이 그랬듯이, 확실히 우리는 노인이 모두 다 쇠약하고, 수다스러우며, 겁이 많거나 일반적으로 삶의 그 단계를 연상시키는 다른 숱한 속성을 가지고 있지 않다는 것을 알고 있다. 그래도 그 속성들은 종종 중요한 단서가 될 수 있다. 이 스테레오타입 가운데 불편하지만 정곡을 찌르는 측면은 없었을까? 세라 쿠퍼 부인은 글을 깨친 한 늙은 여성이 노령화에 대한 문화적 규범에 대하여 어떻게 대응했는지를 보여주는, 지금껏 비견할 바가 없는 관점을 제공한다.

세라 부인은 어떤 식으로도 17세기 여성을 대표하지는 않는다. 2300쪽이 넘는 일기 하나 뿐인 그녀의 저술이 그녀의 신분과 마찬가지로 다른 여성들로부터 그녀를 상당히 분리시킨다. 그러나 그녀의 삶은 노인의 적절한 행동거지라는 동일한 문제에 부딪쳤고, 그녀도 나이가 듦에 따라 다른 여성처럼, 50대 중반이라는 동일한 나이에, 동일한 종류의 육체적 쇠퇴를 경험했다. 세라 부인의 반응은 신분과 성향에 의해 강조되고 증폭되었을 수도 있지만, 그럼에도 그것은 일단의 공통된 관심사를 드러내고 있다.

그녀는 자신이 '꽤 연로'하지만, 다른 사람은 정말 '늙었다'고 생각했다. '나는 나 자신이 노년 최악의 상태에는 아직 훨씬 이르지 못했다는 것을 분명하게 보여주는 대상을 많이 목격한다'라고 세라 부인은 썼다. '나는 최악의 상황에서, 내 생각에는 참을성을 갖고 일하는 W. G. 씨를 만났다. 그가 하는 일은 끔찍하지는 않더라도 지루한 것임이 정말이지 틀림없다.' 그녀 자신이 노령에 의해 속박되었을 때조차도, 그녀는 자신과 다른 사람 사이에서 차이를 발견하고파 했다. 그때는 그녀가 독서나 심지어 스스로 식사하기조차도 어려웠음에도 말이다.

내 사촌 마스[터스]의 (…) 3살이 부족한 100살의 나이가 (…) 그녀의 수입을 연간 40파운드로 감소시켰다. 그 수입은 5월에 그녀를 잘 돌보는 딸에게 지불된다. 그러나 그녀는 돈을 스스로 관리하겠다는 요구를 그치지 않았으며, 원하는 대로 될 때까지 먹고 마시기를 거부했다. 요구에 따라 돈을 주는 것은 분명히 딸의 권한이 아니었다. 그러나 그녀를 만족시키고 식사하도록 하기 위하여 딸이 천을 누빈 가짜 돈 40파운드를 그녀의 지갑에 넣어 주었더니 하루에 열 번이나 세고, 밤에는 베개 밑에 넣어둘 정도로 효과를 발휘했다. (…) 그런 마음씨 고운 속임수는 권할 만하다는 생각이 든다.

친족의 곤경을 기록하는 행위 그 자체가 그녀에게는 자기 자신이 아직은 확실히 늙지 않았음을 확인시켜주는 것이었다. 그녀는 노년을 가능한 한 오랫동안 밀쳐둘 수 있는 어떤 것으로 여겼다. 마침내, 그리고 불행하게

늙은 여성들에 대한 렘브란트의 묘사에는 어떠한 멜로드라마도 없다. 그들은 나이를 철학적으로 수용하며 여전히 가족과 사회에서 보장된 지위를 누린다. 1634년의 판바센호버 부인과 화가 자신의 어머니.

아트로포스는 인간의 운명을 주관하는 세 여신 가운데 하나로, 생명줄을 끊는 여신이었다.

△ 피에트로 벨로티는 그 여신을 단호하고 강직한 존재로 그리고 있지만 일말의 연민이 없지는 않다.

▷ 같은 화가의 또 하나의 초상도 동일한 표현이며 심지어 동일한 모델일 수도 있다.

집단적 상징의 제작이나 편견에 바탕을 둔 관습적 판단과는 다른 것으로서, 노년에 다가가는 사람들, 특히 여성에 대한 진정한 이해는 17세기에 좀 더 흔한 것이 되었다. 자신의 모친을 그린 이 아생트 리고의 이중 초상은 1695년 제작되었는데 아마 조각을 위한 하나의 지침이었을 것이다. 그는 1743년까지 살았다. 그의 작품에서는 18세기에 소설의 발흥을 이끈 개인 심리에 대한 관심의 전조를 발견할 수 있다.

빈민의 묘사가 동정심을 불러일으킨다. 조르주 드 라 투르는 제빵사의 아들이었으며, 종종 종교적이거나 정신적인 차원의 암시와 함께 사실주의적으로 묘사한 일상적 주제에 끌렸다. 그의 작품 「교현금 타는 사람」(위)과 「늙은 농부」(오른편)는 1618년에서 1620년 사이에 제작되었다.

도 세라 부인 역시 끝내 65세라는, 그토록 오래 저항한, 확실한 노령의 범주에 들어섰다. 이는 그녀에게 독서, 글쓰기, 학문적인 사색 등을 더 이상 즐길 수 없다는 것을 의미했다. 이 취미 활동은 건강 때문에 좌절했던 그녀 삶의 마지막 3년 반 동안 차츰 줄어들었고 최종적으로 멈추었다. 76세로 죽기 전 그녀는 스스로 생각하기에도 정말 늙어 있었다.

노년과 거리를 두는 과정에서, 그리고 그것을 마침내 수용하면서 세라 부인은 노령자에게 적절하다고 여겨진 일련의 행실을 명시했다. 한마디로 나이에 맞게 행동해야 한다는 것이었다. 가장 엄청난 일탈은 노인이 자신의 나이보다 어리게, 또 늙음에 따르는 엄숙하고 위엄 있는 역할에 어긋나게 행동하는 것이었다. 젊은 배우자와의 재혼, 수다, 화장 등은 가장 큰 비난의 대상이 된 세 가지였다.

나이 차가 많이 나는 젊은 남성과의 결혼, 특히 폐경기 이후의 혼인은 세라 부인의 일기에서 흔한 논평거리였다.

T. L. 씨가 중풍과 다른 질환으로 쇠잔한 어떤 노부인과 새로이 결혼했다. 사람들은 탐욕이 그 이유(그것이 하나의 이유가 될 수 있다면)였던 것으로 생각한다. 왜냐하면 그녀가 부자라고들 하니까. 그러나 그녀가 짐승 같은 목적에 봉사하는 것 외 다른 의미를 가질 수 있으리라고는 아무도 상상할 수 없다. (혹자는 말한다.) 결혼의 목적은 공동체요 상호 안락이라고. 하지만 그것은 오히려 결혼의 효과이지 본질적 목적은 아니다. 결혼의 본질적 목적은 자손의 생식과 그를 통한 인류의 보존이다. 안락과 공동체는 남성과 남성, 여성과 여성 사이에도 있을 수 있으며, 따라서 결혼의 본래 목표는 아니다. 신이 정한 결혼의 올바른 목적을 존중하지 않는 결합은 합법적인 결혼이 아니다.

니콜라스 마스 작품 「감사 기도」(1655년경)는 여전히 농민적 경건성의 전통에 서 있다. 이 그림은 어느 정도는 가난과 노동을 이상화한다. 즉 여성은 늙었고 지쳤으며 식사는 변변치 않다. 그러나 그녀 앞 음식의 정물화와 테이블보를 잡아당기는 고양이와 같은 세부 묘사는 실생활에 밀접한 관찰을 보여준다.

세라 부인은 어떤 주저함도 없이, 또 결혼에 대한 좀 더 문학적인 서술에서 발견되는 유머의 화법도 없이 그 결혼을 비난했다. 그것은 간단히 말해 죄악이었다.

사람들 앞에서 너무 말을 많이 하거나 화장하는 늙은 여성도 비록 영혼은 아니더라도 최소한 사회적으로는 죄악이 덜하지 않았다.

W___o 부인을 만났다. 그녀에 관해서는 얼굴에 그림을 그려놓은 채 다닌다는 말이 있는 듯하다. 그녀는 최소한 내 또래이고 대단히 쇠약하나, 행동과 외관에서 젊은 체하며 가슴을 드러내놓고 귀는 반짝이는 보석으로 치장한다. 그러나 그녀의 두 눈은 죽은 듯하고, 피부는 주름이 잡혔으며, 뺨은 처졌고, 머리는 흔들리며, 팔은 떨고 있다. 이 모든 것이 상점 문을 닫고, 단지 허약함을 의미할 뿐인 허영과 불필요한 겉치레와의 거래를 그만두라고 명령한다.

늙는다는 것의 의미에 대한 세라 부인의 해석은 민중 문화의 해석에 매우 가까운 것이었다.

그녀는 비록 자신의 독특한 특징을 부가하긴 했지만, 노년에 대한 사회의 긍정적 견해에 어울리는 것이었다. 세라 부인이 노숙하고 현명한 사람, 아마 종교와 정치 등 통상 젊은 여성의 영역 바깥에 있는 화제에 관하여 의견을 제시할 수도 있는 그런 사람의 외적 표현이라고 느꼈던 것은 늙은 여성으로서 그녀의 외모였다. 노인에게 적합한 생의 경로는 사회의 소용돌이에서 물러나, 속담이 시사하는 것처럼 다가오는 죽음과 삶의 의미에 초점을 맞춘 사색의 상태로 들어가는 것이었다. 세라 부인에게 이것은 계속되는 독서와 폭넓은 글쓰기의 도움으로 도달하는 것이었다. '언제나 책이

도움이 된다. 책은 늙어가는 나에게 안락을, 고독한 나에게 위안을 준다.'[23]

세라 부인은 속담을 언급하는 농민이나 작품을 쓰는 극작가와 동일한 견해를 표현했고, 동일한 기대를 가지고 있었다. 노인은 현명하고 엄숙해야 했다. 그들은 자신들의 삶, 자신들의 영혼과 화해해야 했다. 그리고 젊음의 길에 지나치게 집착하는 것에 대해서는 조롱의 대상이 되어야 했다. 그런 존재로서 노인의 행동 그 자체가 노년에 관한 스테레오타입을 강화하고 믿게 만들었다.

과부와 홀아비

전체적으로 볼 때, 17세기 유럽의 인구는 상당히 정체된 상태였다. 독일에서는 전쟁이 일어났고 이탈리아에서는 역병이 재발하는 등 어떤 지역은 엄청난 손실을 겪었다. 그러나 17세기 중엽부터 북부 유럽, 그중에서도 처음에는 네덜란드, 다음에는 잉글랜드에서 인구가 지속적으로 증가하기 시작했다.[24] 향상된 식생활, 경제발전과 그 결과로 교통의 발달(화물과 아울러 식량 운송을 통하여 지역적 기근의 악영향 제한), 그리고 빈곤층 어머니와 어린 아이의 생존률 증가란 측면에서 열매를 거두기 시작한 16세기의 사회복지 프로그램 등이 그 원인이었다. 그 결과로 더 많은 사람이 노년기까지 살았다. 오스트리아의 인구 자료가 전반적인 경향을 보여준다. 1632년에는 60세 이상이 인구의 5.5퍼센트를 차지했지만 1671년에는 6.9퍼센트, 그리고 1779년 노인의 비율은 8.6퍼센트로 상승했다.[25] 잉글랜드와 저지대 국가에서 노인의 수는 좀 더 일찍 증가하기 시작하여 보다 견실한 비율에 이르렀다.

늘어난 장수의 혜택을 남성과 여성이 똑같이 누린 것은 아니었다. 남성보다 더 많은 여성이 노년까지 살았고, 또 여성이 남성보다 더 오래 사는 경향이 있었다. 여성이 노년기에 비록 활력적이지 않더라도, 생존하는 능력이 더 큰 이유의 일부는 그들의 일이 꾸준하며 중단되지 않는 성격을 띤다는 점이다. 여성은 남성처럼 나이와 더불어 일의 성격을 바꿀 필요가 없었다. 여성은 성별에 적합한 직업이 아니라면 자신의 직분이 아니라고 생각했고, 새 직업의 연계망에서 자리 잡을 필요도 없었다. 여성적 경험의 이러한 지속성이 더 오래 사는 데 도움이 되었다. 그러나 늙은 남성의 수가 상대적으로 적은 것은 남성이 노년의 도전을 헤쳐가는 데 일반적으로 무능력하다는 점에 의해서도 설명할 수 있다. 남성은 혼자서 잘 꾸려갈 수 없었거나 독립성의 상실에 대처할 수 없었던 것 같다.

그러나 15세기 베네치아는 남성이 여성보다 오래 살았기 때문에 이 일반론과는 모순된다.[26] 이 비정상성은 17세기보다 이른 시기의 것이었지만, 베네치아가 코메디아 델라르테의 본고장이자 판탈롱의 발상지이기 때문에 특별한 중요성을 갖는다. 르네상스기 이탈리아에서는 나이 든 남성이 훨씬 젊은 여성과 결혼하거나 재혼하는 것이 관례였다. 따라서 판탈롱은 젊은 남성의 분노를 표현하기 위해 만든 인물로 이해할 수 있다. 마찬가지로 그것은 노년기 남성의 생존에서 여성의 중요성을 강조하는 것으로 쉽사리 파악할 수 있다.

17세기에 유럽에서 산다는 것은 고령의 노년에 이르는 데 많은 장애를 가져왔다. 즉 질병, 전쟁 그리고 사고 등이 대다수의 결혼을 배우자의 이른 사망으로 끝나게 하는 데 일조했다. 오늘날 흔히 생각하는 것과는 반대로 당시에는 재혼 가족과 혼합 가족이 훨씬 더 흔했다. 재차, 삼차의 결혼에 이르렀을 때는 재산보다 성별과 나이가 성공을 좌우하는 데 더 큰 역할을 했다. 과부보다 홀아비가 더 많이, 그리고 압도적으로 더 빨리 재혼했다. 남편을 찾는 과부라는 진부한 문화적 현상은 해당 여성의 실제 감정은 아니라도 결혼 시장의 성격은 반영했다. 오스트리아에서는 과부의 비율이 홀아비의 두 배에 달했다. 1632년 남성의 4퍼센트가 홀아비였던 반면 여성의 8.7퍼센트가 과부였다. 1671년에는 홀아비가 3퍼센트, 과부가 7.6퍼센트였다. 이후 1779년의 수치를 살펴보면 이런 경향이 약화되지 않았음을 보여준다. 즉 3.6퍼센트의 남성이 홀아비가 된 반면 여성의 경우는 과부의 비율이 10.5퍼센트로, 거의 세 배 가까이나 재혼을 포기했다.[27] 17세기 네덜란드에서는 지주층 과부의 재혼이 16세기보다 더 잦았지만 혼자 남아 독립가구주의 기능을 수행하는 것이 지배적인 경향이었다.[28] 17세기 랭스에서는 남성과 여성의 재혼 비율이 31퍼센트와 32.2퍼센트로 매우 유사했다. 이런 현상의 한 요인은 아마 이 도시의 상업 중심 경제일 것인데, 많은 과부에게 탐나는 재산을 남겨 재혼 전망을 높였다. 그러나 그런 도시적 환경에서도 남성의 재혼이 더 쉬웠다. 1년 내 재혼 비율은 남성이 63.4퍼센트였던 반면 여성은 단지 30퍼센트에 머물렀다.

 네덜란드의 지주 여성과 아울러 랭스의 수공업 장인의 과부는 혼자가 된 노년기를 독립된 가구주로서 보내기를 선호했던 것 같은데, 이는 농촌보다 도시의 과부가 더 쉽게 할 수 있었던 일이었다. 여기서도 역시 나이가 중요했다. 17세기 랭스에서는 35~50세 사이의 모든 과부가 성인 자녀를 두었더라도 독자적인 가구주였다. 그러나 나이가 들고 육체적으로 쇠약해졌을 때는 점차 다른 사람에 의존했다. 70~74세의 과부 가운데 단지 절반만이 여전히 독립적인 주거를 유지했다. 이것이 그들이 성인 자녀와 동거하게 되었음을 의미하지는 않는다. 이 여성들은 나이 듦에 따라 인근에 사는 자녀가 더 줄어들었고, 다른 형태의 가구 구조가 필요함을 깨달았다. 그럼에도 자율성의 충동을 더 강하게 느꼈고, 40퍼센트의 과부들은

항상 그렇지는 않았지만, 가족은 노인을 자연스럽게 포함하는, 단단하게 엮어진 단위가 될 수 있었다. 중간 계급이지만 빈한한 가구들에 대한 르 냉 형제의 습작품은 3세대가 함께 행복하게 살고 있고, 할머니가 명백히 존경받는 지위에 있음을 보여준다.

여전히 혼자 살았다. 나이가 많아짐에 따라 재혼 가정을 꾸리는 과부의 능력은 줄어들었다. 50세 이후 재혼의 가능성은 얼마 되지 않았고, 과부가 나이 든 여성 인구의 대부분을 차지했다. 요컨대 특히 도시에서는 '한 번 과부가 되면 언제나 과부였다'.[29]

재혼하려 안달하는 남성과 점점 더 결혼할 수 없는 여성이라는, 이런 사태에 대해 전통적으로 학자들은 늙은 남성이 젊은 여성과도 아무 문제 없이 결혼하는 17세기 사회의 가부장적 성격을 보여주는 것으로 이해해 왔다. 마찬가지로 미모가 떨어진 폐경기의 늙은 여성은 가족의 구성에 불필요하고 사회에 어울리지 않는 존재로 여겨졌다. 그러나 근래에 17세기 사회에 대한 생각이 달라지기 시작했다. 남성들이 그렇게 서둘러 재혼한 것은 아마도 아내의 도움 없이 제대로 살기 어려웠기 때문이었다는 것이다. 아내란 정서적 버팀목이자 동반자였을 뿐 아니라 매우 현실적으로는 가사와 자녀 양육의 기술자였던 것이다. 남자들이란 돈을 벌 줄은 알았지만 가정생활을 꾸리는 것까지 반드시 알고 있었던 것은 아니었다. 16세기 후반 잉글랜드의 다음 사례는 남편에게 아내가 얼마나 필요한 존재인지 강조한다. 교구 빈민 구호위원에게 보낸 한 청원서의 설명에 따르면, '이번 계절부터 죽 그의 친교와 안락에서 아내가 빠짐으로써 그는 자신에게 마땅히 필요한 시중과 관심을 받지 못했다. 계단을 청소하고 나서 한 번도 잠자리가 마련되어 있지 않았고, 아무도 위층에서 그와 함께하지 않는 매우 비참한 상황에 놓여 있다'.[30] 같은 방식으로 생각하면, 여성은 이미 가사와 취업을 병행하여 삶을 살아왔기 때문에 독립적인 가장으로서 자신을 더 잘 지탱할 수 있었다. 결과적으로 재혼한, 즉각적으로 재혼한 많은 수의 홀아비는 아마 절실한 필요 때문에 그리했을 것이다.

이 현상에 부수된, 그러나 아직 완전히 이해할 수 없는 방식으로 연결

노동 빈민은 언제 은퇴했는가? 결코 은퇴하지 않았다. 힘보다 기술에 의존한 이들은 행복했다. 덴마크 화가 베르하르 카일의 작품 속 '레이스 직공'은 노년에 이르기까지 작업을 계속할 수 있었다. 카일은 렘브란트의 제자였고 훗날 로마로 이주했다. 그의 전공분야는 풍속화였다.

이탈리아 화가 야코포 바사노는 동시대 삶의 사실적 장면을 종교 회화에 도입한 것으로 유명했다. 그의 작품 「양치기들의 예배」에서는 늙은 노인(부분화)이 고향인 북부 이탈리아 지역의 들판에서 막 돌아와 있다.

브리짓 홈스는 스튜어트 왕실의 하녀로, 96세에도 여전히 부지런히 일했다. 그것이 그녀를 돋보이게 만들어 1686년 존 라일리가 그녀의 초상을 그리는 영예를 가져다 주었다. 라일리는 노동하는 이들(예컨대 제임스 2세의 유모)을 즐겨 그렸다. 그러나 여기에는 형식화된 바로크 초상화에 대한 패러디의 요소도 있다.

된 것이 남성과 여성 모두 평생 독신자 수의 증가이다. 북서 유럽의 도시에는 재혼을 포기한 과부의 경우처럼 평생 독신의 여성들이 지나치게 많았다. 그들은 농촌에서의 결혼의 전망이 사라진 뒤 여성 취업의 폭이 넓고, 여성의 자립이 상대적으로 쉬운 도시에 이끌려 이주했던 것으로 추정된다. 리옹이나 랭스와 같은 도시에서는 50세 이상의 독신 여성이 전체 여성 인구의 15퍼센트 이상이었던 반면 농촌에서는 흔하긴 했지만 그 수가 적었다. 모든 도시 가구의 24퍼센트가 여성 세대주였는데, 그 가운데 7퍼센트만이 기혼 여성이었고 나머지는 독신이었다. 독신 여성 가구 가운데 51퍼센트가 과부였고, 평생 독신자는 42퍼센트였다. 이탈리아 도시국가와 이베리아 반도에서는 미혼 여성과 남성은 확대가족으로 편입되거나 수도회에서 새 삶을 찾았다. 남유럽의 도시에서 독신 여성의 수는 적지 않았고, 노인 인구에서 그들의 비율은 압도적이었다.[31]

17세기, 즉 '이성과 방종의 시대'에 북유럽의 지식인 엘리트 사이에서는 일단의 당대 사회비평가들이 '독신 열풍'이라 불렀던 현상이 나타났다. 부알로(1636~1711, 프랑스의 풍자시인이자 고전주의 비평가—옮긴이), 볼테르, 라 브뤼에르(1645~1696, 프랑스 계몽주의 사상가이자 풍자작가—옮긴이), 코르네유 등과 같은 선구적 인물들이 모두 독신주의자였다. 살롱 사회의 주변에 우려의 목소리가 들렸고, 독신자 과세를 포함한 농담조의, 그러면서도 무례하지 않은 인구 감소 방지책들이 제시되었다. 고상한 계몽 원리든 경제적 필요든 그곳에 모인 꽤 많은 수의 늙은 독신자는 팽창하는 도심에 집중되었다. 하지만 그런 현상이 그들이 사랑받지 못하고 불필요한 존재가 되어 친구와 가족에게서 고립되었다는 의미는 아니었다.

노인의 주거 장소와 그 보유 상황은 각자 삶의 경험에서 세부적으로 광범위한 영향을 미쳤다. 첫째, 우리는 여러 세대를 편입하고 노인을 수용한 확대가구가 유럽의 보편적 규범이었다는 생각을 재고해야 한다. 있긴 했지만 그것은 규범이 아니었다. 유럽의 다양한 지리적·기후적 현실, 문화와 관습의 폭을 고려하면 그 영역 내 다양한 유형의 가구를 발견하는 것은 놀라운 일이 아니다. 러시아, 발트 해 지역, 발칸 지역에서는 3세대 가구가 지배적이었다.

이탈리아의 소작농들도 이러한 가족 구조를 선호했고, 스페인은 자녀들이 경제력이 없어 연로한 부모를 돌아가며 모시고 봉양하는 변형된 가족 형태를 취했다. 유럽 북부에서는 독립적인 핵가족이 일반적이었다. 남북으로 뻗어있는 프랑스는 두 가지 경향 사이에 적절히 나뉘어졌다.[32] 이탈리아, 독일, 프랑스 일부 지역 역시 확대가족을 구성했으나 부모와 조부모가 아니라 형제에 바탕을 둔, 형제동거가족 frèreche이었다.

산업화 이전 17세기 유럽의 가족은 비록 지역마다 전통이 있었지만, 결코 고정된 제도가 아니었다. 어떤 지역은 특수한 가구 구조를 선호한 반면 지역의 내부뿐 아니라 각각의 가족 사이에도 많은 차이가 있었다. 자녀들이 출생하고, 연로한 부모와 동거하고, 자녀들이 독립하고, 각 연령의 가족 구성원이 사망하는 등 일상적 가족의 구성은 끊임없이 유동적으로 재구성되었다. 가족과 가구 내 노인의 힘은 이 가족 구성의 구조와 연관되어 정점에 이르거나 쇠퇴했다. 그것은 노인 가구의 구성과 마찬가지로 변화하고 있었다.

빈곤과 노인 구호

구약 시편이 우리 마음을 움직이며 환기시키듯, 늙고 가난하게 되는 것

「늙은 부부」, 네덜란드 화가 피에트로 코스트의 작품. 그는 하층민의 생활상과 걸인을 주로 그렸다. 그 작품들은 동정적일지 몰라도, 희화적 암시와도 거리가 멀지 않다.

늙은 농부는 여전히 자녀와 손자, 손녀와 함께 살고 있고, 아마 집안의 가장일지도 모른다. 다비드 테니에르는 발 치료를 위해 의사의 왕진을 받고 있는 그의 모습을 보여준다. 연구에 의하면 늙은 여성은 종종 혼자 살았던 반면 늙은 남성의 경우 가족생활의 안락을 계속 누리는 것이 전형적이었다.

중세에는 수도원이 늙은 빈민을 보살폈던 반면, 17세기에 이르면 적어도 북부 유럽의 신교 지역에서는 세속 당국이 그 책임을 떠맡았다. 많은 수의 구빈원이 암스테르담의 '늙은 남성과 여성'을 위한 이런 시설처럼 그 규모가 컸다.

은 두려워해야 할 운명이요 피해야 할 상황이었다. 빈민의 생활방식은 최고의 건강을 누리는 이에게도 육체적·정신적으로 힘든 것이었다. 당시 널리 인정된 구걸은 힘과 끈기, 정신력을 요했다. 일용 노동자와 날품팔이 등 노동 빈민 역시 이 일 저 일 하며 자신과 가족의 부양에 충분할 정도로 벌려면 육체적·정신적으로 유사한 부담에 직면했다. 두 경우 모두 매일매일 생계에 요구되는 소액을 긁어모으기란 불확실하고 예측할 수 없는 일이었다. 나이가 많은 사람에게는 점점 더 쇠락하는 육체 때문에 이 문제가 더 심각했다.

17세기 유럽은 빈곤의 의미와 그에 대한 사회의 적절한 대응 방식을 재규정한 일단의 문화적 변화를 경험했다. 전통적으로 빈민은 존중할 만한 이들, 즉 노인, 과부, 고아 등 자신의 잘못으로 가난해진 것이 아닌 이들과 존중할 가치가 없는 이들, 즉 일하려 하지 않는 가난뱅이들로 구분되었다. 16세기에 시작하여 17세기에는 이런 목소리가 커지면서, 유럽 사회는 빈민들 사이의 구분을 점점 더 강조하는 분위기였다. 그리하여 '차별적인 구호'라는 캐치프레이즈는 악한 사람들로부터 선한 사람을 가려내는 새로운 대세를 상징하게 되었다. 이러한 문화적 경향의 원인은 명확하다. 16세기는 급격한 인구 증가 시기에서 유래된 인구 문제를 17세기로 넘겼다. 또 인플레이션과 경기 침체로 점철된 경제, 초보적이고 발전되지 않은 화폐경제를 물려주었다. 실질임금 하락, 물가 상승 등 불안정한 경제 상황의 결과 빈민의 새로운 범주가 출현했는데, 바로 노동하는 빈민이었다. 이들 각자는 건강하고, 활동적이며, 일하려 했으며, 실제 일하고 있었다. 그러나 그럼에도 가난했다. 왜냐하면 일자리를 찾지 못하거나 겨우 찾은 일자리라도 그들이 필요로 하는 것과 맞지 않았기 때문이었다. 유럽은 최초로 실업과 불완전 고용에 직면했다. 결과적으로 존중할 가치가 있거나 없는

빈민 구호를 받지 못했을 때—필요한 사람의 절반 이상이 그랬던 것처럼—구걸 외에는 할 것이 없었다. 걸인의 삶은 걸인을 추방해 교구를 떠돌아다니도록 했던 엄격한 법률 때문에 더 힘들었다. 자크 칼로의 이 판화는 그런 걸인 두 명을 그리고 있다.

유럽 남부의 가톨릭 지역에서는 빈민에 대한 자선이란 하나의 종교적 의무였다. 스페인 화가 무리요의 작품에 등장하는, 대부분 가난하고 불구인 걸인의 수척한 모습은 빵 한 솥을 가져온 알칼라의 성 디에고의 빛나는 신성함을 두드러지게 하고 있다. 제일 오른편 큰 키의 남자는 귀족 출신의 가난뱅이인데, 그는 귀족의 명예 규범이 상업 활동을 금함에도 구걸을 부끄러워하지 않는다.

위트레흐트 소재의 한 구호소 재소자들, 즉 네덜란드 화가 얀 판베일러르트가 그린 별스런 유랑 집단이 주민들의 자선을 간청하고 있다(1630년경). 판베일러르트는 로마에서 교육받았고 카라바조(1573~1610, 빛과 그림자의 대비를 잘 표현한 이탈리아 초기 바로크의 대표적 화가 —옮긴이)의 영향을 받은 뒤 관념주의를 강하게 거부하고 사실주의와 자연 그대로를 선호했다.

빈민의 구분은 임계 지점에 다다랐으며, 연로한 노인은 이 먹구름 낀 세상을 헤쳐나가야 했다. 그들이 구호의 가치가 있다고 여겨진 것은 그들로서는 다행스러운 일이었으나 도움의 수준은 불확실한 것이었다.

이 경제 변화의 소용돌이 속에서 근면한 노인은 삶의 마지막 시기를 지금껏 해왔던 것과 똑같은 방식으로, 즉 쉬지 않고 고된 노동을 하거나 혹은 타인의 친절에 의존하거나 하면서, 그리고 아무리 가난해도 집안의 가장으로서 끝까지 살아가는 경향이 있었다. 그들의 가족 구조는 부유층과는 크게 다른 경우도 있었으며 전통적 가족 형태에 국한되지 않았다. 예를 들면 늙은 여성은 종종 고아가 되거나 가난한 어린아이들을 데리고서 서로가 경제적·사회적으로 도움이 되는 형태로 살았다. 그렇지 않으면 늙은 여성과 과부들이 생존의 욕구를 공유한 채 자원을 모으고 책임을 나누면서, 전적으로 여성 가구를 구성하며 함께 모여 살았다. 또 늙은 여성은 홀로 살기도 했다. 아무리 가난해도 늙은 남성은 가족 내에서 대개 가장으로서 사는 것이 전형적이었다.

일부 노인은 성년 자녀의 가족 품에서 만년을 보냈다. 하지만 당사자에게 이는 종종 축복과 저주가 뒤섞인 것이었다. 젊은 세대는 흔히들 가난에 시달렸으며 자신들의 자녀로 인하여 과도한 부담을 지고 있어서 늙은 부모를 위한 음식이나 돈의 여유가 없었기 때문이다. 남서 독일 베힐링겐 출신의 바바라 지글러는 1620년대에 그녀가 어땠는지를 다음과 같이 기술했다. '나는 4년간 내 아들과 함께 있었다. 그러나 음식은 형편없었고, 아들은 엄청나게 노력해서 겨우 나를 봉양했다.' 도시와 농촌의 이런 빈민 가족에게는 '흙마루, 진흙 벽, 초가지붕, 창문용 벽 구멍과 뚜껑 없는 화덕의 연기 배출 용도의 또 다른 벽 구멍으로 이뤄진', 단 하나의 공간을 나눠 쓰는 일이 드물지 않았다. 17세기 보르도에선 노동 빈민의 75퍼센트가 그런 공간에 밀집해 있었고, 프랑스 농촌에서도 둘 혹은 세 가족이 20평방야드(약 17㎡)의 공간을 나눠 쓰고 있어서, 사정이 그리 좋은 것은 아니었다. 이런 상태가 몇 년간 지속될 경우, 그것은 부가 아니라 가난을 나누는 문제였다.[33]

이런 상황의 압력 아래서는 최선의 의도를 가진 가족조차도 배겨나지 못하고 해체되면서 노인을 내팽개치는 것은 놀라운 일이 아니다. 그런 경우에 노인은 다시금 가족 단위를 구성하려 하기보다는 구호소에 한 자리를 신청할 수 있었다. 중세의 구호소는 17세기에 이르기까지 뿌리가 길고 깊었다. 이 시설은 원래 소수의 장기 체류자, '만성 질환자, 노인, 버려지거나 고아가 된 환자'나 '순례자, 순회하는 성직자, 떠돌이 노동자, 여행자, 이주자'와 같은 단기 유숙객들에게 기독교의 자선을 베풀기 위해 고안되었다.[34] 거기서는 빈곤한 노인들이 누구든 필요한 사람과 잠자리를 나누며 만년을 보냈다. 17세기는 이 중세적 구조에다 제도적 지원의 한 층을 덧보탰다. 그것은 유럽 전반에 나타난 다양한 빈민집단을 구별하려는 노력과 통치의 중앙집중화 및 빈민 구호를 향한 광범위한 추세의 일환이었다. 17세기의 구호소는 전문화되어야 했다. 게으른 가난뱅이는 수용되어서는 안 되었고 다양한 명칭으로 알려진 노역소에서 일하도록 지도되었다. 빈곤한 노인들은 자신들의 자리를 가질 수 있었다. 사실 유럽의 구호소와 구호 시설이 규모(침상이 20석을 넘는 일은 거의 없었다)와 수(대도시조차도 구호 시설의 수가 6개를 넘는 경우는 드물었다)에서 증가세에 있었지만, 노인을 포함하여 특정 집단 사람들의 구호에 전념할 수 있었던 경우는 거의 없었다. 사람들과 골칫거리들 그리고 역병으로 뒤죽박죽 혼란 상태에 있었던 것이다.

집에 머물며 독립을 유지하기를 강하게 선호했음에도 그런 곳에 들어가 네덜란드에서는 개인의 자선을 집정위원회가 관할했는데, 이 위원회 자체가 연로했다. 프란스 할스는 일단의 집단 초상을 그려 구호소에 걸어두고 집정관들의 자부심과 책임을 상기시켰다. 이 부인들은 하를럼 소재 노인 구빈원에 걸린 작품 속의 여성 집정관들이다. 1664년 이 당시 화가 자신이 80대였고, 가난했다. 그는 현금과 땔감의 형태로 보수를 받았다.

려는 경쟁은 치열했다. 17세기 독일 중북부의 도시 브라운슈바이크의 경우 주민 1000명 당 구호 침상은 단 23개였으며 랭스는 주민 1000명 당 24.94개였다. 그리고 프랑스 북동부의 마른에서는 주민 1000명 당 단지 2.77개로, 특히 부족했다. 나아가 노인들은 비록 '노인, 병자, 허약자는 구호소에 우선적으로 수용되어야 한다'는 1683년 덴마크의 빈민법에 따라 특별한 혜택을 누리기는 했지만, 입주를 희망하는 많은 유자격 집단 가운데 하나였을 뿐이었다. 전체 신청 가운데 74퍼센트가 기각되었다는 주장이 있을 정도였다.[35]

노인들의 생활 여건이 비참했음에도 완전히 불가능한 상황이 아니라면 여전히 자립을 요구받았다. 일할 수 없는 노인을 위해서는 친구, 가족, 비공식 자선이 합쳐져서 최소로 필요한 만큼의 부양이 제공되었다. 빈민 노인은 다른 무엇보다도 우선 일을 해야 했다. 앞에서 상기한 바와 같이, 이것은 남성보다 여성에게 더 수월했을지 모른다. 계속해서 법적 금지나 인가의 대상이었음에도, 구걸은 떠돌아다니는 노인이 선택할 수 있는 한 가지였다. 옷과 가재도구를 저당 잡히고, 소지품을 팔고, 불확실한 미래의 돈벼락을 담보로 돈을 빌리는 것도 올웬 허프턴의 시사적인 표현을 빌리면, 노인의 '임시변통 경제'에서 불충분하긴 해도 중요한 핵심을 구성하는 낱품과 삯일 거리를 보완했다.

하지만 이것은 종종 충분하지 않았다. 로마 가톨릭이 지배적이고 지방 분권적인 남부 유럽에 거주하느냐 아니면 종파적으로 혼합되어 있었고 중앙집권적인 북부 유럽에 거주하느냐에 따라 노인들이 공공 빈민 구호를 받을 수 있는 경로가 달랐다. 이탈리아와 같은 나라에서는 종교자선단체 (운 좋은 소수의 경우), 구호소, 교구 기금과 몬티 디 피에타Monti di Pietà, 즉 상당히 낮은 금리로 대부해주는 상업적 전당포로부터 종교적으로 고무된

과부들은 널리 퍼진 관습에 따라 남편 재산의 3분의 1이 보장되었음에도 남편 소유 토지 재산을 상속한 아들에게 종종 의존했다. 과부 몫은 결코 확실한 것이 아니었다. 프랑스 화가 루이 르냉의 「할머니의 방문」에서 할머니는 분명히 권위를 누리고 안락하게 사는 듯 보인다.

네덜란드 화가 얀 스테인 작품의 가족에게도 「할머니의 방문」(263쪽)과 똑같이 행복한 분위기가 지배한다. 금전적 관습에 관한 역사적 기록이 세대를 묶어주었던 정서적 연대에 관해서 말해주는 것은 아무것도 없다.

도움을 직접적으로 받았다. 간헐적이지만 더 중요한 것은 장례나 성 축일과 같은 종교 의례 때 나오는 현금과 음식 선물이었다.[36] 북부에서는 그와 같은 부조 기금이 16세기에 세속화되고 체계화되었다. 17세기에 이르면 구호금은 일종의 빈민 구호 책임자의 관할 아래 있었는데, 그는 빈민들에게 주 단위로 그것을 분배했다. 노인들은 구호 자격을 인정받으면서도 유럽 북부나 남부에서 모두 구호를 보장받지는 못했다. 공공 혹은 교회 중심의 부조를 받아 문제를 해결한 노인 개개인은 관료집단의 지원을 확보하기 위해서 열심히 일해야 했다. 어떤 형태의 빈민 구호도 게으름뱅이를 위한 것은 아니었다.

은퇴와 상속

빈곤한 사람과 풍족한 사람 사이의 격차가 크게 벌어졌다. 근면한 농부와 게으른 귀족 사이의 구분도 그러했다. 생활의 안락함과 스타일에서의 차이점에도 각 집단은 다음 세대에게, 즉 늙은 세대에서 젊은 세대로 부와 독립을 전수하는 목표를 공유했고 그를 위해 동일한 수단을 가지고 있었는데, 그것은 부양을 대가로 재산과 부를 넘기는 것이었다.

최상위 계층 아래에서는 노년 부양이란 구체적인 숙식 제공을 대가로 농장이나 농토를 성인 자녀에게 넘기는 기숙 계약의 형태를 취했다. 연로한 노인 개인 혹은 부부는 종종 젊은 가족의 집에서 살아야 했는데, 전형적인 유형은 특정 방 하나를 사용하고 일정한 양의 음식에 대한 권리를 갖는 것이었다. 여러 개 주택을 가진 경우, 연로한 부모를 위해 특별히 집 한 채가 배정될 수 있었다. 예를 들면 루이지 알베르가티 후작의 미망인

엘레아노라 벤티보글리오가 재혼하지 않을 경우, 그녀는 '현재 살고 있는 궁전의 아파트들을 자신의 사적 용도와 하·동절기 가족 용도로 자유롭게 사용'할 수 있었다.[37] 다른 대안으로서, 특히 17세기 말경 노인은 후계자나 투자연금이 지급하는 현금으로 부양받기도 했다. 특히 북부 유럽에서 두드러졌던 화폐경제의 발전 덕분에, 이런 종류의 제도는 이용 빈도와 이용하는 사회계층―중간층의 농부와 상인―의 측면에서 점점 더 흔한 것이 되었다. 이러한 방안은 핵가족 가구의 독립성을 각별히 중시한 북부 유럽에서는 노인들로 하여금 주거지를 좀 더 자유롭게 선택하도록 한다는 점에서 특히 매력적이었던 것 같다.[38]

그런 교환은 일반적으로 대략 60세 정도에 행해졌다는 것이 일반적인 견해이다. 후계자의 결혼이나 부모의 병환 혹은 죽음과 동시에 이뤄졌음이 분명하다.[39] 사실 젊은 가구의 구성은 종종 그런 하향 세대교체의 결과였다. 웬만한 부자는 육체적으로 더 이상 농장을 운영할 수 없거나 물러나려 마음먹기 전까지는 계속 독립적이고 가내의 권위를 유지했다. 양도의 시점은 늙은이의 수중에 있었고, 그것 때문에 그들은 강력한 지위에 있었다. 큰 부자와 귀족 사이에서는 가부장이 종종 만년에 이르기까지 오랫동안 권력, 권위, 그리고 가족의 부를 통제했다. 그는 강한 몸보다는 정신의 기민함에 의존함으로써 신체적 쇠퇴의 초기 징조에도 지도권을 포기해야 할 어떤 압박도 느끼지 못했다. 신체적으로 허약해졌을 때, 그들은 성년 자녀나 고용 도우미나 자신의 생계유지를 대가로 돌보아주었던 먼 친척들에 의해 보살핌을 받았다. 또 이탈리아와 이베리아 반도와 같은 로마 가톨릭 지역에서 큰 부자는 수녀원이나 수도원에 돈을 지불해 노년 가정의 역할을 하도록 하는 오랜 전통에 의존하기도 했다.[40]

이러한 계약과 조처는 근대적 은퇴 제도의 분명한 전신이었다. 근대적 형태와 위와 같은 형태를 구분하는 것은 생의 거의 마지막 시기에, 종종 죽음에 임박했던 노인의 선택 순간이었다. (압레벤^{ableben}, 즉 '죽음을 맞다'라는 오스트리아 말은 '은퇴'의 의미로 이 시점에 사용되었다.)[41] 이런 식으로 노인들은 (상대적으로 젊은) 정해진 연령에 억지로 자신들의 경제적·정치적 영역을 떠나지 않아도 되었다. 그 대신 그들은 재산, 권력, 권위를 양도할 시기를 선택하는 힘을 가짐으로써 농장, 촌락, 도시 혹은 국가의 운영에서 역할을 지속했고, 상당한 정도의 자존심을 유지했다. 엄청난 부자뿐만 아니라 변변치 않은 부자도 자율과 독립에 가치를 부여한 전 유럽적 도덕률을 공유했다. 그 가치는 우리가 빈민에게서 목격하는 것과 동일했다. 16세기 중엽 신성로마제국 황위를 양위한 카를 5세와 같은 소수의 극히 이례적인 경우를 제외한다면, 우리가 오늘날 알고 있는 것과 같은 은퇴는 아직 극히 드물었다. 그것은 17세기 말 엘리트 사이에서 서서히, 미흡하나마 발전했다. 이것은 존경을 확보하는 유일한 수단으로의 토지 소유에 바탕을 둔 부에 도전했으며, 돈으로 살 수 있는 지위와 보수를 인정했던 경제문화의 발전에 직접적으로 연결되어 있었을 것이다.

이 자기결정권은 단지 특권을 누린 '남성의' 노년에 한해서 허용되었다. 부유한 여성의 노년은 뚜렷이 다른 색깔을 띠었다. 그들은 남편이 살아 있는 동안에는 남편의 지속적인 권위를 모두 공유했다. 과부가 되어서도 그들은 신분에 바탕을 둔 고유한 권위와 독립성을 지니면서 명백히 특권을 누렸다. 우리가 살펴본 바와 같이 대다수 늙은 과부는 독신으로 남길 선호했고, 집안의 여주인으로서 심지어 더 큰 자유를 누렸다. 하지만 당연한 권리를 행사하여 군림한 여성 가부장을 제외하고는, 부유한 노년의 과부 생활은 여전히 '종속' 상태였다. 과부는 스스로의 의지도 아니고, 선택의 시점도 아닌, 궁극적으로 남편의 결정과 죽음에 의해 결정되어 자신들의 전통적인 역할에서 물러났다. 그리고 그들이 엄청난 부자였을 수도 있지만, 그 역시 그들의 관할 밖이었다. 과부들의 생계유지책은 남편이나 아버지의 지시에 따른 것이었다. 달리 표현하면 과부들이 누린 모든 권력과 부, 안락한 환경은 남편 토지의 3분의 1을 '과부 몫'으로 보장한 잘 확립된 관행에도 불구하고 일차적으로는 남편의 관대함, 그리고 부친의 심려에 의한 것이었다. 남편보다 아내가 어린 전형적인 결혼패턴 탓에 과부들은 가족이나 사회 내 정해진 역할 없이 많은 세월을 보낼 가능성이 있었다. 세라 쿠퍼 부인이 생생하게 기록한 바대로 수용 가능한 것이라고는 사색과 신앙심으로의 침잠이라는 일종의 '은퇴'였다.

부모가 자녀를, 자녀가 부모를 사랑한 것은 분명하지만, 17세기 유럽에서 부의 상속은 대부분 본질적으로 세대 사이에, 또 세대 내부적으로 꽤 큰 적개심을 초래했다. 한 자녀를 선택해 가산 전체를 받게 하는 것은 잘 알려진 불화의 원천으로 당사자 누구나 이를 인정했다. 즉 17세기가 끝난 직후에 예레 후작은 '비록 내가 큰아들과 더불어 내 아들 모두를 상속자로 두지 못하고, 가족이 잘되도록 단 한 명의 상속자를 지명하기로 결심했음에도, 모두를 큰아들처럼 따뜻하게 사랑한다는 사실을 믿어달라고 각자에게 호소한다'고 썼다.[42] 주된 상속자의 행운에는 불이익도 없지 않았다. 집과 토지에 대한 나이 든 부모의 계속되는 통제는 성년이 된 아들을 예속의 연장 상태에 두어, 전혀 결혼할 수 없거나 아들 부부를 순종토록 만들었다. 예를 들면 17세기 후반 고지 프로방스에서는 아버지가 죽을 때까지 상속자는 '꼭 아직도 어린애처럼 아버지에게 경제적·사회적·법적으로 완전히 복종'했다.[43] 아버지의 허락 없이는 사고, 팔고, 거래하고, 유서를 작성하거나 어떤 법적 계약도 완료할 수 없었다. 그 결과 끊임없이 분쟁이 일어났다.

조기 상속은 억제되었다. 서정적인 설화시, 이야기, 속담 모두가 노인에 대하여 통제를 포기하는 데 따른 위험을 경고했다. 단언하건대 하인보다 더 못한 삶을 살고 있다는 사실을 곧 알게 되리라는 것이었다. '아이들의 자에 앉는 것은 노인에게 힘든 일이다'라는 속담은 우리가 이미 살펴본 바 있다. 또 다른 농민 속담은 더 직접적이다. 즉 '넘겨주는 것은 더 이상 사는 게 아니다'라는 것이다.[44] 늙은 남성은 식탁 아래 있음을, 늙은 주부는 꾸릴 집이 없음을 깨닫게 될 터이다. 문제의 소지는 개별 당사자들만큼이나 다양했지만, 그렇다고 어려움이 결코 해소되지 않았거나 세대 간 사랑이나 애정이 없었다는 의미는 아니다. 수놓은 위조화폐라는 '착한 사기'에 대한 세라 부인의 서술이 매우 분명하게 보여주듯이, 종종 공생할 수 있고 애정 어린 해결책이 마련될 수도 있었다.

조부모의 존재

과거의 노년에 대한 많은 오해 가운데 하나가 손자, 손녀를 보게 되거나 자녀가 성인으로 성장하기까지 장수하는 사람은 극히 드물었다는 생각이다. 이 생각이 잘못된 것임을 이제 우리는 알고 있다. 일반론적으로 말해 17세기에는 33세 연령자들 가운데 부모 중 적어도 한 사람이 여전히 생존해 있을 가능성은 64.3퍼센트였고, 그들 가운데 73퍼센트가 자기 자신의 어린 자녀도 두고 있었다.[45] 이 시기에 사람들은 손자, 손녀를 둘 정도로 충분히 오래 살았음이 분명하다. 18세기 말에 이르면, 프랑스 베르농의 자녀들 가운데 절반이 조금 넘는 수가 출생 시, 3분의 1이 10세 때, 10퍼센트를 조금 넘은 수가 20세 때 조부모가 생존해 있으리라 기대할 수 있었다. 손자, 손녀 가운데 맏이는 조부모와 상호 소통할 잠재적 가능성이 가

본능적 애정이란 시대에 따라 변하는 것이 아니다. 손자, 손녀를 둔 할머니를 스케치한 렘브란트의 작품은 오늘날에도 제작될 수 있을 것이다.

장 높았다. 신랑보다 신부가 어린 전형적인 유럽의 결혼패턴은 외할머니(일반적으로 네 명의 조부모 가운데 가장 젊은 사람)가 손자, 손녀와 소통 기회를 가장 오래 갖게 됨을 의미했다.[46] 3세대 가족의 존재만으로도 17세기 유럽에 인구학상 조부모가 존재했음을 알려 준다.

사회적 존재로서 '아이의 응석을 받아주는' 근대적인 '조부모'가 나타난 것은 17세기 말에 이르러서였다. 노인들은 재산의 전달 경로로서의 역할과는 별도로 육아와 교육에 활동적으로 개입했는데, 잉글랜드에서 '부인학교'라고 불렸던 것이 이를 증명한다. 조부모는 성년 자녀가 위기에 직면했을 때도 특히 소중한 존재였다. 그들이 병에 걸렸을 때마다 조부모, 특히 할머니는 가사를 꾸리고 환자를 돌보면서 배우자와 보호자의 역할을 대신했다. 돌아온 여성 가장으로서 할머니의 역할이 성년 자녀와 그 배우자 중 한 사람 혹은 두 사람 모두 사망하는 경우보다 더 뚜렷하게 부각되는 경우는 없다. 손자, 손녀가 고아가 되고 조부모가 한 명이라도 생존해 있는 경우, 두 세대 모두에게 이롭게 되는 형태로 조손의 새 가정이 구성되었다. 손주에게는 집과 잠자리가 필요했고 조부모에게는 민첩하고 영리한 손발이 도움이 되었다. 이러한 관계는 서로 이득이 되었을 뿐 아니라 따뜻하고 애정이 깃든 것이긴 했지만 근대 서양의 경우처럼 그렇게 감상적 관계는 아니었다.

근대적 은퇴의 관념처럼 조부모의 근대적인 사회적 역할은 은퇴의 경우와 동일한 유형의 사람들 사이에서 상호 연관된 원인에 의하여 17세기 말에 막 발전하기 시작했다. 조부모가 된다는 것의 의미를 새로이 규정하는 변화는 특히 부유층을 중심으로 '은퇴'를 점점 더 수용하고 활용하는 행태의 직접적인 결과였고, 만년을 일할 필요 없이 자유로이 보낼 수 있는 이들은 사회 활동에서 물러나 자신의 삶을 성찰하고 다가올 죽음에 대비하며 보내야 한다는 각성과 결합된 것이었다. 전통적으로 사회적 고립의 시기로 여겨진 노년을 더 많은 사람이 경험하게 되었다. 많은 사람이 가정과 국가의 일에 전념한 뒤에 신체적으로는 아직 활동적이면서도 권위를 포기하기란 힘들다는 점을 깨달았다. 달리 표현하면 감상적 조부모란 관념은 활동적이고 한가한 노인이 종전에는 사회적으로 주변화된다고 여긴 삶의 단계에서 자신을 위해 '긍정적이고 활동적이며 사회통합적 역할'을 찾으려는 탐색의 일부로 등장한 것이다.[47] 이런 유형의 노년을 가장 처음 누릴 가능성이 있었던 사람이 바로 매우 부유한 이들이었다. 또한 그것을 경험할 가능성이 가장 컸던 이들이 바로 여성이었다. 그리고 결과적으로 그것의 의미를 최초로 재규정한 사람도 바로 할머니들이었다.

고전적 사고와 근대적 현실

17세기 유럽에서 노년의 경험 가운데 놀라운 것은 우리 시대를 포함하여 다른 시대 노인의 경험과의 공통점이다. 세부적이고 개별적으로는 확실히 다르지만 포괄적 주제들, 즉 근심거리와 관심사, 욕망과 꿈 등은 서양 역사 전반에 걸쳐 즉각 발견할 수 있는 것들이다. 노인은 건강과 아울러 재정과 가계의 독립성을 상실할까 염려했고 친구나 가족에게 부담이 될까 걱정했다. 부자는 가난해질까 걱정했고, 가난한 사람은 생존을 염려했다. 나이 든 많은 사람에게 우선적인 관심사는 죽음과 자신의 정신 상태였고, 신체적·정신적 쇠퇴에 직면하여 자존심을 유지하는 것이었다. 당연하게도 그들은 타인의 존경, 어렵게 획득한 지혜에 따른 명성, 의미 있는 생활을 원했다. 그들은 자녀와 손자, 손녀의 안녕을 희구했다. 이런 성향은 인간의 보편적 조건 가운데 하나일지도 모른다.

그러나 17세기의 노년에는 현대 서양과는 상응하지 않는 양상도 있었다. 노년의 시작이 개별적으로 시차가 있고 매우 특이하다는 점은 오늘날 시행되고 있는 강제 퇴직과 연령에 따른 연금 지급과는 잘 들어맞지 않는다. 또 근대 이전 세계에서 두드러진 점은 네 가지 체액에 바탕을 두고 노년에 대해 의학적으로 정의를 내렸다는 것인데, 이는 노인을 말라버리고 소멸되는 것으로 묘사했고, 폐경기의 여성을 두려움은 아니라 할지라도 의심의 대상으로 여겼다. 근대 초는 종교가 지배했고, 그 결과 훌륭한 노년에 대한 기독교의 인식이 노인들에 대한 사회의 기대와 스스로에 대한 노인들의 기대에 많은 영향을 미쳤다. 17세기의 연극, 엘리트 문학, 농민의 격언들은 오늘날 어떤 집단도 겨냥하지 않는 방식으로 노인들을 비하하고 조롱했다. 마지막으로, 가장 중요한 점은 나이 든 남성은 아내와 자녀 모두를 위한 상속의 관할자로서 자신의 가정 내 매우 실질적인 권력을 가지고 있었다는 것이다. 이러한 점들이 노년에 대한 17세기의 경험을 특징 짓는 핵심 요소에 속한다. 그러나 차이점들, 특히 노년에 대한 해석에서의 차이점에도 불구하고 분명해지는 것은 17세기 당시에 노인들은 다르게 인식되었지만, 삶에 대한 그들의 경험 양상은 오늘날에도 사라지지 않을 정도로 익숙한 것이라는 점이다.

우리는 우리가 알고 싶어 하거나, 혹은 우리가 17세기를 이해하는 데 중요한 빛을 제공해 줄 노년의 면면을 아직 다 찾아내지는 못했다. 우리는 어떤 영역에서는 노인의 삶에 대하여 정교하게 만들어진 상, 즉 북부 유럽의 위대한 대가 가운데 한 사람이 그린 삶의 정물화처럼 강렬하고, 뚜렷하며, 자세한 이미지들을 이미 가지고 있다. 다른 논의 거리들은 훨씬 더 알레고리적인 틀 안에서 사실적이기보다는 좀 더 규범적으로 다루어지고 있는데, 이야기를 들려주고 진실을 만들어낸다는 점에서 르네상스 시대 이탈리아 회화를 상기시킨다. 아직 많은 점에서 불충분하지만, 활동과 이해관계, 필요와 관심, 쾌락과 일이라는 충만하고 역동적인 영역을 포괄하는, 17세기 노년에 관한 하나의 이미지를 확인할 수 있다.

제5장

18세기

데이비드 G. 트로얀스키

'노인이 이끄는 공화국 만세'

이성의 시대는 노년에 대한 사람들의 태도에 변화를 가져왔다. 종교와 죽음의 준비보다는 공감과 이해를 더 강조했다. 독일계 폴란드 화가 다니엘 호도비에츠키의 1758년 작 판화 속의 노파는 더 이상 종교 서적을 읽지 않고, 시와 노래에 관한 책을 읽고 있다.

18세기는 삶의 다른 많은 영역에서처럼, 노년의 역사에서도 하나의 이행기였던 것 같다. 장기적인 인구학적 추세는 여전히 상대적으로 안정되어 있었음에도, 성인의 기대 수명이 증가했듯이 이미 약간의 변화 조짐을 보여주었다. 사회경제 질서는 근대성과 결합하여 약간의 변화를 경험하기 시작했으며, 혁명과 반혁명의 맥락에서 근대적인 정치문화가 출현하면서 노인들에게 중요한 결과를 초래했다. 가장 주목을 끄는 것은 특히 프랑스의 경우, 삶의 방식에 나름대로 영향을 미치는 노년에 관한 문화적 표상이 변화했다는 점이다. 그 변화에는 전 시대의 돈독한 신앙을 좀 더 세속적인 가치가 대체하는 현상, 그리고 문학과 예술이 나이 든 인물에 대한 익살스러운 조롱에서 존경과 감성으로 전환하는 현상이 포함되었다. 이와는 대조적으로 잉글랜드에서는 이 세기 전체에 걸쳐 연속성이 지속되었다. 잉글랜드의 자료들은 '긍정적'이고 '부정적인', 매우 다양한 문화적 표상이 공존했음을 시사한다.

노인 인구

이 시기 약간의 인구 변화가 있었지만 출산율이 감소하기 시작하는 19세기나 20세기에 일어나게 되는 인구의 노령화는 없었다. 18세기 유럽 인구의 연령 구성은 근대 초 전 시기에 걸친 양상에 대체로 머물렀다. 어디서든 60세 이상은 6~10퍼센트를 차지했다. 프랑스에서 그들은 평균 8퍼센트였던 반면 잉글랜드에서 18세기 초기에는 9~10퍼센트 수준이었고, 출산율이 증가한 세기 말에는 8퍼센트 아래로 떨어졌다.[1] 그러나 고립된 일부 농촌 지역은 젊은이들이 일자리를 찾아 이주한 결과 좀 더 연로했다. 나아가 비율이 컸던 청소년을 제외하면 18세기 후반 60세가 넘은 인구는 20세가 넘은 인구의 13퍼센트나 15퍼센트 심지어 18퍼센트를 차지했다. 노인들은 존재했고, 눈에 띄었다.

유럽 전반의 인구에서 노인이 차지하는 비율이 아직은 증가세를 보이지 않았지만, 전보다 많은 수의 성인이 노년이 되기까지 살았다는 증거는 있다. 살아남은 유아의 기대 수명이 늘어났고, 성인의 평균 사망 연령도 높아졌다. 1740년대에서 1820년대까지 프랑스에서는 20세의 사람이 60세까지 이르는 비율이 남성의 경우 41.9퍼센트에서 59퍼센트, 여성의 경우 43퍼센트에서 58.1퍼센트로 각각 증가한 반면 20세 여성의 기대 수명은 34.2세에서 40.2세로 늘어났다.[2] 동시에 유럽의 일부 지역에서는 여성의 최종 출산 연령이 낮아지고 있었으며, 그리하여 전 자녀가 성장할 때까지 생존할 가능성이 커졌다. 그러나 사회경제적 차이가 문제였다. 엘리트층은 노년을 좀 더 오래 경험했고 그 시기의 삶에 기대하는 바가 더 컸다. 노인에 대한 문학적·예술적 표상이 그렇게 흔해진 것은 놀랄 일이 아니다. 그것은 대개 엘리트층의 안락한 경험과 빈민의 큰 시련을 구별해 표현했다.

18세기 노인에 대한 인구학적·역사적 연구는 60세가 넘은 사람들에 초점을 맞추는 경향이 있다. 이 시기의 매우 규범적인 문학작품들은 60세를 노년의 시작으로 활용하지만 역사가들은 경계를 어디에 두어야 할지에 대하여 논란을 벌여왔다. 당시에는 사람들이 더 일찍 노년에 접어들었으며, 종종 60세 이전에 신체적으로 쇠약했다고 주장하는 사람이 있다. 그는 나이 든 사람에게 평균적으로 언제 5년 혹은 10년의 여생이 남게 되는지를 파악하고자 하며, 그 연령이 노년의 경계가 될 수 있다고 생각한다. 50대가 경계가 되면서, 겉으로 나이 들어 보이는 사람의 비율은 역사인구학 연구자들이 통상 추정하는 것보다 더 컸다.[3]

노인의 가정과 가족

18세기에 있었던 약간의 사회적 변화를 관찰해봤지만, 원산업화proto-industrialization(상인이 원거리 시장에 판매할 완제품의 생산을 위해 원료를 지방의 가내 공업 촌락에 먼저 빌려주고 생산을 의뢰하는 방식)나 도시화가 나이 든 사람들에게 미친 영향에 관하여 간략하게 서술할 방법은 없다. 일부 농촌 지역의 소규모 공업은 이른 나이의 결혼과 연장자의 권위에서 벗어난 독립 가구의 구성을 가능하게 했다. 그리고 도시의 성장은 모든 연령층에서 개인주의의 확대를 의미했다. 그러나 유럽 전역에서, 직업의 전수든 재산의 상속이든 전통적인 세대 관계의 상당 부분은 그대로 남아 있었다. 참여, 복지, 지위라는 핵심 주제들은 함께 작동했다.[4] 원하면 은퇴할 수 있을 만큼 충분한 부를 소유한 사람을 제외하고는, 노령자는 경제활동에 계속 참여함으로써 복지를 유지하려 했다. 그렇게 그들은 가능한 한 자신의 지위를 유지했다. 자율, 책임, 권위에 초점을 맞추면,[5] 우리는 많은 사람이 행복한 노년, 즉 노령자 개인과 그 가족, 그리고 더 큰 공동체가 조화를 이루면서, 당대의 규범에 맞는 독립 상태를 성취했음을 알게 된다. 자율은 최소한 서유럽에서는 보편적인 목표였다. 가까운 육친과 친족, 공동체가 책임을 공유했지만 노인에게 보살핌이 필요하다는 생각은 매우 늦고, 허약하고, 가난한

일부 여성이 상당한 독립을 누렸던 바와 같이, 운 좋은 사람이 '행복한 만년'을 희구했던 것은 온당한 일이었다. 물론 부유할수록 그만큼 더 나았다. 프랑스 화가이자 건축가 루이 드 카르몽텔은 대혁명 이전 프랑스 상층계급의 관습을 글과 그림을 통해 통찰력 있게 관찰한 인물이었다. 남동생 르장드르 신부와 함께 법률사무를 처리하는 두블레 부인에 대한 그의 초상은 자부심이 가져다주는 즐거움에 대한 은밀한 논평이다.

사람에게만 적용되었다.

북서 유럽은 핵가족, 즉 결혼과 함께 새 가정을 꾸리고, 노년에 이르기까지 가능한 한 오래 독립을 유지하는 것이 지배적이었다는 특징이 있다. 잉글랜드의 역사 기록은 각별히 강력한 독립의 이상을 시사한다. 그러나 독립이란 상대적인 것이었다. 노인들은 자율을 유지하려 노력했을지라도 가족 및 마을 공동체 네트워크 내에 자리 잡았고, 신체적으로 쇠약해지기 시작하면 이 네트워크에 도움을 청했다. 잉글랜드의 마을들은 구빈법을 통해 가장 도움이 필요한 노인들에게는 적어도 최소 수준이라도 조치를 취했다.

잉글랜드의 '시스템'은 유럽 대륙의 제도와는 달랐다. 후자는 주로 종교적 그리고 종종 국가적 기구에 의존했던 반면,

구 구빈법은 얹혀사는 노인들에게 연금을 주었고, 아직 완전히 노쇠하지는 않았던 이들에게는 이따금 현금과 현물을 제공했다. (…) 한 지역사회가 특정 노인에게 연금을 주기로 일단 결정하면, 그것은 사실상 그 사람을 평생 책임지는 것이었다. 남성이든 여성이든 필요로 하는 것이 변했기 때문에 그 사람의 요구사항을 수용하기 위하여 교구는 구호내용을 바꾸었다. 게다가 연로한 주민에 대한 교구의 지원은 구빈법의 법적 테두리, 그리고 지역사회는 늙고 가난하고 생계를 유지할 수 없는 사람에게 경제적 도움을 베풀어야 한다는 문화적 원칙에 바탕을 두고 있었다. 18세기 내내 노인은 가족뿐 아니라 지역공동체에서도 경제적 보조를 받을 특별한 자격이 있다고 인정되었다. 일단의 노인은 가족의 구호를 받았음이 틀림없다. 그러나 여기에 연구대상이 된 각 지역사회에서는 노인의 15~30퍼센트가 약간의 도움을 받기 위해 지역사회에 기대었고, 종종 이 도움은 주 수입원이었음이 틀림없

을 정도로 포괄적이었다.6

유럽의 봉건지역에서는 영주가 연로한 농민으로부터 젊은 농민에게로 권위의 이양을 명령할 수 있었지만, 일반적으로 그런 문제는 가족 스스로 처리했다. 동부와 남부 유럽에서는 가정의 구성이 달랐는데, 북부와 서부보다 확대되고 복합적인 가족이었고 늙은 부모와 기혼 자녀의 동거가 더 흔했다. 북부와 중서부 유럽에는 생전 상속과 은퇴제도가 있었으나 헝가리에서는 노령자가 확대가족 및 다핵가족multiple family households의 가장으로서 지위를 유지했다.7 관습과 법률체계에 따라 연로한 부모와 동거하는 자녀, 그리고 농민의 '은퇴' 여부가 결정되었다. 결정되는 경우, 그것은 젊은 성년 세대의 부담이었다. 그래서 가족 내 세대 간의 관계가 긴장의 초점이었다. 하지만 그런 긴장에 대해서는 갈등이 법적 문제로 비화되거나, 대립이 재산 통제권 다툼으로 발전하는 것을 막기 위해 공증 서류가 작성된 경우에 한해 알고 있을 뿐이다.

세대 간 관계가 공증된 지역으로 가장 잘 연구된 곳 가운데 남부 프랑스가 있다. 18세기 랑그독에 관한 고전적인 연구에 따르면 부모는 가능한 한 오래 권위를 누리며 자녀로 하여금 존경을 표하게끔 노력해야만 했으나, 그 권위를 더 이상 행사할 수 없을 때는 형편없는 대우를 받았고, 주변적인 존재가 되었으며, 어떤 경우에는 독살까지 당했다.8 동쪽 멀리 프로방스에서는 자녀의 결혼이 늙은 세대에게는 남은 앞날을 생각하게 하는 계기가 되었던 직계가족 체제가 존속했던 것 같다.9 결혼계약은 재산의 상속 계획을 고려하도록 했으나, 노령자는 부양을 확실히 보장받도록 했다. 그런 문서는 특정 집이나 방에 대한 권리, 정량의 곡물과 포도주, 심지어 계속 자신의 땅에 출입하여 포도를 수확할 권리까지 명시했다. 은퇴 농민

어떤 직업은 불가피하게 노인들이 독점하다시피 했는데, 높은 자리에 오르기까지 일평생이 걸렸기 때문이다. 이는 명백한 규칙이었다. 호가스의 판화 「판사」는 고위직의 거드름과 정신적 쇠퇴를 풍자하고 있다. 두 명의 판사가 곤히 잠들어 있다.

행복한 가족은 18세기 미술에서 대중적 주제였다. 비평가이자 철학자였던 디드로는 화가들에게 권력과 관능이 뚜렷한 장면보다는 가정적이고 도덕적인 광경을 그릴 것을 권했다. 이는 호도비에 츠키(위)에서 자크 오귀스트 카트린 파주(오른편)까지 감상적 회화의 물결로 나아갔다. 파주의 그림은 부인과 거울에 비친 자신을 신기해하는 어린 아들과 더불어, 부친인 조각가 오귀스탱 파주와 함께 뒤에 서 있는 1790년대 화가 자신의 모습을 재현하고 있다. 부인과 아들 뒤에는 한때 조각가 클로디옹과 결혼한 적이 있는 화가의 누이, 카트린 플로르가 있다. 뒤 배경의 초상화에 그려진 사람은 할아버지인 마르탱 파주이다. 이로써 4세대가 재현되어 있다.

들이 여러 자녀에게서 돈을 거두었을 수도 있고, 이 집 저 집 돌아다녔을 수도 있다. 소작 제도가 현물 형태의 노령연금을 포함했을 수도 있다.

일부 역사가들은 당시의 고급문화를 검토하여 18세기에 긴장이 감소하는 현상을 목격했다. 셰익스피어의 사후 개작된 연극에서 리어 왕의 운명이 대표적이다. 세대 간 긴장의 고전적 재현과 생전 재산 상속의 어리석음이 해피엔딩으로 마무리되는, 가족애의 상찬으로 바뀐 것이다. 그 연극의 농민판까지 있었다.[10] 하지만 농촌에서는 문제가 남아 있었다. 공증된 계약은 은퇴 협의를 명문화했다. 부모는 재산의 소유권을 자녀에게 넘겼지만 여전히 마음대로 재산을 사용했다. 계약 해석은 문제를 낳았다. 부모에게 어느 정도까지 실질적인 역할을 명시했는가? 버려짐은 방지했는가? 얼마만큼 부양과 존경을 보장했던가? 농민 속담은 젊은 세대를 지나치게 신뢰하고 직권을 부여하는 데 대해 끊임없이 경고했다. 예컨대 '한 명의 아버지는 백 명의 자녀를 돌볼 수 있지만 백 명의 아들은 한 명의 아버지도 부양할 줄 모른다.' '상속하고 나면 더 이상 사는 게 아니다.' '자녀 자리에 앉는 것은 노인에게 못할 짓이다.' '자러 가기 전까지는 옷을 벗지 마라.'[11] 일부 역사 연구는 부양 계약을 현실에 대한 묘사로 받아들인다. 일부는 그것을 일종의 보험으로 여긴다. 그러나 핵심은 세대 간의 그런 긴장이 변화가 상대적으로 늦었던 사회 전체의 차원이 아니라 가족 내에서 작동했다는 점이다. 세대 간 갈등이 사회 차원에서 나타난 것은 나중에 가서였고, 이때 가족은 역사적 변화의 와중에서 새롭게 찾은 가내 단합을 지켰다.

또 다른 역사 연구는 세대를 건너뛰는 관계에 주목하기 시작했다. 달리 표현하면 조부모의 역사가 나타난 것이다. 이 주제에 대한 최초의 대규모 연구는 18세기 후반과 19세기를 결정적인 것으로 본다. 손자, 손녀의 가정에서 조부모의 역할은 북부보다 남부 프랑스에서 더 컸는데, 그럼으로써 주거 패턴과 상속 관행에서의 차이가 갖는 효과가 부각되었다. 18세기 후반 프랑스의 문화에서 조부모에 대한 새로운 표상을 찾을 수 있는데, 이는 자녀가 낳은 아이의 응석을 받아주는 19세기 조부모에 관한 중요한 스테레오타입이 나타나는 계기가 되었다. 회고록에서든 픽션에서든, 조부모는 자녀들의 세계에 중요한 의미를 지니기 시작했다. 그리고 할아버지, 할머니에 대한 명칭 자체가 혈통보다는 손자, 손녀와의 특별한 관계를 더 많이 의미하게 되었다.[12]

유언장을 분석해보면 배우자의 생계를 확보하려는 부부, 특히 남편의 시도가 드러난다. 더 궁핍해졌다는 인식이 반드시 정서적 애착의 증대를 의미하지는 않았을지라도, 18세기 말 늘어가는 빈곤은 부부로 하여금 좀 더 효과적으로 서로를 도우려 애쓰게 했다.[13]

일부 문화적 표상은 연로한 독신 여성을 하찮은 존재로 만들었지만, 훨씬 더 긍정적인 현실도 존재했다.

> 독신 여성은 17세기와 18세기 잉글랜드에서 긍정적인 노년을 즐길 수 있는 가장 좋은 지위에 있었다. 중간 신분의 늙은 독신 여성은 노년을 자율, 활동, 권위의 시기로 경험했다. 나이가 듦에 따라 이 여성들은 주거와 경제에서 더 많은 자립을 획득했고, 경제적·종교적 그리고 시민적 활동을 늘렸으며, 가족과 공동체 내 권위를 확대했고, 자신들에게 중요한 사회적 관계를 지속했다.[14]

이 시기는 여성의 삶에서 상대적으로 힘이 강한 시기였다.[15] 18세기 툴루즈에서 여성은 함께 거주하며 우정을 나누었을 뿐 아니라 서로 독립을 유지하는 데 도움을 주었던 것으로 알려져 있다.[16]

하류사회에서는 감상이 사실주의에 굴복할 수밖에 없었으나, 이탈리아의 화가 자코모 체루티의 작품 「농민가족」에는 힘든 일에 지쳤음에도 아직 사랑스러움의 요소가 남아 있다. 저 노인은 이 슬픈 소가족의 아버지일까, 아니면 할아버지일까?

18세기 잉글랜드에서는 만년의 독립이 이상이었다. 노인들은 자율에 대한 책임감을 느꼈다. 성년 세대 간의 관계에서 보이는 특징은 젊은 세대가 늙은 세대를 돕는 것이라기보다 그 반대의 경우였다. 유럽 대륙에서처럼 재화는 아래 세대로 내려갔다. 잉글랜드에서는 육친, 친척, 공동체가 노쇠한 사람들에 대한 책임을 나누었지만, 자녀가 나이 든 부모를 부양하도록 한 법적 의무의 증거는 거의 없다. 그러나 다른 곳에서는 그런 책임이 의무화되었는데, 궁핍한 사람들을 돕기 위해 동원된 자원의 집단적 순환을 둘러싸고 각 개인과 기관이 상호 간 교묘하게 대응하는 승부가 진행된 근대 초 로마가 그 예이다. 이 승부의 최종 결과는 복지에 대한 책임과 이행이 가족과 공동체 모두에 속했던 하나의 사회체제였다.[17] 그런 곳에서는 가족이 가장 강력한 긴장 영역으로 남았지만, 감독권은 공동체까지 확장되었다.

잉글랜드, 프랑스, 그리고 독일어권에서는 공직연금의 발전과 더불어 노년을 관리하는 보다 '근대적'인 방안이 출현했다. 이 분야에서 선구자는 잉글랜드의 세관원과 프랑스의 징세청부업자였다. 18세기 후반에 이르러 중부 유럽에서 주요 발전이 나타나면서 다른 사람들에게도 혜택이 점진적으로 제공되었다. 연금은 여전히 소수에게만 지급되었고, 가족과 가정, 지역공동체를 넘어 사회 전체를 배경으로 문제를 제기했다. 원래 개인적인 조처에서 발전한 연금은 국가의 성장을 알리는 더욱 공식화된 형태로 진화했다. 17세기 후반과 18세기에 이르러 국가는 자체의 인구와 경제기구를 연구했다. 정치산술과 공공 통치 분야의 저술들은 연령집단에 대해 언급하기 시작했고, 초기 통계학자들은 19세기에 등장하는 좀 더 정교한 인구 연구의 길을 개척했다.[18]

조부모들이 가족생활, 그리고 이에 따라 미술에서도 점점 더 중요한 역할을 수행했다. 파리에서 습작기를 보낸 앙투안 드 파브레(1706~1792)는 그의 긴 생애 대부분을 몰타에서 보냈는데, 손자 피에트로와 함께 있는 베네란다 아벨라의 이 매력적인 초상을 그곳에서 그렸다.

프랑스혁명과 '노인 축제'

18세기 말 새로운 체제가 정착을 모색 중이었고 노인들에게 호소하여 연속성을 창출하려 하는 한편, 노인의 권리에 대한 새로운 생각을 다듬었다. 미국의 창건자들은 새 체제를 안정시키려는 시도에서 건국 아버지로서의 역할을 떠맡았다. 그러나 연로한 자의 권위에 대한 도전으로서 젊음의 출현이란 중대한 일이 혁명의 시기에 일어났는지 혹은 훨씬 뒤인 19세기에 일어났는지는 논란거리다.[19] 프랑스혁명의 정치적 이미지와 비교할 경우, 나이가 들었을 때도 권력을 거의 잃지 않았던 건국 세대라는 미국적 표상이 드러난다. 혁명기 프랑스의 경우 그렇지는 않았다. 혁명기 프랑스는 건국의 아버지가 아니라 건국의 형제들의 세계라는 특징이 있다. 사실 영향력 있는 한 연구는 심리 분석틀을 활용하여 이 형제들을 존속 살인자로 그려내고 있다.[20] 그럼에도 혁명기 프랑스는 노인들에게 애국적 이미지를 부여함으로써 스스로를 정당화하려고도 했고, 또 궁핍한 노인들에게 도움을 제공하고자 했다.

프랑스혁명의 노인 축제는 사회를 계절이나 인생과 같은 그런 자연 현상에 결부시키고자 한, 일련의 세속 축일 가운데 하나였다. 1790년대, 특히 그 후반에 프랑스의 마을, 읍, 도시 당국은 지방 노인들을 위한 축전을 열어 그들을 칭송했고, 그들로 하여금 거리를 행진하게 만들었고, 그들의 집을 꾸몄으며, 세속적인 찬양의 노래를 불렀고, 자연적 권위와 명예의 이념에서 공화국 정통성의 뿌리를 찾고자 여러모로 노력했다.[21]

예컨대 메스 시에서 축제를 알리는 전단지는 공화국에서 노년이 어떤 대우를 받아야 할 것인지 서술했다. '고대의 공화국들은 노인 존중을 시민의 의무 수준으로 자리매김했다. 프랑스 국민은 엄숙하게 노년의 명예를

계몽사상가와 루소와 같은 저술가들에게서 기원하는 프랑스혁명의 이상은 가족의 미덕과 형제애로 뭉친 집단을 찬양했다. 이 '재결합의 축제'는 1790년대 프랑스 농촌에서 열렸던 수많은 축제의 전형으로서, 형제애뿐 아니라 마을의 노인들에 그 중심을 두고 있다. 오른쪽에는 늙은 부부가 '노인을 공경하라'는 글귀가 새겨진 휘장 아래 경애의 의식을 받고 있고, 왼편에서는 늙은 여성이 딸과 손녀의 부축을 받아 기념식에 참석하고 있다.

기린다는 독특한 목적의 국민 축제를 하나의 공공 의례로서 법적으로 확립한 유일한 경우이다.' 시 정부는 그날의 이벤트를 공표했다. 성실, 애국심, 미덕으로 가장 평판이 좋았던 건강한 네 사람, 즉 75세와 68세인 두 명의 아버지, 그리고 75세와 83세인 두 명의 어머니가 선발되었다. 오전 7시에 열 명의 청년이 시청에 모인 다음, 국민방위군과 방위군 악사들을 대동하고서 노인들의 집으로 가 출입문을 화환으로 꾸몄다. 시청으로 돌아온 뒤 청년들은 악사들, 60세 이상의 사람들로 구성된 대표단, 시 당국자들과 국민방위군 등을 대동한 채 오전 9시 행렬을 구성하여 네 사람의 노인들을 맞이했고, 도시 산책길까지 그들과 동행했다. 그곳에서는 연설이 행해졌고, 노인들에게 경의의 의례가 베풀어졌으며, 오케스트라는 애국심을 고취시키는 음악을 연주했다. 그날 늦게는 축포 사격과 어린아이들의 뜀박질 경기가 이어졌다. 이듬해 축제는 지역 중등학교 독일어반 최우수 학생을 포상하는 자리였다.[22]

파리의 한 축제에서는 무사르라는 이름의 행정관리가 도시의 노인들을 칭송했는데, 그들의 신체적 특징에 경탄을 표하며 그들을 심판자이자 선지자로 지칭했다.

> 그대들이 과거를 판단하는 것은 지혜와 경험의 눈을 통해서다. 그대들은 자연의 비밀에 입문한 채 미래로 들어선다. 알다시피 이 미래는 평화, 보상, 불멸의 미래이다. 그대들이 퍼뜨리게 될 은전, 그대들이 기르게 될 미덕은 그대들의 가족, 친구, 제자의 가슴 속에서 영속할 것이다. 아름다운 정감에 대한 인식을 통하여 그대들은 불멸할 것이다. 선에 대한 기억은 결코 사라지지 않을 것이다.

주세페 주키의 작품은 노년에 대한 매우 쓸쓸한 그림이다. '가질 수 없는 무엇을 원한다는 것이 무슨 의미가 있을까?' 한 노인은 종교에서 위안을 찾았고, 또 다른 노인은 여전히 삶을 즐기길 원하고 있다.

초창기 노령연금의 일종이 1807년 1월 나폴레옹에 의하여 네레츠키라는 이름의 폴란드인에게 수여되었다. 이 결정은 117세라는 소문이 있었던 네레츠키의 나이를 감안하면 아마 비용이 지나친 것이라 할 수는 없지만, 관대한 것이었다. 이 그림은 나폴레옹의 위대함을 불멸의 것으로 보존하는 데 전념한 장샤를 타르디외가 그린 것이다.

그의 결론은 '노인들이 이끄는 공화국 만세'였다.[23]

축제는 프랑스 공화국을 인문주의와 고전주의 토양에 뿌리박게 하려는 시도이자 혁명의 과잉을 애석해 하고 신중과 절제를 요청하는 계기였다. 파리의 또 다른 행정관리가 표현했듯이,

> 노년을 명예롭게 하는 것은 어떤 면으로는 보편적 죽음이라는 위대한 과제를 완성하는 일이다. 즉 정신을 확장하고, 남을 사랑하며, 인간을 감동시키고, 삶을 중단하려는 이로 하여금 다시 삶을 음미하게 하며, 선한 사람의 삶을 신성시하는 것이다. 마지막으로, 가장 필수적인 사회적 속성 즉 부모의 사랑, 자녀의 효성, 애국심, 그리고 그에 뒤따르는 용기의 씨앗을 땅에 뿌리는 것이다. 진심으로 가족과 국가를 사랑한다면, 밤낮으로 그것들을 지키려고 할 것이다.[24]

혁명기의 사회복지 입법 역시 노인을 명예롭게 하려는 욕구를 드러냈다. 사회복지 입법은 프랑스의 사회 사상가들이 종교적 자선의 이념에서 사회적 선에 대한 이념으로 논의를 옮김에 따라, 그리하여 계몽사상에서 출현했던 주제를 발전시킴에 따라 등장했다. 군인, 전직 사제, 노동자, 농민 등 피고용자의 노년 구호를 위한 제안들이 쏟아져나왔다. 일부는 가내구호, 또 다른 일부는 구호소 수용을 제안했다. 국가 재정에서 군사비 부담 때문에 실제 이루어진 것은 거의 없었지만, 사회복지의 근대적 체계의 개요가 이미 자리 잡았다. 그리고 노년 보장을 다루는 근대 입법은 종종 기원을 소급하여 실현되지 못한 약속의 시대로서 프랑스혁명을 언급했다.[25]

더욱 성공적이었던 것은 관료들에게 노년 보호책을 제공하려는 시도였다. 국가 관료제의 강화는 혁명의 결과 가운데 하나였다. 그리고 연금을

HENRY JENKINS of *ELLERTON*, in *YORKSHIRE*.
Who lived to the Surprizing Age of 169
Which is 16 Years longer than Old Parr

계몽의 시대에도 사람들은 드물게 오래 사는 이들에 관한 과장된 이야기를 계속했고, 이를 계속 믿었다. 1792년 헨리 젱킨스의 169세 나이에 대하여 '놀라운' 것이라고 평하고 있다.

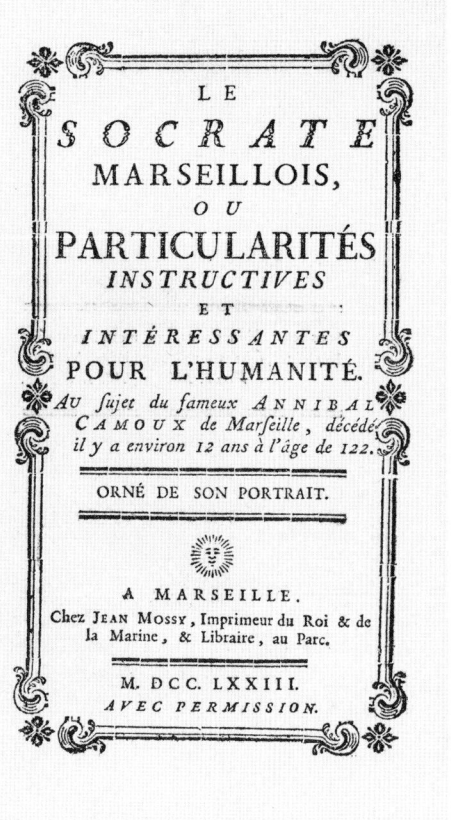

1759년 사망한 '마르세유의 소크라테스', 아니발 카무는 121세까지 살았다는 소문이 있다. '언제나 현명했던 그는 벗들을 즐겁게 했고, 그 보답으로 자신은 건강을 누렸다. 행복하게 살고 싶으면 그를 모범으로 삼아라.'

지급하는 메커니즘은 근대적 사회보장의 모델을 제시했다. 18세기 국가들은 관료들을 대상으로 직업상 경력을 정식화하기 시작했다. 프랑스혁명기 유럽에서의 국가 발전은 이를 재촉했다. 연금계획은 여러 정부 부서에서 제각기 등장했는데, 19세기에 통합되고 표준화될 운명이었다. 그 뒤 그것은 나머지 국민에게도 사회보장의 시대에 하나의 모델이 되었다.

노인의학

노년을 준비하는 근대적 방안을 마련하는 데 국가가 중요한 역할을 했음이 틀림없다. 의료업종도 그랬다. 노인 질병을 전문으로 하거나 약간의 연령집단별 질환을 다루는 의학 책이 꽤나 자주 등장하기 시작했다. 그 책들은 아직도 예외적 장수에 관한 전통적인 이야기를 들려주었던 간행물과 공존했다. 1483년에 출생했다는 소문이 있는 153세의 슈롭셔 지방 농민 토머스 파는 18세기에도 여전히 이야깃거리였는데, 다른 장수 노인들과 비교되었다. 이가 새로 난 늙은 독일인들이 대중적 흥미의 대상이었다. 소위 마르세유의 소크라테스라 불렸고, 1759년 121세로 사망했다는 소문이 있었던 아니발 카무는 그 지방의 전설적 인물이었다.[26] 그런 이야기들에도 불구하고 잘 늙는 데 대한 지침서들은 환상적인 이야기와 정신적인 문제에 대한 언급을 줄였고, 질병, 식사, 건강 등에 더 많이 집중했다. 장 굴랭은 노인병에 관하여 서술하면서, '통풍, 류머티즘, 시력 약화, 하지근력 약화, 카타르, 무기력증, 뇌졸중, 가슴앓이, 기면, 중풍, 설사, 괴혈병, 정액 및 눈물 건조'를 언급했다.[27] 그는 여성 의학에 관한 책에서 폐경은 크게 이로운 결과를 가져온다고 주장했다.

BEETTY DICK TOWN CRIER IN DALKEITH
BORN 1693 DIED 1778

1778년 사망 당시 85세였던 달키스의 도시 전령 베티 딕(위)에서 런던의 가이 구호소의 설립을 비롯한 자선활동에 많은 재산을 썼고 81세까지 살았던 박애주의자 토머스 가이(오른편)에 이르기까지, 어떤 계층에서도 결코 은퇴하지 않은 사람이 나올 수 있었다.

디드로는 '미덕은 유쾌하고 악은 불쾌한 것이라는 점을 보여주어라. 어리석은 것은 폭로하라. 그것이 펜을 잡고 붓을 들고, 조각칼을 잡는 모든 정직한 사람의 목표이다'라고 썼다. 장바티스트 그뢰즈(1725~1805, 일반 시민의 생활상을 주로 화폭에 담은 프랑스의 풍속화가—옮긴이)보다 더 충실하게 이 가르침을 따랐던 화가는 없다. 그의 작품 「자선 부인」이 좋은 사례이다. 한 젊은 어머니와 그녀의 딸이 몸져누운 늙은 부부를 방문하고 있고, 그 작은 소녀는 늙은 부부에게 지갑을 전달하라는 재촉을 받고 있다. 이 장면은 자신의 차례를 기다리는 다른 사람들, 즉 한 명의 수녀와 두 명의 젊은이로 인해 더한 감동을 준다. 벽에 걸린 칼에서 보듯이, 이 늙은 남성은 병사였다.

의학 서적은 특정 연령대의 질병을 인지하고 있었던 것과 마찬가지로 의료기관 역시 전문화하기 시작했다. 개혁가들은 노령자, 가난한 자, 쓸모없는 자, 병자를 구별하고파 했다. 전통적으로 이들은 모두 함께 수용되었다. 노령자를 위한 기관은 큰 수용소에서 자그마한 구호소까지 그 범위가 걸쳐 있었다. 이들은 여전히 종교 교단과 결합되어 있곤 했지만 의료의 역할이 점점 중요해졌다.[28]

과학 서적은 노령화의 신체적 실상을 강조했다. 가장 영향력 있는 책은 프랑스의 박물학자 뷔퐁이 쓴 것이었는데, 그 책에서 그는 삶이 어떻게 서서히 끝나는지 설명한다.

> 사람은 나이 듦에 따라 뼈, 연골, 세포막, 살, 피부, 그리고 모든 신체 섬유 조직이 굳어지고, 딱딱해지며, 건조해진다. 각 부위가 약해지고 수축되며, 모든 움직임이 둔해지고, 힘이 든다. 혈액순환이 덜 원활해지고, 배출량이 줄며, 분비물이 바뀌고, 음식의 소화가 느려지고 어렵게 된다. 자양액이 부족해지고, 너무 쇠약해진 대다수 섬유 조직에 흡수될 수 없게 되어 더 이상 영양을 공급하지 못한다. 이렇게 너무 굳은 부위들은 양분이 더 이상 공급되지 못하기 때문에 이미 죽은 것이다. 이렇게 신체는 조금씩, 부위별로 죽고, 움직임은 서서히 줄어들며, 생명은 지속적으로 변하면서 소멸한다. 그리고 죽음이란 이 단계들의 연속에서 마지막 경계, 생명의 마지막 뉘앙스일 뿐이다.[29]

타당성이 있든 없든, 과학과 의학 서적은 노화과정을 탈신비화하고자 했다. 노년을 의료의 대상으로 삼은 것은 유럽문화의 전반적인 세속화와 연결된 더 큰 이야기의 일부였다. 프랑스에서 18세기 역사 서술의 큰 테마 가운데 하나가 노년의 이야기에서 중요한 역할을 한 탈기독교화이다. 그것은 죽음의 역사에서 핵심 요소였다. 유언장에서 성모마리아를 언급하는 경우가 덜 잦아졌고, 미사에 대한 요구가 줄어들었으며, 종교적 유산의 규모가 작아졌다. 조언서, 종교 관행, 또 문학적 표상들 역시 중대한 변화를 보여준다. 세속화된 문화는 내세에 초점을 맞추기보다 현세에서의 만년에 주목했다. 남녀 가부장의 이미지가 부드러워졌고, 노년과 죽음 양자에 대한 표상에 영향을 미쳤다. 임종 주변의 모임뿐 아니라 조부모와 손자, 손녀 사이 상호 교류의 장면들이 센티멘털해진 것은 새로운 변화였다.

세속화되는 노년

노년에 관한 18세기 프랑스의 문학작품은 노년에 대해 종전의 아우구스티누스의 종교적인 관점에서 키케로의 좀 더 세속적인 관점으로, 즉 종교적 은둔에서 은퇴로의 철학적 전환을 역설한다. 16~17세기에는 종교 서적들이 노년보다 죽음의 문제를 강조했다. 늙은 육신은 이승, 죄악과 파멸, 구원의 장애물을 상징했던 반면 영혼은 더 젊은 것으로 여겨졌다. 그런 생각들은 삶에 대한 혐오와 죽음에 대한 동경을 부추겼던 일부 종교 서적에 계속 나타났다. 그리하여 삶을 경멸하고 죽음을 희구하는 17세기의 한 책은 1713년 5판을 찍었고, 계속해서 노년을 평가절하했다. '더 오래 산다고 해서 어떤 이점이 있을까? 노년과 그에 수반하는 질환은 다른 사람과 우리 스스로가 우리를 돌볼 수 없도록 만드는 것이 아닐까? 정신은 낙담하고, 육체는 소진되고, 얼굴은 주름지고, 눈은 반쯤 감고, 목소리는 떨리고, 머리는 드러누울 묏자리를 찾는 양 아래로 떨어뜨리고 있는, 세월의 무게를 감당하지 못하는 노인을 생각해보라. 이것은 본질적으로 괴물의 일종이 아닌가?' 17세기 말에 서술해 수십 년간 읽힌 책에서 보쉬에 주교는 노년에 관해 '통상 (…) 탐욕의 오물로 더럽혀진' 것이라고 썼다. 1730년대에도 죄악과 구원에 관한 한 책은 현세에서의 장수를 하찮게 여겼다. '각각 천여 년을 살았다고 해서 애덤, 므두셀라, 노아에게 좋은 일이 무엇인가? 그들이 여태 죽지 않았다는 말인가? 오래 살았더라도 그들의 삶과 겨우 40~50년 살았던 사람들의 삶 사이에 무슨 차이가 있는가? 왜냐하면 전자든 후자든 존재한 적이 있다는 생각밖에 남지 않기 때문이다.'[30]

18세기 중엽에 이르러 노령화에 대한 책이 이런 종교적인 주제를 끄집어내는 경우는 감소했다. 키케로적인 전통은 관리집단의 좋은 노년에 관해 서술한 고대 로마의 『노년론』으로 거슬러 올라갔다. 그것은 노년에 관한 흔한 불평에 대응하여 활동을 지속할 것과 종국에는 공직에서의 은퇴를 고려하라고 주장했다. 노령화에 대한 더 세속적 견해의 초점은 몸이었다. 돌바크 남작은 생의 마지막 단계를 이렇게 기술했다. '사람은 노년에 완전히 쇠퇴한다. 세포막과 신경이 굳어지고, 감각이 무뎌지며, 시야가 흐릿해지고, 귀가 어두워지며, 생각이 흐트러지고, 기억이 사라지며, 상상력이 약해진다. 그러면 영혼은 대체 어찌 될까? 슬프다! 영혼도 몸과 똑같이 무너진다.' 종교적 견해를 자연적 견해와 비교하는 그의 입장은 호의적이지 않았다. '자연은 자녀에게 부모를 공경하고, 사랑하며, 배려하고, 노년에는 부양하라고 말한다. 종교는 신의 계시를 우선시하고, 신에게 이로운 경우에는 부모를 경멸하라고 가르친다.'[31] 그가 강조한 것은 세대 간 호혜 관계였다.

키케로의 저술은 다수의 번역본과 다양한 판본으로 출간되었으며, 저술의 일부 구절들은 노년에 관한 통상적인 글, 심지어 미간행 자서전 텍스트

독일의 여류화가 안나 도로테아 테르부슈가 프랑스 아카데미 회원이 되어 있는 그대로 자신의 모습을 그리자, 그 꾸밈없음은 그녀에게 유명세를 안겨주었다. 그녀는 근시였고, 앞이마에 매달린 별난 렌즈는 이를 교정하려는 것이었다. 허영심이 없다고 자부심까지 없는 것은 아니었다.

남성과 여성의 생애기에 관한 잘 알려진 계통도는 과거와 동일한 패턴을 따르고 있다. 10년 단위로 — 요람기, 유년기, 사춘기, 청년기, 성년기, 장년기, 원숙기(50대), 그리고 나서 쇠약, 퇴조, 노년, 노쇠, 그리고 최종적으로 우둔함과 천진함(100세).

'리본, 신발, 실을 파는 행상.' 그러나 노인은 겉보기와는 다르다. '파리'는 '경찰스파이'를 뜻하는 속어였다. '내가 오는 것을 볼 때면, 그들은 "파리 조심"이라고 소리친다. 나는 귀먹은 척하고 감히 입을 열지 않는다. 왜냐하면 나는 본래가 스파이로서, 전갈보다 1000배나 더 큰 두려움의 대상이기 때문이다.'

에도 등장했다.32 말하자면 키케로는 인문주의자에게 필요한 교과과정의 일부였다. 18세기 초, 프랑스의 작가이자 문학 후원자였던 랑베르 후작 부인 안이 세기 중엽에 가서야 출간되는 여성을 위한 노년론을 썼다. 다른 사람들은 여성이 늙으면 덜 여성적이고, 남성적이 된다는 견해를 되풀이한 반면 랑베르 부인은 여성에게 고유한 과정을 기술했다. 여성이란 성적 특성에 의해 규정된다는 생각에 새로운 것은 거의 없었으나, 인생에 대한 여성의 계획이라는 랑베르의 생각은 새로웠다.33 하지만 그녀가 은퇴와 열정의 회피를 강조한 것과 그녀 자신은 감상적인 삶을 지속하며 파리에서 중요한 살롱 하나를 운영한 것이 서로 상반되었다는 점에서 일정 부분 모호함이 남아 있었다.

18세기에서 19세기로 넘어갈 때, 노년에 대한 오랜 편견에서 벗어나 노년의 영성과 계몽사상의 세속적 관심을 결합한 이상을 표현하는 글이 많이 나타났다. 예를 들면 J. H. 마이스터는 노령자의 부단한 창의성에 관해 썼고, 육욕을 자연스러운 것으로 받아들였으며, 현재의 시점이란 어떤 연령층에나 똑같은 것이라고 주장했다. 그는 키케로적인 반* 은퇴를 추천했으며 조부모로서 누리는 즐거움을 기술했다. 이와 유사하게 프로이센의 철학자 J. H. S. 포르메는 노인이 가족생활의 과거를 회상하며 경험하는 희열에 관해 썼다. 그리고 루이 16세의 재무장관 네케르의 부인은 노년과 청년의 상호작용을 찬양했다.34

미술과 문학에 나타난 노년

미술은 생애기에 대한 옛 스테레오타입을 되풀이했으나, 그것 역시 더

저승에 대한 희망과 두려움보다 이승의 현실을 숙고하면서, 원숙한 경험과 지식으로 충만한 노인의 얼굴이 18세기 회화를 지배하기 시작했다. 스페인 출생 프랑스 화가 프랑수아즈 뒤파르크의 작품 「늙은 여성」(위)과 독일 화가 요하힘 마르틴 팔베가 그린 동일한 제목의 작품(오른편)이 전형적인 사례이다.

자화상은 고백 혹은 자서전이다. 화가는 종종 남에게 비치기 원하는 대로, 종종 자신이 믿는 바대로, 또는 자신을 알기 위해 자화상을 그렸다. 스위스의 파스텔화가 장에티엔 리오타르(1702~1789)는 이탈리아, 그리스, 콘스탄티노플(여기서 4년 사는 동안 터키 복식 습관을 갖게 되었다), 오스트리아, 프랑스, 영국, 네덜란드를 여행하면서 살았던 자의식이 강한 괴짜였다. 오늘날 그를 유명하게 만든 초상화는 모델의 개성에 대한 사실주의적 탐구물이다. 열다섯 점의 자화상을 그렸는데, 여기 이 자화상(대략 70세)은 기이하며 모호하다. 그는 다른 사람의 역할을 떠맡은 듯 아마 일종의 변장을 한 듯하다. 그에게 쌍둥이 형이 있었다는 것과 관련이 있을지도 모른다. 그는 86세까지 살았다.

장시메옹 샤르댕(1699~1779, 평범하고 소박한 일상과 정물에 천착한 프랑스 화가—옮긴이)과 진실 사이에는 어떤 환상도 개입하지 않는다. 이 자화상(왼편)은 화가가 애호한 주제였던 정물처럼 객관적이다. 이 작품에서 그는 72세이다. 그리고 조슈아 레이놀즈(장중하고 우아한 귀족 초상화에 능했다—옮긴이)는 고전적 혹은 신화적 배역의 귀족 모델을 즐겨 그렸지만, 자신에 대해서는 그런 역할을 활용하지 않았다. 오른편 자화상은 그의 65세 때의 모습.

세속화되었다. 그리고 마침내 사실에 더 충실하여 노령화의 사회적 경험에 가깝게 되었다. '생애기' '연령 단계' '인생 계단'은 인생 노정을 사닥다리 형태로 표현한 것이었다. 왼쪽에서 50세에 정점에 이르기까지 10년 단위로 상승하여, 100세에 이르기까지 오른쪽으로 내려가는 식이었다. 범례는 라틴어, 이탈리아어, 프랑스어, 독일어, 스페인어, 네덜란드어, 그리고 영어로 작성되었다. 16~17세기의 판본들은 사다리 아래에서 최후 심판의 화염을 강조했으나, 18~19세기에 이르면 원숙해지고 늙어가는 것에 대한 사회적 경험에 주의를 기울이는 데 더 관심을 기울였다.

　노인의 이미지는 다양한 양상을 띠었다. 앞선 시대의 우의적 그림책들은 노인을 슬픔, 의심, 악의, 인색, 불행, 그러나 또 지혜, 경험, 참회의 표상으로서 우의적 인물로 활용했다. 일부 18세기 미술가들도 이 전통을 지속했지만, 점점 더 노년의 현실에 초점을 맞추었다. 17세기 네덜란드와 플랑드르의 화가들과 나머지 유럽의 18세기 화가들은 가족에게 둘러싸이거나 어린아이들과 나란히 있는 노인을 영예로운 모습으로 그렸다. 속담을 그림으로 풀어준 삽화 등속은 의례 행사나 중대사를 치르는 가족을 소박하게 묘사했다. 초상화는 노인의 위엄과 일생의 업적을 그렸는데, 귀족, 장교, 행정관의 초상에서 중간계급과 노동계급 노인의 초상까지 포괄했다. 종교화는 죽음의 임박과 내세에 대한 희망을 부각시켰다. 이제 화가들은 이승의 현실을 그렸다. 화가들이 늙은 얼굴과 머리를 그림으로써 자신의 능력을 과시하는 것이 일반화되었다. 몸이 주요 초점이었던 것이다. 풍속화는 빈자들 가운데 가장 품위 있고, 대접할 만한 사람들로서 늙은이를 그렸다.

　미술작품에서 노인의 이미지가 한 방향으로만 진화한 것으로 말한다면 잘못된 일이 될 것이다. 그림의 주제가 늙은 성인에서 늙은 철학자로 바뀐

마디진 손가락은 여전히 제 몫의 일을 할 수 있었다. 노파는 겉모습과는 달리 터키인이었음이 확실한 듯하다. 왜냐하면 리오타르가 1778년에 이 노파를 그렸을 당시 그는 콘스탄티노플에 체류했기 때문이다. 그림에 나타난 테크닉도 하나의 이유다. 노파는 터키가 비잔티움으로부터 물려받았던 방식 그대로 금속조각을 가죽에다 수놓고 있다.

「어리석음이 노쇠함을 젊게 치장하다」는 1745년 프랑스에서 제작된 풍자 판화이다. 늙은 남성과 여성의 구애 짓거리는 오랫동안 코미디의 소재가 되어왔다.

것이 증명하듯 세속화된 것은 맞다. 또 다양한 사회계층의 노인들을 묘사하는 데 대한 관심이 증가한 것으로 보인다. 나아가 레이놀즈, 리오타르, 샤르댕과 같은 몇몇 화가는 진지하게 노년의 자화상에 눈을 돌렸고, 그래서 오랜 경험과 부단한 작업에 대한 시각적 모델을 제공했다. 그 이면에는 화가들이 강한 노인과 아울러 약한 노인, '푸른' 노년과 아울러 노쇠함 양자 모두에 끌렸다고 말하는 것이 이치에 맞을 것이다. 그들이 노년의 어떤 측면을 묘사하든 그들은 노인의 품위를 유지하는 데 열중했다. 이제 비평가는 딸이 늙은 부친에게 젖을 먹이는 '로마의 자비Roman charity'라는 전통적 테마를 이해하기 어렵게 되었다. 효도란 지나간 과거의 것이었다. 그런 장면은 18세기의 관람자에게는 17세기의 관람자보다 난해한 것이 되었다.

18세기 비평가와 미술 애호가는 활동적인 노인의 이미지가 가진 가치를 알아봤다. 주름진 얼굴과 마디진 손은 경험과 노동의 상징이었다. 수놓는 사람, 바느질하는 사람, 베 짜는 사람은 전문기술과 숙련노동의 품위를 구현했다. 요리사와 사냥터지기를 비롯한 일하는 하인과 거리 노점상은 노년에 할 수 있는 일이 무엇인지 보여주었다. 프라고나르(1732~1806, 프랑스 로코코 미술의 대가―옮긴이)와 다비드(1748~1825, 프랑스 고전주의 화가―옮긴이)가 그린 것처럼, 철학자는 노령자의 지혜를 표상했다. 동시에 화가는 치아와 시력 상실, 반신불수 등 노년의 병약한 모습을 묘사했다.

미술작품은 문학 속의 장면을 그리곤 했는데, 노령자에 대한 문학적 표상에서는 경멸에서 존경으로의 전반적인 이행을 감지할 수 있다. 18세기 초의 시와 희곡은 왕왕 노인을 젊음의 진보를 가로막는 존재, 심지어 반감을 초래하는 존재로 묘사했다. 흔히 코미디에는 한 여성의 사랑을 얻으려는 늙은이와 젊은이 사이의 경쟁과 늙어가는 여성의 부단한 유혹의 시도 등이 포함되었는데, 그런 행동은 웃음거리였다. 프랑스에서는 18세기 후

경멸에서 존경으로. '캐서린 워먼'(위)은 마치『걸리버 여행기』에 등장하는 스트럴드브럭족의 일원 같다. 반면 독일 화가 크리스티안 자이볼트의 1768년경 작품「그린 스카프를 걸친 노파」(오른편)는 어쩌면 나이가 비슷하게 늙었지만, 품위 있고 아름답다.

반에 이르러 분위기가 바뀌었다. 나이 든 인물이 품위를 갖게 된 것이다. 그것은 세속화, 그리고 더욱 사회적이고 공손한 관점과 결부될 수 있는 변화였다. 유럽 대륙의 다른 곳에서도 유사한 변화가 일어났음직하다. 독일에서는 17세기 30년 전쟁 이후 가부장의 권위가 강화되어 나타났고, 18세기에는 보다 부드럽고 감상적인 것으로 발전했다.[35]

한편 18세기 영국에서는 '남자에 굶주린 노처녀, 색마 낡는 쪼그랑 할멈, 섹스광 과부'라는 부정적 이미지가 지속되고 있었는데, 이는 유럽 대륙의 경우 이미 오래전에 대중성이 사라진 매우 낡은 주제가 이곳에서는 존속하고 있음을 보여준다.[36] 활용된 이미지가 다시 활용되기도 한다. 모순된 표상이 공존하는데, 예를 들면 『걸리버 여행기』의 부정적인 이미지와 데이비드 흄(1711~1776, 인간의 지식이 감각을 통해 온다고 주장한 영국의 철학자—옮긴이)과 애덤 스미스의 저술의 긍정적인 이미지가 그러하다.[37] 그러나 조너선 스위프트의 소설적 표상과 두 사람의 철학자가 서술한 노년을 어떻게 결합할 것인가?

노년의 목소리들: 전기와 자서전

18세기 프랑스의 여류 작가들은 통상적인 문화적 표상을 잣대로 자기 자신의 경험을 평가했고, 자기 고유의 늙는 방식을 만들어냈다. 데팡 후작부인은 서신에서 17세기 말, 18세기 초 '늙은 연인'으로 유명했던 니농 드 랑클로라는 실존 인물과 크레비용의 소설에 등장하는, 잘 알려진 허구적인 인물들 모두를 활용하여 자신은 물론이고 나이 든 여성들의 감상적 삶을 서술했다.[38] 볼테르의 친구인 프랑수아즈 드 그라피니는 남아 있는 편

18세기 미국의 엄격한 도덕성은 허영을 용인하지 않았다. 1770년에 소박파naïve art(전문적인 미술교육을 받지 않은 일부 작가들이 그린 작품 경향을 이른다. 특정 유파를 가리키는 용어는 아니며, 소박파로 분류되는 화가들은 기존의 화법에 구애받지 않고 자유롭게 대상을 표현했다 —옮긴이) 화가 윈스럽 챈들러는 마사 라스럽을 그렸는데, 그녀는 겨우 55세였지만 자신의 표현을 빌면, 주님을 만날 준비가 완전히 되어 있었다.

지 곳곳에서 늙어 가는 한 여류 작가의 경험, 교우, 건강, 사랑, 심지어 48세 때의 첫 오르가슴 등을 밝히면서, 어쩌면 새로이 발견했던 자유와 안락을 시사하고 있다.

만년에 그녀는 (서신들에) 종종 질병에 관한 소름 끼치는 기록으로서 노화의 고통을 엄청나게 자세히 적고 있다. 그라피니는 소화불량, 인후통, 두통, 치통, 감기, 기침과 발열 등을 앓았다. 그녀는 유방암에 대한 두려움도 있었으며 피를 토하기도 했다. 방혈에 냉소적이었음에도 치료를 받았다. 심장 항진과 경련을 곧잘 일으켰고, 피부에 분비물이 흐르는 발진, 귀와 두피에 부스럼 딱지와 고름이 흐르는 종기를 (여성용 머리 장식이 그것들 대부분을 가려주었을 때 기뻐했다) 앓았다. 귀와 볼의 종창, 치질, 류머티즘, 설사, 변비와 복통은 고생을 배가했다. 그녀는 이따금 너무 쇠약해져 걸어 다닐 수 없었으며, 나이가 듦에 따라 점점 더 현기증 발작과 의식불명을 일으켰다. 자신의 여러 병환에 대해 의사들과 상담했는데, 그들은 조제약과는 상반된 조언을 주었다. 쇠약은 만성화되었고, 의식불명은 점점 더 놀랄 정도로 심해졌다. 그러자 죽음이 찾아들었다.[39]

그라피니의 노년은 그녀가 인고한 것이었으나, 즐기고 창조해 낸 것이기도 했다. 그래서 그녀의 경험을 순전히 당대를 대표하는 것으로만 축소하기는 어렵다. 어떤 단순한 패턴도 존재하지 않았다. 우리는 1700년과 1716년 사이에 일기를 쓰면서, 자의식 속에서 늙어가던 한 개인의 정신세계를 탐구한 세라 쿠퍼 부인(1644~1720)에 대해 이미 알아보았다. 그것은 성경과 정기간행물 읽기, 정신적 성찰, 사교활동, 과부와 성장한 자녀의 어머니로서의 경험에 대한 기록이다. 심지어 그녀는 특히 가족 중 남성의 경력과 관련하여 정치적 논평도 달았다.[40] 대서양 양편의 늙은 여성에 관한 한 연구도 계속된 종교적 관심, 가족생활의 향유, 초월과 개입 사이의 균형 잡기 등을 지적한다.[41] 늙어가는 여성의 세계는 세속화되는 계몽의 시대와는 거리가 먼 것 같다. 그러나 양자는 동시대의 노년의 역사에 속한다.

18세기의 노년은 놀랄 만큼 다양한 전거를 통해 파악될 수 있다. 그것은 인구학과 사회문제에서 종교와 과학, 미술과 문학을 포괄한다. 우리는 특정 장르와 생활상 내에서 어느 정도의 패턴, 즉 종교적인 것에서 세속적인 것으로, 은둔에서 은퇴로, 조롱의 문학에서 공경의 문학으로의 이행을 찾아낼 수 있다. 그러나 상당한 정도의 다양성 역시 존재했기에 일반화하기란 상당히 어렵다. 연로해지는 여성의 일기나 서한을 읽고, 개인과 가족의 초상화를 검토하고, 세대 간 재산의 이양을 파악한 바탕 위에서 판단해야 할 것이다. 노년의 역사는 연속성과 변화를 모두 고려한 것이어야 한다.

그럼에도 연장된 삶은 노인과 결부된 역할을 수행할 기회의 증대를 의미했다. 노인의 이미지는 부드러워졌던 듯싶다. 단지 죽음을 준비하는 것 이상으로 삶의 경험이 존중되었다. 정치적·경제적 변화가 사람들이 한 시대와 하나의 또래집단을 자신과 동일시할 수 있는 세상의 도래를 알렸다. 소비문화의 성장 역시 사람들이 특정 의복이나 경제 행위를 특정 세대와 결부시키기 시작함을 의미했다. 추측컨대 정치에 종사한 사람들은 다른 사람들보다 시대적 변화를 더 의식했을 것이다. 19세기로 접어듦에 따라 유럽에서는 1790년대와 뒤이은 나폴레옹 전쟁의 경험이 시간의 흐름에 대한 인식을 자극했다. 혁명가들은 앙시앵 레짐 ancient régime(프랑스 혁명 이전의 '구제도'를 이르는 말―옮긴이)이라는 말을 썼고, 그 시대에 나이가 든 이들이 19세기에는 노인이 될 운명이었다.

제6장

19세기

토머스 R. 콜 · 클라우디아 에드워즈

'노년에 대해 불평하지마라'

세월은 영국 수상 윌리엄 글래드스턴과 같은 사람들에게는 아무런 영향을 미치지 못하는 것 같다. 그는 1875년 66세의 나이로 은퇴하려고 했지만 여론의 거부할 수 없는 요청에 따라 되돌아왔다. 그는 1880년에 다시 수상이 되었으며, 1894년까지 (불연속적으로) 재임했고, 1898년 88세로 세상을 떠났다. 이 사진은 그의 나이 76세였던 1885년, 선거 유세 기차를 탄 채 차창에서 선거 연설을 하는 모습이다. 이것은 그 자체로 중요하다. 철도는 전국의 누구든 몇 시간 내에 다른 사람에게로 데려다 주었다. 글래드스턴을 보리라 예상하지 못했던 많은 사람이 당대 연설의 대가 가운데 한 명이었던 그의 목소리를 들었다.

나이 들어가면서 그리고 노인이 되어 겪는 경험은 비록 항시 개인적인 것이기는 하지만, 19세기가 앞선 시기와 무엇이 달랐는지 이해하는 데는 노년기 삶의 기회, 지위, 행동을 집단적으로 결정하는 요인들에 대한 일정한 고찰이 필요하다.

유럽과 북미를 변모시킨 큰 변화는 제일 먼저 산업화, 도시화와 인구 증가였다. 이 현상들은 교통 환경의 개선에 힘입은 결과였고, 반대로 그것을 촉진하기도 했다. 교통 환경의 개선은 다양한 물품의 활용 증대, 교역, 여행, 이주를 통한 사고의 전파 등을 불러왔다. 또한 한편으로는 고급 기술의 측면에서 (예컨대 의학의) 전문직업화 현상을, 다른 한편에서는 기계화된 대규모 생산을 통한 '프롤레타리아화'와 노동자의 탈숙련화라는 현상을 포함한 노동시장의 변화에 이르렀다. 새로운 경제적 현실 역시 사회적·정치적 변화를 초래했고, 이 변화는 지적·문화적·종교적으로 새롭게 표현되었다.

산업화 시대의 노인

이 거대한 변화는 대부분 영국에서 먼저 일어났고, 시간이 흐른 뒤 유럽 대륙과 북미 모두를 포괄했다. 따라서 부정확성, 시간 차이, 국가마다 다른 경제발전과 사회변동의 경로 때문에 어떤 일반화도 잘못될 수밖에

THE CROSSING-SWEEPER THAT HAS BEEN A MAID-SERVANT.

헨리 메이휴가 런던 빈민에 관한 책(1851년)을 쓰기 위해 인터뷰한 늙은 횡단보도 청소부는 노년에 의지할 것이 전무한 수천 명의 남녀 노동자들에게 틀림없이 일반적이었을 이야기를 들려주었다. 결혼 후 그녀는 어떤 부유한 가정에서 하녀로 일했고, 부부는 안락하게 살았다. 하지만 이제 과부이고 더 이상 일할 수 없는 그녀는 일주일에 1실링을 지불하고 누추한 방 하나를 나눠 썼고, 간간히 팁을 받으며 거리 청소를 나갔다.

숙련된 기술을 지녔고 집에서 계속 일할 수 있었던 이들은 운이 좋은 사람들이었다. 초창기 반 고흐는 네덜란드의 빈민 생활에 깊은 관심이 있었다. 직기와 함께 직조공을 그린 이 그림(위)은 1884년 작품이다. 1890년대 집 안에서 실을 잣고 베를 짜는 늙은 헝가리인 부부의 그림(아래).

없다. 심지어 하나의 국가 안에서도 산업화는 근대적인 영역과 지역이 전통적인 것과 공존하고, 낡은 생산방식과 새로운 것이 한데 공존하는 형태로 일관성 없이 진행되었다. 그럼에도 변화는 궁극적으로 모든 공동체에 영향을 미칠 수밖에 없었고, 새로운 변화에 가장 적응할 수 없었던 사람들이 가장 불리한 상황에 처했다. 노인들, 특히 우리가 여기서 일차적으로 다룰 가난한 노인들은 노동 활동, 가족, 지역공동체, 건강과 삶의 기회, 지역적 서비스에의 접근, 사회경제적 지위 등과 관련하여 거대한 변화를 경험했다. 1833년 한 자문 의사인 P. M. 로제는 잘 알려진 비관적 견해를 표명했다. '이러한 "해괴하고 파란 많은 생애"를 인간 존재의 마지막 멜랑콜리의 시기까지 살아갈 필요가 있을까? 그리고 그 유무에 따라 인간을 본질적으로 고상하게 만들거나 인간의 지위를 들녘의 야수보다 훨씬 못하게 만드는 그 고귀한 재능의 파멸을 관찰할 필요가 있을까?'[1]

산업화와 구조 변화가 노령자의 노동 활동에 영향을 미친 방식은 달랐다. 농업 분야가 축소되던 곳에서 젊은이들은 연로한 농사꾼들을 뒤로 한 채 공업화된 도시의 일자리를 찾아 크고 작은 도시로 이주했다. '원산업화' 활동을 경험하던 곳에서는, 일반적으로 가족 구성원들과 함께 가내에서 작업하는 노동자, 이를테면 직물업의 경우 직조공이나 편물공으로서 노동의 기회가 노령자에게 주어졌다. 계절의 영향을 받고 저임금의 (보조) 일거리에 불과했을 테지만, 노동자 자신이 적어도 노동의 속도와 시간을 결정할 수 있었고, 노령자가 가정에 생산적으로 기여하는 데도 용이했다. 이는 생산뿐 아니라 소비와 관련해서도 가내 의사결정에서 노령자의 경제적 역할을 지켜주었다.

다른 한편 체력을 소진해 허약해지거나 만성질환을 앓게 되거나, 또는 기계의 속도나 작업시간과 더 이상 보조를 맞출 수 없는 공장노동자들은

1869년 프랑스의 한 포도밭에서 늙은 노동자가 쉬고 있다. 장 프랑수아 밀레는 일을 그만둔다는 것은 곧 빈곤 또는 자선 — 대다수가 받아들이려 하지 않았던 것 — 을 의미한 사람들의 곤경에 주목한 화가 가운데 한 명이었다.

반 고흐는 빈민에 대해 강한 일체감을 느꼈다. 1881년 「난로 옆 늙은 농부」를 그렸을 당시 그 자신도 똑같이 가난했다. 하지만 그의 접근법은 사회적이라기보다 종교적이었다.

소득을 얻는 다른 방안을 찾아야 했다. 수공업 직종의 노동자들, 예를 들면 제화공, 제본공, 기계공 등은 소중한 자산(지식, 도구, 가옥)을 소유하고 있었으며 길드 또는 노동자 결사체와 연관되어 있었기 때문에 더 큰 독립, 지원, 협상력을 누렸다. 그러나 도급 노동과 같은 노동조직의 변화와 기술 변화는 숙련공에 대해 속도, 유연성, 끊임없는 적응을 요구했고, 어떤 경우에는 기계류의 도입이 숙련에 대한 수요를 감소시켰으며 아예 노동자를 대체했다. 일반적으로 사람들은 가능한 한 오랫동안 자신의 일을 계속하고자 했으며, 그 다음에는 허드렛일, 집 청소, 거리 청소 등을 비롯한 '좀 더 단순한', 또는 좀 더 하찮은 직업으로 옮겨 갔다.

가족 관계와 가정의 구조는 시공간적으로 엄청나게 달라질 수 있다. 그것은 관습, 경제적 지위, 인구학적 요소 등에 따라 결정된다. 가치관이나 전통이 가정 내 노령자의 편입을 이상화한 곳에서조차도 경제 및 인구학적 현실이 그런 이상의 달성을 종종 방해했다. 사망률의 개선이 증가하는 산업적 부를 통해 느리게나마 가시화되는 상황에서, 만년에 부양해 줄 친족의 유무가 하나의 변수였다. 젊은이를 위한 (원)산업적 직업의 존재가 그들의 (물질적) 독립을 더 빠르게 했고, 그리하여 가족 관계를 약화시킨 반면 아동 노동은 (추락하는 성인 임금과 결합하여) 세대 간 의존을 더 크게 했다. 이 세대 간의 협력은 영국의 늙은 부모가 초창기 면방적 공장에서 일하는 딸의 자녀를 돌본 경우에서 입증된다.[2] 토머스 제퍼슨은 좀 더 완고한 시각을 견지했는데, 1815년 다음과 같이 기술했다. '노인들에게는 물러나서 더 이상 얻을 수 없는 영예와 더 이상 수행할 수 없는 의무를 젊은 후계자에게 양도해야 할 때를 인지하는 것보다 더 큰 의무는 없다.'[3]

동거의 패턴과 나이 든 가족 구성원에 대한 물질적이고 사회심리적인 지원은 이주의 영향도 받았다. 누가, 왜 이주했느냐에 따라 가족에 미친 영향은 매우 다를 수 있었다. 젊은 여성이 하녀로 일하거나, 프랑스, 이탈리아, 북미 지역처럼 고용주가 운영하는 기숙사를 갖춘 공장에 취업하게 되면, 그들은 부모를 남겨두고 일시적으로 떠나곤 했다.[4] 그러나 전 가족이 신속히 팽창하는 소도시나 대도시로 함께 이주했을 때는 주거지의 결핍과 높은 주거 비용 때문에 여러 세대가 함께 살 수밖에 없었다.

경제적으로 취약한 가족 구성원이 유기되거나 경제적 자원이 그들을 부양할 정도에 못 미쳤던 곳에서는 지역공동체가 노인, 병자, 홀로된 배우자, 고아를 돌볼 책임을 더 크게 떠맡았다. 그럴 경우 공동체의 지원은 공공부조(구빈법의 '연금'이나 시설), 종교적이거나 개인적 구호의 형태로, 혹은 자선으로 공백을 메웠다.

도시의 유해한 생활 조건은 나이 든 생존자보다는 매우 어리며 최근에 이주한, 질병에 대한 면역력이 떨어진 사람에게 훨씬 더 큰 영향을 미쳤을 것이다. 그러나 노인들의 건강과 삶의 기회도 지원, 특히 물질적 후원을 누릴 수 있느냐에 따라 크게 영향을 받았다. 그런 후원이 지방 정부의 계획—다시 말해 그 지방의 부富—즉 과세나 구호의 방식에 의존하는 곳에서는 수요와 공급이 매우 불균형해질 수 있었다. 빈민과 부유층이 사는 도시 공간의 분리, 그리고 산업화 지역과 쇠퇴하는 농촌 지역의 전혀 다른 운명은 복지 서비스가 가장 필요한 곳에서, 그리고 전 연령대에 걸쳐 원조를 둘러싼 경쟁이 가장 치열한 곳에서 그런 서비스를 받기가 가장 어려웠음을 의미했다. 구빈원처럼 노인을 위해 서비스가 행해졌던 곳에서조차도 그 혜택이 인구 증가와 함께 반드시 늘어난 것은 아니었고, 다른 유형의 복지가 더 대중화되었다.

늙은 빈민들은 시대가 바뀜에 따라 돌볼 가치가 적어진 것으로 여겨진 것일까? 사회 내 지위의 상실로 적절한 자원을 점점 더 이용할 수 없게 되었던 것인가? 노동에 대한 헌신을 찬양하며, 획득하고 재투자한 이윤의 양으로 성공을 측정하는 자본주의 경제에 접어들자 산업화와 프롤레타리아화―임금에 의존하기 때문에 공장 노동의 규율에 순응하는, 그러나 그로 인해 경기변동에 의한 소득 상실과 허약한 건강 상태 및 질병에 극도로 취약한 노동력의 출현―현상이 나타났다. 이윤을 극대화하기 위해서는 풍부하고, 값싸고, 건강한 노동력이 매우 중요했으며, 생산적인 노동력을 구성하는 비교적 젊은 사람들에게 건강 서비스의 초점을 맞추는 것이 정당화되었다. 전염성 질병의 전파 메커니즘은 잘못 이해되었으며, 의료 관행과 연구는 공리주의 원칙에 따라 노동 연령층 인구의 잠재적 치유 가능 조건을 우선시했다.

아래에서 우리는 19세기 노령 인구를 대상으로 한 복지의 양상을 세 가지 핵심 영역, 즉 사회경제적, 신체적, 정신적 영역에서 살펴보고자 한다. 이런 구분은 분명히 자의적이다. 그러나 이는 좀 더 집중된 논의를 가능하게 하며, 연구자의 관심과 연구 수단 역시 이 세 영역에서 각기 달랐다는 사실을 반영한다.

복지의 상이한 양상을 구별함으로써, 노인과 관련된 변화가 어떻게 삶의 모든 영역에서 동일한 정도나 동일한 방향으로 영향을 미친 직선적인 과정이 아니었는지도 잘 드러난다. 질적 조사를 토대로 한 근래의 연구는 노령자를 경제 변화의 희생자로 여기며 노령화의 광범위한 문화적 측면, 노년의 의미, 노령자 스스로가 가진 가치를 포함하지 않는 사회과학 모델에 바탕을 둔 일반화에는 문제가 있음을 강조해왔다.[5]

근대화가 전통적 관습과 믿음에 도전하고, 사회경제 질서를 변화시키면서도 반드시 삶의 기회 악화, 세대 간의 부양과 노인들의 만족도 감소를 의미한 것은 아니었다. 그러나 그것은 각 개인이 좀 더 복합적인 선택을 하

피어스 이건의 1825년 작품 『한 배우의 삶』에 대한 그림에서는 구빈원에서 삶을 마감한 노인들의 비참한 처지가 심금을 울릴 정도로 분명하게 드러난다. 성공을 거둔 한 배우가 곤경 속으로 전락한 옛 동료를 방문하고 있다. 모두가 여위었고, 옷도 형편없이 입었으며, 목발을 짚은 이도 있는 다른 재소자들에게 그의 방문일은 기념할 만한 날이다.

중간계급에게 노년의 전망은 결코 위협적인 것이 아니었다. 도리어 그것은 여가와 안락의 형태로 그 보상을 즐길 수 있는 성공적인 삶의 정점이 될 수 있었다. 세 그림 모두 독일, 덴마크, 스위스에서 나라와 사회계층을 초월한 동일한 이야기를 들려준다. 카를 슈피츠베크의 1856년도 작품 「선인장을 애호하는 신부」(342쪽). C. W. 에셔스베르의 1818년도 작품 「마담 슈미트」(위 왼편). 알베르 앙커의 1881년도 작품 「신문을 읽는 시골 사람」(위 오른편).

도록 강요했고, 오늘날처럼 당시에도 선택의 능력은 개인의 물질적 지위, 신체의 건강, 정신적 재능, 대인 관계 형성 능력 등에 따라 민감하게 달라졌다.

이 책의 앞 장들이 이미 보여준 것처럼, 상이한 방법론을 결합함으로써 산업화와 도시화 이전이 노인의 '황금시대'라는 신화의 허구성을 폭로할 수 있다. 동시에 이 연구들은 점차 부유해져 노인들에게 더 많은 복지 서비스와 자율적 삶을 제공할 수 있는 사회에서 떠오르는 중간계급 출신의 개별 노인이 획득할 수 있었던 약간의 이득을 강조한다. 예를 들면 틀림없이 특권계급에 속했던 톨스토이는 노년에는 많은 것을 즐길 수 있다고 생각했다. '노년에 대해 불평하지 마라. 그것이 나에게 예상하지 않았던, 훌륭한 이점을 얼마나 많이 가져왔던가. 그래서 내가 내린 결론은 노년과 삶의 끝도 똑같이 예상 밖으로 멋진 것이 되리라는 것이다.'6

미술의 경제학을 유념하면, 미술작품이 부유한 이의 초상화와 그들 엘리트의 도덕과 이상에 수용될 수 있는 풍경화 및 서사화 쪽으로 강하게 편향된 사실을 알게 된다고 해서 놀랄 것은 없다. 그럼에도 시사 이야기나 뉴스 기사의 도해를 위해 목판화를 활용한 사진 이전의 복제시대에 잡지와 정기간행물이 늘어난 것은 다른 주제, 즉 평범한 장소에서 평범한 일을 하는 평범한 사람들에 대한 관심을 촉진했다.7 그런 '평범한' 사람들에는 구빈원과 뒷골목에서 곤경을 견뎌내거나 과음을 즐기는 가난한 이와 노인들이 포함되었다. 화가의 시선이 확대됨에 따라 운은 없으되 수는 많았던 사회 구성원의 사회경제적 현실, 종전에는 무관심했던 그 순간들이 과거에 대한 우리 기록의 일부가 되었다. 그것은 당대뿐 아니라 미래의 관찰자들의 해석에 맡겨졌으나, 그럼에도 많은 이가 가장 원하지 않지만 그렇다고 피할 수도 없는 삶의 시점을 또렷하게 기억나게 하는 것이었다.

이 글에서 우리가 살피는 것은 비교적 많은 역사적 기록을 남겼던 부유한 소수가 아니라 '임시변통의 경제', 즉 경험적·금전적·물질적 후원이라는, 부단히 근원이 바뀌는 혼합물을 구성하는 것이 무엇인지에 대한 우리의 상당히 빈약한 지식을 모두 꿰맞춰야 그 물질적 존재 양상이 드러나는 다수의 노인이다. 아직 일할 수 있었던 이들에게는 취업이 후원의 가장 중요한 원천이었던 반면 나머지 사람들에게는 생활자금, 식사, 의복, 주택, 가사 도움 등 가장 필요한 몇 가지로 구성된 후원이 가족이나 자선단체, 국가나 혹은 어떤 형태로든 이들이 결합된 방식으로 제공되었다.

역사가들은 가족과 사회 내 노령자의 역할에 대한 변화하는 인식의 단서를 찾기 위해 인구 패턴을 조사했지만, 종종 확실한 결과를 얻지는 못했다. 미국에서 60세 이상 노령자의 비율은 1830년에 4퍼센트에서 1906년에는 6.4퍼센트로 증가한 반면,[8] 프랑스에서 이 연령집단은 1801년에 이미 8.7퍼센트에 달했고 1906년에는 12.6퍼센트로 상승했다.[9] 잉글랜드에서 그들의 비율은 18세기 말에 이르면 6~7퍼센트의 낮은 수준에서 안정되었고, 20세기 초까지 그 수준에 머물렀다.[10] 하지만 노인 비율의 차이, 그리하여 젊은 이들에게 지워질 것으로 예상되는 부담의 차이에도 이들 국가 가운데 어느 곳에서도 노령자는 가난과 예속을 면치 못했다.

가난과 예속

노령자는 전체 인구의 소수였을 뿐이었지만 그들을 돌보기 위해 친족들에게 요구되는 부담은 다른 부양가족, 특히 고출산 시대 영유아들이 경쟁 상대가 되거나 또는 특히 높은 사망률과 이주의 결과 남아 있는 젊은 친족의 수가 적었기 때문에 막중할 수 있었다.

친족의 후원은 숙박, 다소의 현금, 식사, 교류, 간호나 가사 등의 형태를 취했다. 1834년의 잉글랜드 구빈법은 상황에 대하여 낙관적이었는데, 이는 터무니없는 것이 아니었다.

> 늙었거나 병든 부모와 자녀에 대한 부양의 의무는 우리의 본능적 감정이 그토록 강하게 요구하기 때문에 심지어 야만인들 사이에서도 곧잘, 문명인의 이름값을 하는 국민에게는 거의 언제나 훌륭하게 이행된다. 우리는 그 의무에 소홀한 유일한 유럽 국가가 잉글랜드라고 믿는다.[11]

동거는 강한 가족 연대의 표징으로 간주되지만, 그것의 부재가 반드시 노령자 경시의 증거는 아니다. 실제로 이제 서양 사회를 다룬 많은 연구에서 산업화 이전 유럽, 특히 잉글랜드에서 노인들이 가능한 한 독립을 유지하고, 젊은이들은 결혼 후 독자적인 가정을 꾸리기 원했음이 밝혀지고 있다.[12]

자택의 소유는 노령자 독립에 대한 하나의 표식으로 볼 수 있다. 왜냐하면 집은 주거지와 대부 담보를 제공하는 것에 덧붙여 임대나 하숙을 통한 소득 창출에 활용될 수 있기 때문이다. 19세기 중엽 미국인들 사이에 자택 소유는 중년 말에 정점에 이르렀지만, 19세기 말부터는 생애 말에 최고조에 달했다.[13] 미국에서는 이미 1900년에 70세 이상 도시 인구의 약 65퍼센트와 농촌 인구의 71퍼센트가 자택을 소유했다.[14]

산업화 이전 서양의 농촌 가정은 지역적으로 다양하게 구성되었던 것이 확실하다. 한편으로는 프랑스의 북부 도시들, 북미, 그리고 특히 잉글랜드의 경우 대규모 복합가족의 비율이 매우 낮았던 것이 특징이었다. 다른 한

귀스타브 도레의 1872년도 판화 「노숙인」은 논평이 불필요하다.

이탈리아 화가 루이지 노노의 「금혼식」은 도시보다 농촌의 궁핍이 좀 더 견디기 쉬웠음을 시사한다. 유럽 대륙에서 농민의 삶은 산업혁명에 의해 상대적으로 영향을 받지 않았으며, 노인은 공동체에 더 잘 통합되었다.

편 남부 프랑스, 북부 이탈리아, 헝가리와 오스트리아 일부, 그리고 특히 러시아는 복합성의 확대와 한 지붕 아래 여러 세대의 동거라는 관념을 뒷받침하는 매우 다른 농촌 가정의 패턴을 보여주었다.[15] 헝가리 농촌마을에 관한 한 연구는 심지어 한 국가 내 지역 및 민족적 차이의 중요성을 보여주면서, 소수의 사례 연구에서는 어떤 결론을 도출하기 어려움을 강조한다.[16] 또한 위기의 순간에는 잉글랜드에서조차도 대가족이 형성되었는데, (농촌의) 동거 하인, (도시의) 하숙인, 혹은 집 근처 (도시의) 임금노동 취업 여부에 따라 성장한 자녀를 포함했다.

그러나 더해가는 개인주의, 사생활과 가정에의 애착(노동과 가정의 분리)과 더불어 산업화와 도시화, 또 가족 구성원 사이의 경제 관계에 나타난 심대한 변화가 점점 더 가정을 작게, 즉 핵가족으로 구성되도록 만들었다.

만약 관습이나 정서적 유대가 노인에 대한 가족의 부양을 보장하지 못할 만큼 약하다면, 그때는 직업상의 숙련 기술뿐 아니라 토지, 작업 도구 및 그 밖의 경제적 자산의 이양을 둘러싼 노인의 협상력이 죽을 때까지 안락한 생활을 보장할 것이라는 주장이 가능하다. 하지만 도시 지역에서 증가하는 공장 임금노동이 부모의 통제에서 자녀를 벗어나게 만들었고 노령자에게서 협상력을 빼앗아버렸다. 이는 또한 후손에게 물려줄 것이 하나도 없는 늙은 프롤레타리아를 만들어냈다. 이처럼 세대 간 의존이 줄어듦으로써 가정의 규모가 작아졌다는 것은 사실로 보인다. 그러나 이러한 변화가 대체로 부양의 감소로 이어졌는지 증명하기란 훨씬 어렵다.

국가 재정의 노령연금이 등장하기 이전, 대다수 노령자는 완전히 불가능할 때까지 계속 일해야 했다. 비록 유일한 것은 아니지만 취업이야말로 노령자의 임시변통 경제에서 확실히 가장 중요한 요소였다. 우리는 임금과 소득에 관한 자료를 통해 노령에 접어든 노동자는 덜 안전하고, 숙련도가 떨어지

두 부르주아 가정. 독일 화가 에두아르트 게르트너의 (1825년부터 1850년 사이의) 작품 「베를린 가정」(위)은 비더마이어Biedermeier(19세기 전반 독일과 오스트리아 등지에서 나타난 서민적인 문화 양식으로, 간결하고 실용적인 성격이 특징이다—옮긴이) 취향과 양식의 좋은 예다. 아이들은 교육을 잘 받았고 행동거지도 바르며, 늙은 할머니는 당당하고 만족스런 모습이다. 영국 화가 윌리엄 파월 프리스의 작품 「축하합니다」(아래)는 좀 더 편안한 영국의 행사를 보여준다. 생일날 아기가 축하 화환 아래 앉아 있다. 아버지는 한 잔의 포도주를 할아버지께 갖다 드리는 큰딸을 만족스럽게 쳐다보고 있다.

파리의 레 알 앞 시장의 광장에 각 연령의 사람들이 뒤섞여 있다. 프랑스 화가 빅토르 가브리엘 질베르의 1880년도 작품 이 그림을 보면 노인들은 계속 일을 했어야 했다. 그들이 불만을 가지고 있다는 점을 시사하는 것은 없다. 그러나 화가는 전면의 두 여성의 얼굴에서 체념의 표정을 감추지 않는다.

며, 임금이 낮은 직업이나 사양 산업의 일자리로 이동하는 경향이 있었으며, 경제적 쇠퇴기에는 가장 먼저 실업자가 되었음을 알고 있다. 1913년 미국의 한 신문 기사는 나이 든 노동자의 곤경을 우울하게 묘사했다.

> 효율성의 증대를 추구하면서, 돈에 대한 사실상 보편적인 숭배가 현대에 초래한 결과로서 (…) 노인들은 산업적 무능의, 용서 못할 증인으로 자리매김되기에 이르렀다. 그리고 나이 듦의 변함없는 동반자인 경험은 상식이 요구하는 대로 존중받는 대신 크나큰 핸디캡이 되는 바람에 평생 직업을 통해 본인에게 적합한 과제와 직책을 수행할 수 있는 경험 보유자가 취업하는 것은 사실상 불가능하게 된다.[17]

1890년 북미에서는 65세 이상 유급 고용 남성의 약 60퍼센트가 농업과 어업, 그리고 광업에서 활동한 데 비해 15세 이상 45세 이하의 남성은 42퍼센트만이 동일 부문에서 활동했다.[18] 또 나이가 많은 노동자는 전통산업과 수공업에서 비율이 높았고, 공업 기반의, 성장하는 경제 영역에서는 비율이 낮았다.

19세기 말에 이르면 잉글랜드와 웨일스에서 65세 이상 남성은 농업, 서비스, 의류, 전문 직업(유일한 고임금 영역), 그리고 단순 육체노동자에서 비율이 높았다.[19] 1861년 런던의 여성 노동력 가운데 근 4분의 1이 45세 이상이었지만, 런던의 세탁부와 파출부 절반 정도가 이 연령집단에 속했다.[20] 노령자가 수행한 일은 기존의 지위를 강등시키는 것이었는데, 종전에 고도로 숙련된 능력이 필요한 직업에 종사했던 이들에게는 특히 그랬다. 또 그 일은 도로 보수 혹은 선착장 작업처럼 체력을 고갈시키는 것이었다. 그런 일은 통상 주변적이고, 임시적이며, 임금이 형편없었다.[21]

공제 단체는 보험과 연금 기구의 초기 형태였다. 처음에는 회원들이 사적으로 자금을 마련했으나, 독일을 필두로 국가가 곧 그 기능을 떠맡았다. 1896년 '숲의 주민 전통협회Ancient Order of Foresters'는 90만 명의 회원과 500만 파운드의 자본을 보유했다. 이 단체는 질병 수당, 장례 비용, 실업, 치료, 노령연금 등을 보장했다. 그러나 이런 혜택은 그 기구에 먼저 돈을 지불할 수 있었던 사람들만 누릴 수 있었다.

취업에서의 이러한 변화는 노동자의 체력, 원기, 민첩성, 시력의 감퇴만이 아니라 현대자본주의 경제의 효율성을 높이기 위한 과학적 경영기법과 신기술, 경쟁 압력의 도입 때문이었다고도 할 수 있다.

충분히 높고 지속적인 임금 소득을 누리고, 일정 유형의 노동자 결사체에 가입할 만큼 신중했던 행운아들은 의학적 요인으로 더 이상 일할 수 없게 되면 질병 수당을 받는 혜택을 누릴 수도 있었다.[22] 하지만 잉글랜드에서는 보험 보장의 증가에도 불구하고 가장 취약한 계층을 포함하여 많은 이가 그런 혜택에서 아마 배제되었을 것이다.

미국에서는 남북전쟁 이후 퇴직연금과 상조협회가 판매한 노령연금이 등장했으나 제1차 세계대전 이전에 재정적 후원을 받은 노동자는 아마 1퍼센트도 못 되었을 것이다.[23] 프로이센의 광부를 위한 선구적인 노령 보험 기구가 일찍이 1854년에 설립되었고, 독일의 다른 대기업도 노동력의 공급을 확보하고 국가 개입을 막기 위한 시도로서 노동자에게 사회보장을 제공했다.[24] 1889년 치유 불가능한 폐질廢疾과 노령 대상 사회보험 입법이 시작되었으나, 노령연금은 소액이었으며 70세 이상의 노동자에게만 혜택이 주어졌다.[25] 물론 유럽과 미국의 퇴역 군인에게도 연금이 주어졌지만, 많은 사람이 또 다른 출처의 후원에 의존해야 했다.

노인 구호

자선의 상대적 중요성에 대한 평가는 역사 연구보다 정치 수사에 의해 더 자주 뒷받침된다. 자선의 도움에 깔려 있는 주된 문제는 규모가 작고, 그 활동의 성격이 지방적이고 비전문적이며, 수혜자 선정 기준이 자의적이

보살필 가치가 있는 빈민, 특히 퇴역 군인과 해군 병사에 대해서는 유럽의 많은 국가가 오래전부터 수용시설을 제공했다. 물질적 수준은 상당히 높았다. 그러나 1880년 독일 화가 막스 리베르만의 그림「암스테르담의 양로원」이 보여주듯이 분위기는 우울했고, 거주자들에 대한 일반적인 인식은 과거의 향수에 젖어 살아간다는 것이었다.

라는 점이다. 그 결과 궁핍한 각 개인에게 배분하는 데 사용되는 자선금은 소액이고, 신청자의 요구를 정확하게 파악하는 능력은 부족하며, 보장은 보잘것없고 지역에 따라 불평등했다. 그리하여 일부 노령자들은 부자의 자발적인 증여에서 혜택을 보았음이 틀림없는 반면, 많은 사람에게 그것은 접근할 수 없거나 최소한 예측할 수 없는 수입원으로 남았다.

19세기 전반 네덜란드 암스테르담의 구호 조직이 여기에서 하나의 본보기가 될 수 있을 듯하다.[26] 최대 구호 기구는 칼뱅파 개신교였지만, 로마 가톨릭, 독일·폴란드·러시아 등 중동부 유럽계 유대인, 루터파 교도들 역시 병자, 허약자, 노인, 자녀가 있는 과부, 대가족을 거느린 노동자 등에게 활발하게 자선의 도움을 제공했다.[27] 이 후원은 주로 원외 구호(구빈시설에 수용되지 않은 빈민을 위한 구제 방법의 하나—옮긴이)의 형태로 주어졌고, 1829년에서 1854년까지 70세 이상 노령자의 40퍼센트 이상이 그 혜택을 받았다. 그러나 언제나 배분된 양은 각 개인의 생존에 필요한 만큼의 단지 일부분이었는데, 이는 나이에 상관없이 수령자는 다른 도움의 손길에도 의존할 필요가 있다는 생각을 사람들이 하고 있었음을 시사한다. 자선시설과 관련해서는 1800~1850년 암스테르담 구호 기금의 단 4퍼센트만이 구빈원과 양로원에 사용되었다.

미국에서 노인을 위한 제도적 지원은 남북전쟁 이전에는 극히 제한되었으나 많은 사설 양로원의 설립과 더불어 개선되었고, 특히 1875년 이후에 많이 향상되었다.[28] 이와는 대조적으로 영국의 경우, 구빈원의 중요성은 새 기부금이 인구 증가를 쫓아가지 못함으로써 19세기 내내 지속적으로 감소했다. 구빈원을 대신하여 영국에서 자발적 증여를 도맡았던 것은 18세기에는 주로 학교, 19세기에는 주로 병원과 진료소에 대한 생시 청약기부 자선inter vivos subscription charities이었다.[29] 그러나 영국의 구빈원이 특별히

범죄를 찾아내려 하지만, 경찰의 손전등 불빛이 비추고 있는 것은 비참함뿐이다. 런던을 그린 귀스타브 도레의 1872년도 삽화들 가운데 하나인 고통스러울 정도로 생생한 이미지. 19세기의 마지막 25년 동안 유럽과 북미의 대다수 국가가 주요 사회개혁 프로그램을 시작한 것은 이런 장면을 없애기 위한 것이었다.

노인을 위한 것이었던 반면 일반 및 전문 자선병원은 그렇지 않았다.

사실 입소 규칙과 절차는 노인에게 불리할 수밖에 없었다. 노인은 추천서를 얻는 데 큰 어려움을 겪었고, 의학적 상태가 종종 만성적이고 치유 불가능하여 진료에 적합하지 않았기 때문이다.[30]

그래서 물질적으로뿐 아니라 의학적으로도 도움이 필요할 때에는 많은 노인이 공공 영역에 의지했다. 이때에도 서양의 상황에서 특징적인 것은 지리적·시간적으로 상당한 격차였다. 영국에서 공적 지원의 '관대함'은 노령자와 같은 특수한 수혜자 집단의 삶에서 주기적 변화에 따라[31] 18~19세기에 수치상으로 국민소득의 0.8퍼센트와 2.4퍼센트 사이에 달했다.[32] 게다가 빈민 구호는 지방의 세금으로 조직되고, 자금이 조달됨에 따라 지리적으로 차이가 나타나기 십상이었다. 영국에서 가난한 노령자에 대한 구호는 정기적인 현금 지급의 형태나 구빈원 또는 그 부속 진료소 수용('원내 구호')을 통해 이루어졌다.

여기서 이 시설들의 성격에 대해 자세하게 논의할 여지는 없다. 대다수 사람은 그곳을 자율과 개인 소유물, 그리고 친구 및 가족과의 접촉(심지어 동일 시설 안에서 부부가 격리될 수도 있었다)의 완전한 상실, 극히 미비한 오락 설비와 아예 없거나 형편없는 간호시설, 단조로운 식사와 아울러 종종 혼잡하고 비위생적 조건 속의 생활을 포함하는 마지막 선택으로 여겼다고 언급하는 것으로 충분할 것이다.

하지만 공포의 대상인 구빈원으로의 수용은 19세기 중엽에서 말까지 남성과 여성 모두에서 증가했다. 1901년에 이르면 75세 이상 영국 남성의 거의 10퍼센트, 여성의 6퍼센트가 구빈원에 있었다.[33] 런던에서는 이미 1851년에 이 연령의 여성 여덟 명 가운데 한 명은 구빈원에서 살았다.[34]

이는 미국의 상황과는 매우 대비된다. 미국에서는 공적 자금이 수용소,

노인뿐 아니라 신체 허약자, 정신 질환자의 고통에 대한 강조는 당연히 서양 문명에서 새로운 것이 아니었다. 그러나 이제는 종교적 차원과 분리되었고, 제안된 해결책은 완전히 세속적이었다. 사회의식을 지닌 그런 문학작품은 모든 언어에서 쉽게 발견할 수 있다. 화가들 역시 공공의 양심과 열정을 일깨우려고 했다. 프랑스의 화가 제리코가 강렬한 인상의 작품「미친 여성」에서 그러는 것처럼 말이다.

프랑스 본의 중세 양로 병원은 수 세기 동안 똑같은 서비스를 국가가 아닌 신의 이름으로 수행해오고 있었다. 1848년경의 이 매우 초창기의 은판사진에서 종교단체인 자선수녀단의 한 수녀가 간호사의 유니폼이 될 옷을 입고서 노령의 환자에게 음식을 가져다주고 있다.

그리고 노령자 외 다른 특정 사회집단을 전문으로 돌보는 다른 시설의 설립으로 흘러들어갔고, 그 결과 구빈원의 노인 비율이 올라갔으나, 전반적으로 60세 이상 거주자의 2퍼센트라는 낮고도 안정된 수준을 결코 넘지 않았다.[35] 프로이센에서는 1846년과 1913년 사이 시설 수용이 6배 이상 늘어났지만, 치유 가능한 경우를 우선시함으로써 쇠약하고 만성질환을 앓는 노인들은 점점 더 밀려났다.[36]

프랑스의 양로 병원은 노인을 돌보기 위해 마련한 것이었지만, 실제로는 모든 연령층의 폐질 환자와 치유 가능한 아동도 받아들였다. 이 때문에 통계 해석에 애를 더 먹게 된다. 그럼에도 1860년대에 75세 이상 인구는 매년 아마 2.1퍼센트만이 양로 병원에 살았으며, 양로 병원에 한 번이라도 수용된 프랑스 노령자의 비율은 11퍼센트를 넘지 않았던 것으로 추정된다.[37] 19세기 후반에는 60세 이상 인구 가운데 입원자의 비율이 파리를 제외하고는 실상 감소했는데, 파리에서는 1875년 이후 입원 비율이 눈에 띄게 증가했다. 또한 1850년대에는 남성이 양로 병원을 장악했지만, 상황이 역전되어 1920년대에는 입원 환자의 다수가 여성이었다.[38]

결론적으로 19세기 노령화의 사회적·경제적 현실은 다양했고, 또 변화하고 있었다. 그러나 한 가지 공통점은 사람들의 생활이 불안정했으며, 틀림없이 독립을 선호했고, 그래서 근로 수입은 계속해서 중요했다는 것이다.

당대 한 사회연구자는 잉글랜드와 웨일스에서는 19세기 말경 노령 인구의 약 55퍼센트가 벌이와 개인 재산으로 어떻게든 스스로를 부양했다는 사실을 알아냈다. 그러나 5퍼센트는 오직 교구의 지원에, 또 다른 5퍼센트는 가족에게만 의존했으며, 10퍼센트만이 자선에서 주요 수입을 얻었고, 나머지(25퍼센트)는 구할 수 있는 온갖 지원을 끌어모아 버텨나갔다.[39]

노년의 물질적 복지는 공적, 사적, 가족의 지원 여부에 따라 구체화되었음이 분명하지만, 그것은 주로 건강, 따라서 근로 능력에 따른 것이었다. 이제 노령자의 신체와 관련된 복지를 검토하고자 한다.

건강과 질병

19세기의 심대한 변화들에서 유래하는 건강과 복지에 대한 위험은 물론 노령자에게만 영향을 미치지는 않았다. 그러나 그 위험에 대한 대응에서 발전한 사적·제도적 계획의 일부는 접근성이 매우 떨어졌는데, 노령자에게는 양로 병원이, 빈민에게는 공제 단체의 혜택이 이에 해당했다.

각 개인에게 만년의 건강은 언제나 질병에 대한 저항을 결정하는 유전적 성질 및 생활양식의 요인들, 그리고 유독한 물질과 전염병균에의 노출을 결정하는 직업 및 환경 요인에 달려 있었다.[40] 물질적·사회심리적 고난으로 인해 누적된 신체 혹사가 산업화, 이주, 도시화가 초래한 스트레스 때문에 많은 사람에게 증가했다는 주장이 가능하다. 이 스트레스는 직업상의 위험, 상당히 큰 노동 강도, 열악한 위생 여건과 밀접한 빈약한 식사, 사회적 유대의 결핍 등을 포함하곤 했다.

최초의 산업국가에 관한 한, 그리고 1인당 소득, 키, 기대 수명 또는 문자해득과 정치적 자유 등에 관해서는 영국의 생활수준이 19세기 중엽 이후까지 눈에 띄게 개선된 것 같지는 않다.[41] 그렇다면 노령자의 신체를 위한 복지는 어떠했는가?

다양한 자료를 고려할 수 있지만 어떤 것도 완전히 만족할 만한 답을 제공하지는 않는다.[42] (형편없는) 건강에 대한 표지로서 가장 흔히 사용된 것은 그 연령 특유의 사망률이다. 노령자들의 높은 사망률은 젊은 인구집단

THE Friendly Societies'
MONTHLY MAGAZINE.

(FOR THE SOUTHERN COUNTIES.)

No. 8.—Vol 1.]   NOVEMBER, 1889.   [Price 1d., by Post 1½d.
(ENTERED AT STATIONERS' HALL.)

NOTICES.

Secretaries, and others, will oblige by sending accounts of meetings, or newspapers containing such accounts, not later than the 27th of each month; before if possible. Communications for the Editor should be addressed to him at 15, Fraser Road, Southsea.

Orders and advertisements should be addressed to the Secretary, at the same place.

EDITORIAL NOTES.

The half-yearly report and accounts of the South-Western District, Ancient Order of Foresters, which we summarise in another column, evidence a state of well-being that is highly satisfactory. The District has made immense strides during the last decade. Thanks largely to the well-directed zeal and energy of several District Chief Rangers, new neighbourhoods have been opened up during that period, and Country Courts established which are now doing well. At the present time the District comprises no fewer than 122 Courts, with a total of 20,166 contributing members, as compared with 20,095 in June last. The various funds are in a healthy condition, and by the establishment of a District Investment Fund most of the surplus money is out at good interest and with ample security. A foremost part is being taken by the District in the constitutional agitation against the tax on the transfer of bonds, which has not inaptly been described as "a tax on poor men's providence." The D.C.R. (Bro. H. B. Rohss) and the D.S. (Bro. A. J. Dyer), recently accompanied the H.C.R. and the H.S.C.R. of the Order, with the Parliamentary Agents of the Foresters and Oddfellows, as a deputation to Mr. Goschen, the Chancellor of the Exchequer. In the name of the two great Friendly Societies which they represented, the deputation laid their protest before the Right-Hon. gentleman, by whom they were courteously treated. We regret to learn, however, that they came away with but faint hopes of any amelioration in regard to the tax, being told that as the Friendly Societies had become capitalists and investors they must expect to pay the toll which the State charges on these transfers. This is poor comfort, indeed, and the protest which the Committee raise against the hard-earned savings of the industrial classes, contributed as a provision against sickness and adversity, being placed on the same basis as the money of the private capitalist is worthy of serious consideration on the part of those with whom the adjustment of the incidence of taxation lies.

The Ancient Order of Foresters of America has taken the place of the Subsidiary High Court of the United States, and no coloured people need apply. It was surely a joke, though, of the delegates who met at Minneapolis and drew up the high-sounding "Declaration of Independence," to introduce the phrase—"While we recognise that all men are free and equal before the law, and do not seek to deprive any of their rights and privileges to which they are entitled, we claim the right heretofore granted us, and inherent in all men, to legislate on ourselves upon questions so vital to our welfare and prosperity." It was, then, to accentuate the equality of all men, and to see that none were deprived of their rights and privileges, that the delegates resolved secession from the High Court of the Order! Happy delegates, to be contented with such logic!

Look on that picture, and then on this—it is hardly a companion one:— A New York correspondent states that the senior class of Harvard College has chosen for orator on Class Day one of its two negro members. He is named Clement Garrett Morgan, and his father was a Virginian slave, set free by Lincoln's Emancipation Proclamation. The Orator is always chosen by the vote of the whole class, and to be selected is regarded as the highest mark of favour a student can receive from his fellows. The present class numbers 275, and Mr. Morgan was chosen over all his white competitors by a large majority. He has unusual gifts of oratory, having won the Oratorical Prize last year. "The incident," writes an editorial commentator, "shows in a striking manner the progress made in America since the War in overcoming race prejudice." Humph!

We are glad to give prominence in another column to the meeting and entertainment held at Landport on the 23rd ult., in honour of Mr. Jackson, Vice-President of the Board of Directors of the U.A.O.D., who was on a visit to Portsmouth. The gathering—which was convened at very short notice—was interesting as an evidence of the friendly feeling that exists between members of the different Orders in the town, and of their general readiness to recognise the services rendered to any particular Society by one holding high office therein. The introduction on such an occasion of references to the proposed establishment of a Friendly Societies' Council in Portsmouth was most opportune. From information lately to hand we have reason to believe that the matter will not be allowed to end in talk, but that some practical steps are about to be taken towards achieving an object which appears to be desired on all hands.

A true story comes from British Columbia which shows that the Foresters there have caught the spirit of fraternity that is a guiding principle of their own and other Orders. In May last a member of Court "Pride of Finsbury," No. 1681, who was at Vancouver for the purpose of improving his position and regaining his health, met with an accident which necessitated his removal to a hospital. During his few weeks' stay in the town he had discovered a recently-established Court in the vicinity—namely, "Pacific," No. 7267—and had made himself known to the brethren. What followed, as soon as they heard of his accident, is best told in the grateful sojourner's own words: "When in the Hospital many of the members visited me three times a week. They brought me fruit and flowers, and most specially urged me to send to the C.R. or Secretary if I required anything, and it should be procured. I have been laid up a month through the accident, and if I had not been so kindly treated the cost would have been very severe to me. The doctors here charge five dollars a visit, and no medicine. An ordinary prescription costs one to three dollars. The Court Surgeon attended me four or five times per week. The Hospital treatment cost five dollars per week." Bravo, British Columbians!

For some time past the Druids have been thinking that they are under some disadvantage in having no official journal or magazine, such as other Orders possess.

에 비해 상대적으로 빈약한 그들의 건강을 가리킨다. 이런 경향은 신체 능력에 대한 활용 가능한 통계에 반영되어 있다. 나이와 함께 신체 장애(예컨대 시력 상실 비율)와 질병으로 인한 결근(예컨대 공제 단체 자료의 기록)이 늘어났다.[43] 침울, 편안 또는 행복에 대한 자기 평가와 같은 건강의 다른 측면에 대한 정보는 일기, 전기, 회화 등에 담긴 에피소드 같은 증거로서만 존재할 뿐이다. 이들은 건강과 고통에 대한 개별적 경험에 관해 소중한 통찰력을 제공하지만, 상이한 연령집단의 건강 상태가 나타나는 시대적 추세에 관한 신뢰할 만하거나 대표적인 증거를 제공하지는 않는다.

믿을 만한 자료가 부족하지만, 그럼에도 우리는 나이가 들면서 건강이 악화되고, 이에 따라 노령자는 장애, 허약, 질병, 고통, 고립, 정신 질환 등을 줄이거나 극복하기 위해 도움을 더 많이 필요로 하게 되었다는 점을 기꺼이 인정한다. 아마 여러 다른 행위 주체(정통 의료시술자, 치료사와 기타 비주류 의료인, 비전문 간호사, 상담사 겸 성직자)와 서비스(부조 단체, 교회, 친구, 가족, 주류 및 비주류 의료 서비스)에게서 도움을 얻을 수 있었지만, 노령자의 필요에 맞는 것은 아무것도 없었을지도 모른다.

영국 양로 병원의 기록은 의료 수요가 많은 노령자의 입원 비율이 젊은 연령집단(자선병원에서는 종종 배제된 어린이는 제외), 그리고 유사한 연령집단이지만 상층 사회계급에 속하며 개인적으로 비용을 지불하는 환자에 비해 매우 낮았음을 보여준다.

그리하여 자선 및 공공 의료 서비스의 이용률은 서비스에 대한 노령자의 상대적 혹은 절대적 필요를 보여주지는 못하나, 노년에 고통받는 질병과 신체 상태의 유형, 그리고 그에 대한 치료의 성공 여부에 관해 조금은 알려준다. 의학적 견해는 전반적으로 운명론적이었으며, 나아질 것이라는 희망을 일반적으로 거의 주지 못했다. '노년에는 신체의 힘이 서서히, 그리

19세기 새 법에 따라 세워진 구빈원은 적어도 빈곤 노인 가운데 '대우받을 만한' 이를 위한 자선 기관이 되고자 했다. 그러나 언제나 세심하게 운영된 것은 아니었다. 그리고 가난한 노인들은 굶어 죽을 가능성만큼이나 구빈원을 두려워했다. 가장 불만을 품었던 현상 가운데 하나는 남성과 여성의 분리였다. 런던의 구빈원에 대한 두 장의 사진, 즉 1895년의 세인트 판크라스와 1900년의 매러번의 사진은 여전히 냉랭한 느낌을 준다.

1840년대 사진의 출현은 오늘날에도 여전히 우리를 놀라게 할 정도의 사실감을 주면서 아주 나이 든 사람들의 삶에 대한 기록을 가능하게 만들었다.

△'뉴저지의 원로' 윌리엄 콜리는 1848년 이 사진 촬영 당시 102세였다. 100년을 살고서도 육체와 정신의 건강을 누리는 것은 축하할 일이었다.

▷미셸외젠 슈브뢸은 1786년에 출생한 저명한 과학자이다. 그의 명성은 (동물 지방을 연구한) 화학자로서의 작업과 색채이론가로서의 영향력에 바탕을 두었다. 나다르가 그의 사진을 찍었던 때인 그의 100세 생일은 국가적인 경사였다. 그는 103세까지 살았다.

고 지속적으로 쇠퇴한다. 치아의 상실이 소화 기능의 손상을 수반하여 혈액에 영양을 충분히 공급하지 못하고, 심장 활동은 약화되며, 고지혈성 및 종양성 동맥 경화가 발생하고, 생식 능력은 상실되며, 마지막으로 신경계 각 부분의 기능 손상에 이르게 되어 상당수는 뇌졸중, 폐질환, 심장병으로 사망하게 된다.'[44]

양로 병원에서 허용한 노인들의 질병 구성에 관한 한 연구는 매우 다양한 수용 사례를 시사하지만, 가장 흔하게 받아들여진 호흡기 및 근골격 질환에서는 기관지염과 류머티즘이 분명하게 부각된다.[45] 구빈원의 부속 진료소도 일반화된 노년의 허약 및 노쇠로 고통받는 환자들을 수용했다. 부속 진료소가 정신적·육체적 능력이 소멸되고 있음이 분명한 환자를 받아들이려 했다는 점에서 보면, 그곳의 사망률이 자선 영역의 두 배 이상이었다는 점은 놀랍지 않다. 또한 자선 양로 병원에 비해 훨씬 높았던 지방 부속 진료소 환자의 기본 사망률도 이 점을 설명해준다.

이 연구는 공적·사적 영역이 노령자보다는 젊거나, 중년인 사람을 많이 치료했다는 점, 그리고 사적 영역이 노인, 특히 매우 나이 든 환자의 수용을 최소화하고, 모든 수용자에 대해 연령과 무관하게 수용기간을 대체로 비슷하게 유지하는 데 특히 능숙했다는 점을 밝혀냈다. 노령 환자의 비율이 적었다는 것은 치료의 혜택을 가장 누리기 어려운 질환자(만성질환과 성병)를 배제하려 했던 양로 병원 수용규칙에 의해 부분적으로 설명될 수 있을지 모르지만, 질병을 앓는 환자의 행태에 근거했던 것 같기도 하다. 외래환자로 진료받으려고 했던 노인은 더욱더 없었던 것이다.

노령자들은 사적 영역보다는 공적 기관에서 젊은이들보다 어떻게든 더 오래 머물고자 했다. 그러나 19세기를 거치면서 병원 체류 기간은 극적으로 단축되었다. 따라서 시간이 갈수록 두 유형의 기관에서 입원 가능성은 개선된 반면, 공적 영역에서 이것은 장기 체류 가능성을 희생한 결과였다.

영국 노령자들의 높은 의료 수요를 처리하기 위하여 의료시설 이용이 증가한 것은 19세기에 시작했으나 20세기까지 계속된 느린 과정이었으며, 오늘날에도 노인차별의 벽이 존재한다.[46] 그러나 독일과 프랑스에 관한 연구가 시사하듯, 도시지역 원외환자를 별개로 한다면 유럽 대륙에서는 이 과정이 영국보다 나중에 시작되었다.[47]

노령자에 대한 의료시설, 특히 전문화된 요원, 연구 및 설비의 측면에서 서비스 공급은 왜 그렇게 더디게 증가했는가? 한 가지 답은 본질적으로 경제와 관련이 있다. 즉 영국의 임상의학은 예방과 상담에 관한 것이었던 반면 의료시설의 제도적 측면에서 의학을 움직인 것은 치유의 형태로서 긍정적이며 공개할 수 있는 성과를 거두어야 할 필요성이었다. 자선병원은 기부자에게, 공공 의료기관은 납세자에게 책임이 있었다. 노화와 노년 특유의 질병은 쉽게 치유될 성질의 것이 아니었고, 그래서 영국에서 그에 대한 연구와 환자에 대한 관심은 19세기 말에야 비로소 나타났다.

이와는 대조적으로 프랑스에서 노년에 대한 의학연구는 19세기 동안 활발했다. 다만 노인의학 연구 성과의 양적 증대에도 그 '질적 혁신'은 1870년대 이후 악화되었다.[48] 아마 이는 여러 가지 요인이 결합된 탓이었을 텐데, 새로운 길의 탐색, 예컨대 생리학 연구나 동물 실험에 대한 거부감뿐 아니라 치유 가능성에 대한 프랑스 의학연구자들의 계속된 비관적 견해, 그리고 병리학적 발견과 증상·치료 방법을 알려주는 환자병력 사이의 체계적 연관성보다는 노년 병리학(특히 퇴화기관 부검)에 국한된 주안점 등을 포함한다.

연구의 관점에서 프랑스 노인의학의 이른바 후일의 실패, 그리고 노령 환자의 치유능력의 관점에서 초기의 실패에도 불구하고 파리의 대규모 양로

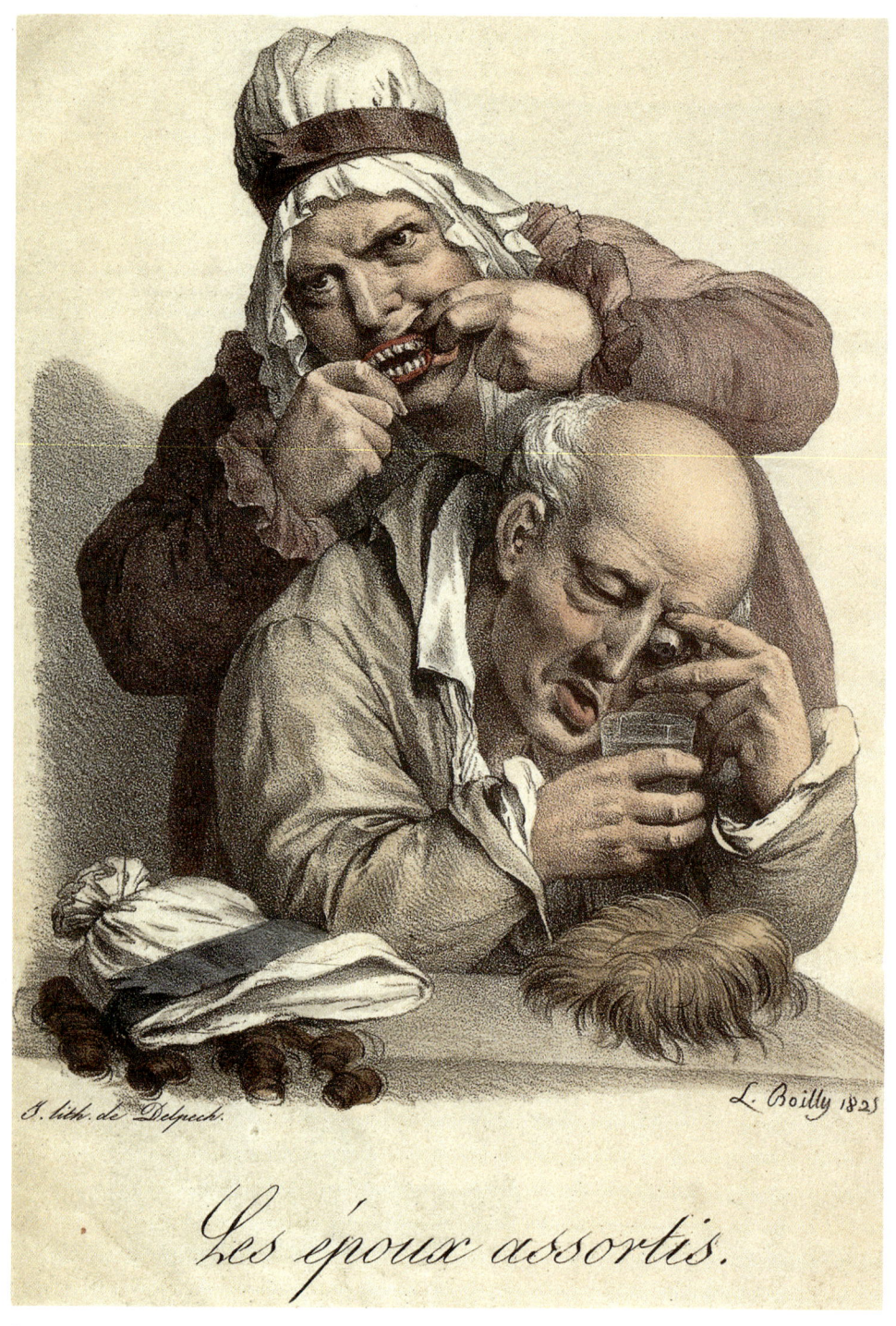

「잘 어울리는 부부」. 허약하고 불구가 된 이들에 대한 조롱은 오랫동안 사라지지 않았다. 프랑스의 화가 부아이의 1825년 작 스케치를 인쇄한 이 기이한 그림은 의안을 한 남편과 틀니를 한 부인을 조롱하고 있다.

병원들(특히 비세트르 남성 병원과 살페트리에르 여성 병원)은 연평균 약 20퍼센트의 높은 사망률을 보이면서 의사들을 위한 완벽한 교육장소의 역할을 했다.[49] 무엇보다도 르비에-파리, 뒤랑-파르델, 샤르코의 책들은 전 유럽과 북미에서 의사에게 중요한 지식의 원천이었고, 카를 칸슈타트와 조지 E. 데이와 같은 독일 및 영국 저자의 책보다 우월한 것으로 간주되었다.[50]

프랑스의 엘리트 의학이 노년기 병리학적 변화에 대해 새로운 통찰력을 발전시켰을지 모르지만 평범한 의사들이 노인의 고통을 덜거나 치료하는 데 이용할 수 있는 새로운 것은 거의 없었다. 이는 왜 많은 노령자가 치명적인 병을 앓고 있으면서도 정식 의사들과 접촉하지 않으려 했는지를 설명해준다. 그리하여 60세가 넘는 남성에 대한 1859~1860년 프랑스의 인구동태통계는 사망자의 41퍼센트에 대해 그 원인이 기록되지 않았음을 보여준다.[51]

독일에서는 공식 통계에서 질병 전문용어가 정교해졌던 19세기 후반에 노령자에 대하여 '연령으로 인한 병약'이라는 사인死因의 범주가 실제로 증가했는데, 의사와 추정컨대 환자 역시 자연적이고 불가피한 죽음이라는 개념에 상당히 만족했음을 시사한다. 또 노년 질병의 불치에 대한 고정관념은 치유할 수 없는 환자에 시간과 자원을 낭비하지 않아야 했던 의료시설에서 독일의 의사들이 노령자를 홀대하는 데 대한 하나의 변명으로 편리하게 이용되었다.[52]

19세기 말 미국의 의사들은 나이 듦을 유기적 변화로 인해 쇠퇴와 질병이 불가피한 병리학적 과정으로 인식했다. 그러나 독일의 의사들과는 달리 그들은 노령자에 대한 통제를 시도했고, 노령 특유의 질병에 대한 적절한 치료, 그리고 의료기관이라는 환경 속에서 가장 쉽게 다룰 수 있는 특수한 섭생법 등으로 구성된, 전문 의사의 '후견적 치료'에 따르도록 했다.⁵³ 효과적인 치료법이 결여되어 있고, 노령 질병의 불치성이 확실함에도 미국 의사들은 노인환자를 돌보고, 그들이 필요로 하는 것은 무엇이든 배려했다.⁵⁴

프랑스와 비교할 때 영국의 경우, 연구 성과의 미흡함은 의학계가 노령에 대한 연구를 상대적으로 등한시했다는 증거가 된다. 그럼에도 노년, 노령화, 질병에 대한 전문가나 일반인의 태도에는 19세기 동안 중요한 변화가 일어났다. 노령의 취약점을 경감하기 위해 할 수 있는 일이 아무것도 없다는 생각이 도전받기 시작한 것이다. 예컨대 대니얼 맥라클란은 1867년 다음과 같이 썼다. "그들(노령자들)의 질병과 노환은 실로 노령화와는 불가분의 부산물로서, 유기체의 점진적이고 자연적인 쇠퇴와 생명기능의 일반적 쇠퇴의 불가피한 결과로서, 그리하여 의사가 결국 거의 어떻게 할 수 없는 것으로 여겨져왔다."⁵⁵

의학 사전의 수록 용어와 점차 이용이 수월해진 소수의 의학 교재는⁵⁶ 노화과정 자체를 '병적'이거나 '정상적'인 퇴행적 변화로 구분했다. 예를 들면 근육이 약해지고 뼈가 물러지는 것은 노년에 정상적인 것으로 여겨진 반면 섬유 모양의 동맥경화로 인한 혈전증은 병적인 것으로 간주되었다. 노쇠의 더 많은 자연 상태가 질병 상태로 분류됨으로써 의료의 영역이 되었다. 또 적어도 이론상 점차 더 많은 것이 피할 수 있는 것, 그리고 (또는) 치유가 가능한 것으로 생각되었다. 게다가 1850년 이후 북미의 의료인들은 치료에 대한 조심스러운 접근을 노년에 대한 특별한 관심으로, 불개입의 원칙을 질병을 퇴치하고 고통을 경감할 수 있는 의학의 힘에 대한 커가는 믿음으로 서서히 대체했다.⁵⁷

오래 사는 것, 그리고 가능한 한 신체의 쇠퇴를 피하는 것에 대한 영국인의 관심은 연령에 따른 생애 단계의 모델을 결국 대체했고, 비전문적인

19세기 중엽 사진의 진실은 부분적으로는 이 매체가 당시 새로운 것이었다는 이유로 대단히 직접적인 느낌을 준다. 이 미국 퇴역 병사와 그의 아내는 초상 사진을 찍을 때 포즈 취하는 법을 몰랐고, 아무도 웃으라는 조언을 하지 않았음이 분명하다.

「황혼」. 독일 출신의 영국 화가 헤르베르트 헤르코머가 런던 웨스트민스터 유니온 구빈원의 한 장면을 그린 1878년도 작품에 부친 제목은 그림 그 자체보다 더 감상적이다. 노인의학의 진보는 점점 더 많은 사람이 초고령에 이르기까지 살고 있음을 의미했다. 1853년 의학계는 '(노령자들이 향유하는) 편안함과 즐거움의 정도는 본질적으로 우리 자신에게 달렸다'라고 인정했다.

「나는 어린 시절을 기억한다」는 우리가 이미 작품을 감상한 적이 있는(22~23쪽) 안젤로 모르벨리가 자신이 좋아하는 주제인 이탈리아 양로원의 여성을 그린 또 하나의 작품. 여기에서 그는 상투적인 것이었음이 틀림없는 종류의 대화를 상상한다. 노인들은 오로지 과거만을 생각한다는, 분명 실체가 없지 않았던 사실은 진부한 것이 되어버렸다. 만년을 가정이라는 친근한 환경에서 보냈던 이들이 공적 보살핌을 받았던 이들보다 유감스러운 일이 적었다는 암시가 불가피하다.

이 세부도는 손주의 방문을 받은 노부부를 그린 L. A. 링의 1898년도 작품의 일부이다.

저술가들이 광범위하게 탐구했던 주제인 행동양식 및 생활스타일에 몰두하게 만들었다. 의학이 노령자를 위해 무엇을 할 수 있는지에 대해 좀 더 긍정적인 견해를 가졌던 이들 가운데 한 사람이 영국의 의사 바너드 반 오벤이었는데, 그는 '건강한 노년에 도달하는 가장 좋은 방법'에 관한 책을 1853년 런던에서 출간했다.

> 지속되는 노년기를 우리가 너끈히 통제할 수 있다는 점, 그리고 인생이라는 여행길은 언젠가 끝날 것이 자명하지만 그 기간뿐 아니라 여러 단계로 그 길을 나누는 방식, 안락과 즐거움의 정도는 본질적으로 우리에게 달렸다는 점을, 나는 과감하게 주장한다.[58]

그는 계속해서 진술한다.

> 의술을 바꾸고 개선시킬 그런 업적을 기대해야 하는 것은 대규모 병원을 책임지고 있는 일단의 내과 및 외과 의사이다. (…) 개인영업에 힘을 쏟는 내과 및 외과 의사의 지위는 매우 다르다. (…) 알려진 모든 치료 기구와 수단을 가능한 한 능숙하게 이용하면서도 새것들은 아무리 잘 알고 있다 하더라도 계속적인 경험과 관찰로 그 타당성과 가치가 증명되기 전까지는 활용하지 않는 것이 그의 의무이다.[59]

의사들은 중년을 연장하며, 노쇠기를 늦추거나 축소하려는 열망으로 말미암아 중년기와 그 질병에 집중하는 것이 정당화되고, 나아가 고무되었다. 의료 시장(자선병원, 공공의료 및 부조단체 의사 포함)의 성장, 정통 의술의 전문직업화, 노령자의 의료기관 서비스 이용의 점진적 증가 등은 '노년의학'을 주류화하는 데 거의 아무것도 하지 못했다. 19세기 의학이 (노령) 환자의 건강 및 삶의 기회를 개선하는 데 기여할 것이 많았다고 믿고, 안 믿고는 요점을 벗어난 것이다. 복지는 단순히 성과만이 아니라 훨씬 더 과정에 관한 것이다. 노령 환자가 의학의 보살핌에서 배제되었다고 생각하는 한, 이러한 차별은 그들이 느낀, 그래서 실제적인 행복에 부정적으로 작용했을 것이다.

정신적 평온

일반화는 언제나 문제가 많으나, '정신적 복지'라고 부르는 연구 분야보다 더한 경우는 없다. 이 용어에 대한 일부 협의의 종교적 정의에 비록 동의하더라도 노령자의 경험에서 공간적·통시적 차이점들의 문제는 신앙의 복잡성에 의해 확대된다. 즉 한 신앙 안에서도 다른 종파가 있고, 동일한 종파의 구성원 내에서도 종교적 리더 및 집단의 능력과 확신, 그리고 회합 장소와 자원의 여부 등에 따라 서로 다른 종교적 관행들이 있는 것이다.

게다가 설교, 서신 또는 일기 등의 기록에서 재구성되는 종교적 메시지가 정신적 성장과 행복을 가져오기 위해서는 해석되어 각 개인의 사고 과정에 통합될 필요가 있다. 그래서 어떤 노인 개인의 정신적 행복을 측정하거나 진정으로 확인하기는 불가능하다. 우리가 시도할 수 있는 것이라고는 그런 행복을 가져오도록 이끄는 몇몇 핵심 요소를 연구하는 것뿐이다. 협의의 종교적 의미에서 그것들은 개인적 목적에 의한 종교 텍스트에의 접근, 다른 신자들과의 대화나 그들로부터의 가르침, 대표적인 종교인의, 특히 설교를 통한 사상적 영향 등을 포함한다.

종교 텍스트에의 접근과 관련해서는 두 가지 발전이 중요했다. 첫째, 중간계급, 그리고 19세기 말경에는 노동계급에서도 증가한 부가 성경과 같은 종교 서적을 비롯한 도서의 구입량을 증가시켰다. 둘째, 비록 문자해득률에서 남성이 여성보다 앞섰고, 국가마다 그 성취 수준이 천차만별이었지만, 취학률 및 문자해득의 다른 표지들에 관한 자료는 이런 경향이 책을 읽을 수 있는 인구의 비율 증가에 의해 보완되었음을 시사한다. 즉 1860년경 오스트리아-헝가리 제국 남성의 85퍼센트가 문맹이었는데, 이에 비해 벨기에는 40퍼센트, 네덜란드는 18퍼센트, 미국은 7퍼센트 미만, 프로이센은 5퍼센트였다.[60] 이는 점점 더 많은 노인이 자신의 집에 종교적 독서물을 즐겨 비치했으리라는 점, 또 꽤 많은 수가 그것을 읽을 수 있었거나 가족, 친구, 이웃들로 하여금 책을 읽어주도록 했으리라는 점을 시사한다.

몇몇 인용구에서 종교 서적의 선교 효과에 관하여 얼마간의 풍미를 얻을 수 있다. 가장 중요한 생각은 나이가 들어도 도덕 수준은 쇠퇴하지 않는다는 것이었다. 1812년 벤저민 러시 박사는 '도덕적 역량'에 대해 '적절히 통제하고 이끈다면, 심지어 교육받지 못한 부류의 사람들에서조차도 노년기의 지적 능력처럼 쇠퇴할 기미는 결코 없다'고 썼다.[61] 동일한 논리로 덕성스러운 생활이 만족스러운 노년을 보증하는 것이었다. 즉 '훌륭하게 산 삶에 대한 회고가 모든 의술 자산보다 훨씬 더 효과적인 강장제이다'(헨리 헬퍼드, 1831).[62] 혹은 헨리 워드 비처(1813~1887, 19세기 미국의 사회개혁가이자 설교가—옮긴이)의 말처럼 '자기 지팡이에 기대는 사람을 생각하면 무언가 아름다운 것이 있다. 젊을 때 우리는 노년에 기댈 지팡이를 잘 라내고 있다'.[63] 또한 불행한 노년도 신의 섭리의 일부이므로 정신적으로 이로운 점을 가져다 줄 수 있었다. 1824년 제임스 스톤하우스 경에 따르면, '하느님께서는 당신을 괴롭히는 데도 자비로운 계획을 가지고 계신다.

노년은 어떤 것이어야 하는가. 당대의 감상적 취향의 영향을 받아 사진사들은 실생활에 대한 기록을 포기하고, 미술의 이미지로 가상현실을 꾸밀 수 있었다. 이 연출된 사진은 그림에 도전한다. 헨리 피치 로빈슨의 1877년도 작품 「일과가 끝났을 때」.

하느님은 이 고통이 당신의 마음에 어떤 영향을 미칠지 보고 계신다는 점을 믿어야 한다.'[64]

종교 서적은 자선병원과 구빈원을 비롯하여, 나이 든 사람들의 필요에 응하던 주요 기관에서도 무료로 이용할 수 있었다. 또한 이 기관들에서는 재소자 모두가 후원자와 독지가, 특히 중간계급 여성들의 개혁적 열망에 점차 자주 직면하게 되었는데, 중간계급 여성들은 정기적으로 방문해 병자를 위로하며, 검사하고, 시설물을 위해 기금을 거두거나, 자선기부금을 관리하며, 개종시키고, 교의를 가르치고, 도덕적·종교적 가치를 주입하려는 목적에서 병상과 '대기실의 환자들에게 한 아름의 성서를 나누는' 것을 자신들의 책임으로 떠맡았다.[65]

노샘프턴 종합진료소 소속의 한 의사가 '집 안에 머무는 원외환자뿐 아니라 진료소의 환자도 이용하고 (…) 다른 모든 환자에게 똑같이 봉사하기 위하여' 저술한 영국의 한 대중적인 소책자는 의료기관의 이중 역할에 대해 상세히 설명하고 있다. 즉 한편으로는 신체 건강의 회복과 수명 연장의 장소이고, 다른 한편으로는 정신적 행복의 장려자이자 불멸의 영혼 구제를 위한 조력자라는 것이다.[66] 이 역할이 성공적으로 이루어지도록 환자들은 의사에게 감사해야 하고, 치료법에 순응하며, 돌보는 이들을 존중하고 괴롭히지 않아야 한다는 충고, 그리고 타인을 편안하게 하고, 책을 읽어주며, 은퇴라는 기회를 살려 과거의 실패를 성찰하고, 기독교 신앙을 이행하는 등의 '선행을 행하라'는 충고를 들었다. 이렇게 하자면 매일 성경을 읽고 기도하며, 예배에 참석하고 성직자에게서 정신적 지도를 받는 것이 마땅했다.

비국교도, 특히 퀘이커교도가 많이 후원한 잉글랜드의 의료기관인 브리스틀 왕립 진료소의 주간 위원회 회의록은 성직자와 병원관리자 사이의 업무 관계를 설명해준다. 1849년 5월에는 교파의 성직자나 병원 목사를 만나기 원하는 모든 환자에 관해서 수간호사에게 즉각적으로 통지하고, 중병 환자들도 성직자나 목사를 만나도록 고무해야 하는 간호사의 의무가 다시금 거론되었다.[67] 이는 전년도 9월 간호사와 환자가 성직자에게 제때 알리지 않으면 병자성사를 거행할 수 없다고 주장한 한 가톨릭 신부의 불평에서 비롯되었을 것이다. 그러나 이 경우에 위원회는 가톨릭 신부가 방문 권리를 남용했다고 봤으며, 환자 방문과 관련하여 진료소의 규칙을 엄격히 지키라고 명령하기도 했다.[68] 영국 왕립진료소 위원회가 1872년 공표한 다음 포고도 그리 심각하지는 않으나 똑같이 직설적이었다. '위원회는 목사가 관행적으로 환자에게 선교 목적의 기부금을 간청해왔다는 사실을 듣고서, 그런 기부는 위원회가 인정하지 않는다는 점을 목사가 인지하고, 위원회의 허가 없이는 어떤 목적의 모금도 중단하기를 희망한다.'[69]

잉글랜드의 자선병원과 교회 사이의 관계는 확실히 공생적이었다. 병원은 복음 전파 행위의 장을 제공했고, 교회는 기부자 및 기타 지원자 모집의 장을 제공했다. 1860년 5월 브리스틀 왕립 진료소 위원회는 브리스틀 성직자와 목사를 상대로 매년 1월 둘째 주 일요일에 교회와 예배당에서 진료소를 위한 모금을 걷기 위해 노력하기로 하고, 한 경쟁 병원과의 협력을 결정했다.[70] 1년 뒤 모든 교구의 교구위원은 그 병원의 누적된 빚 5626파운드를 청산하도록 전 시민 상대의 모금 유세에 힘을 보태라는 권고를 받았다.[71]

자선기관과 공공기관을 후원하고 관리하며 지원하는 이들에게는 병에 걸린 사람, 노환을 앓는 사람, 죽어가는 사람, 그리고 매춘부에서 천민, 고아에서 노인에 이르기까지 불우한 다른 사회 성원의 정신적 평온이 가장 중요한 고려 사항이었음은 의문의 여지가 없다. 정신적 평온은 종교적 믿음과 도덕적 행동을 통해 얻을 수 있지만, 단순히 개인의 책임만이 아니

헤르베르트 헤르코머의 1875년도 작품 「최종 소집」. 런던 첼시의 렌 왕립 병원의 예배당에서 연금수령 퇴역군인 가운데 한 사람이 옆 동료를 쳐다보고 놀라고 있다. 그 노인은 미사 도중에 사망했다.

라 물질적이고 신체상의 도움을 받는 이들에게 주어지는 모든 서비스를 구성하는 한 부분이었다. 이를 촉진하기 위하여 자선병원에는 자체적인 예배당과 전임 성직자가 있었다. 규모가 작은 기관에는 여성 참관인과 유급의 노동계급 선교사가 출입했다. 우리가 이런 행동을 이기심이라 부르든 이타심이라 부르든, 교의의 주입이라 부르든 도덕적 지원이라 부르든, 몸에 대한 책임이 영혼에 대한 구원의 기회와 결합한 것이다. 그것이 합쳐져서, 오늘날의 부양자들은 더 이상 관심을 갖지 않는 행복에 대한 전체적 접근을 이루게 된다.

노인의 정신적 평온이 공인된 목표라면, 이 연령집단에 대한 여러 성직자들의 메시지는 무엇이었는가? 메시지들은 신앙, 교회 공동체, 그리고 시간의 흐름에 따라 엄청나게 달랐을 것이기 때문에 여기서는 하나의 사례 연구를 통하여 일단의 특정 설교자들이 노령화의 문제, 노년의 의미, 사회 내 노령자의 역할을 어떻게 다루었으며, 그들의 생각이 당대 미술에 어떻게 반영되었는지 보이려 한다. 사례 연구는 1830~1860년대 미국 북동부의 낭만주의적 복음주의자들의 교리와 「인생 여로」라는 제목이 붙은 토머스 콜의 일련의 그림에 바탕을 두고 있다.[72] 서양 세계의 이 한 부분은 자본주의적이며 도시 기반의 공업 경제가 되는데 필요한 근대의 변화를 경험하고 있던 지역의 좋은 사례를 제공한다. 그래서 그 시기 동안의 종교적 발전을 검토하는 것은 계몽적이다.

이와 같은 목적을 위해 우리는 일단의 저명한 목사들이 행한 설교를 연구한다. 이 목사들은 교회 내부의 활력을 되살리고, 교회를 기독교인이 세속 세계의 압력에서 벗어나는, 좀 더 접근가능하고 안전한 영역으로 만들기 위하여 복음주의 프로테스탄티즘에 대한 가르침에서 새로운 '낭만주의적' 방향을 취했다. 헨리 워드 비처, 필립스 브룩스, 호레이스 부슈널,

시어도어 파커가 그들 가운데 포함되었다. 그들의 신도는 주로 여성과 노령 남성으로 구성되었고,[73] 그래서 노인과 집안 내 그들을 주로 돌보는 사람을 포함했던 것처럼 보인다.

낭만주의적이라는 수식어는 기독교적 감정을 함양하고 신도의 감성을 불러일으키는 데 중점을 둔 데서 유래했다. 이 목사들은 죄, 죄악, 자기혐오를 합리적으로 강조하는 대신 그리스도의 사랑과 용서, 겸손 그리고 친절의 중요성을 신도들에게 인식시켰다. 종전에는 회개와 지배자 하느님에 대한 복종이라는, 귀의의 고통스러운 과정이었던 것이 하느님의 지도 아래 일생 동안 개인적·도덕적·정신적 개선이 가능한, 평온한 여행의 관념으로 대체되었다. 낭만주의적 목사들의 감성적 메시지는 이미지와 음악의 활용으로 보강되었고, 여성과 노인이 압도적이었던 청중에 적합했다. 그러나 문화적으로 여성의 속성으로 여겼던 인성을 고양시키는 일은 현실세계에서 명확하게 구체화된 피난처를 제공하는 한편 젊은이와 중년의 남성을 추방하고, 노령 남성을 포함한 노인에 관하여 여성의 영역과 그들을 긴밀하게 결부시키는 하나의 시각을 발전시키는 데 정말 많은 기여를 했다. 낭만주의자들의 언어는 권력, 생산, 사업 등 남성 세계의 호전적 함의와는 어울리지 않았다. 여성 그리고 노령 남성은 부, 지위, 세속의 쾌락을 위한 경쟁적 다툼의 바깥에 있었다.

노령 남성들이 세속의 일에서 교회의 안전한 안식처 내 복종과 경건의 삶으로 물러나는 것을 받아들였다 하더라도, 목사들이 그들의 정신적 성장과 행복을 증진하기 위하여 설교한 것은 무엇이었는가? 목사들은 신도의 구성에도 불구하고 노년 그 자체보다 노년에 대한 준비에 더 집중했던 것 같다. 그 문제에 대한 설교에서 헨리 워드 비처는 절제된 행동을 통해서는 생명력을 축적하고, 사악한 생활을 통해서는 탕진한다는 자본주의

훌륭한 삶은 과도한 종교적 헌신이 없어도 좋은 노년에 이르게 되어 있었다. 유니스 피니는 독학한 미국의 화가로, 「오두막집의 토요일 밤」은 1815년도 작품이다. 이 작품은 조용한 신앙을 강조하고 있다. 가족이 모여있는 소박한 거실에서 할아버지가 일요 예배 준비를 위해 성경을 읽고 있다.

적 표현법을 활용하면서, 나이가 많지 않은 청중들에게 신체에 관한 조언을 하는 데 초점을 맞추었다.[74] 다른 낭만주의적 성향의 목사들도 청년과 중년 남성의 시기에 (그리고 매우 드물지만 여성의 경우에도) 몸을 혹사했던, 가난하고 남에게 의지하며 비참한 늙은 죄인의 이미지를 곁들여 이 메시지를 되풀이했다.

노년에 대한 일생의 준비에는 특히 자녀에게서 (재정적) 독립을 확보하기 위한 목적으로 세속적인 것과 정신적인 것, 즉 기독교인으로서의 강한 명성을 발전시키는 것도 포함되었다. 노년에 이르게 되면, 죽음에 대한 정신적 준비도 이미 완료되었어야 했다. 노인은 더 이상 준비할 게 없었다.

씨를 뿌리는 일생을 보낸 뒤에야 아름다운 노년의 혜택을 수확할 수 있으며, 자연사 후에는 천상의 보물을 향유할 수 있었다. 하지만 낭만주의자는 영생의 준비가 아니라 장수의 준비에 초점을 맞추었다. 육체적·세속적·지적·정신적으로 바르게 준비한다면 때 이른 죽음, 추악하고 의존적이며 병들고 고통스러운 노년을 피할 수 있었다. 동시에 그것은 질병, 가난, 의존이라는 노년의 부정적 현실로 고통받는 이들이 낭만주의적 목사의 예배에 참석한다고 해서 위안, 안정, 정신적 성숙을 위한 도움의 형태로 기대할 것은 거의 없다는 점을 시사했다.

그러나 순종적이고 상냥하며 향수에 젖은 노년을 수반하며, 고통 없고 조용하며 예견된 자연적 죽음에서 정점에 이르게 되는, 건강하고 생산적이며 독립적인 장수의 이상은 바로 그것, 즉 하나의 이상이었다. 첫째, 비록 스스로 초래한 노쇠와 불행을 보여주는 다른 사람들은 배제되었지만, 그러한 이상은 올바른 생활을 통해 노인을 도덕적 성취와 존경의 지위로 끌어올릴 수 있었다. 이는 '이중적' 노년관이라는 지적을 받았고, 생활양식 문제에 대한 영국 도덕주의자의 몰입과 심정적으로 유사했다. 영국 도

토머스 콜의 「인생 여로」 연작은 미국적 우의를 표현한 유화인데, 여기에서 그는 1842년 미국인의 역사를 탐구하고 있다. 이 작품은 인간의 연령기에 대한 전통적 그림의 새로운 변종이다. 삶은 광대한 풍경을 관통해서 흐르는 하나의 강이고, 한 해의 계절과 하루의 시간을 반영하기도 하는 것이다. '어린 시절(봄, 아침)'은 항해의 시작을, 한 천사가 조종하는 작은 배 안의 어린이를 묘사한다. '젊음(여름, 정오)'에서는 천사가 강가에서 작별을 고하고 사람이 보트를 직접 떠맡는다.

'장년'(가을, 저녁)에서는 사람이 위험한 급류에 휩쓸린 채 강물의 흐름에 혼자 내맡겨져 있다. '노년(겨울, 밤)'에서 그는 천사가 다시 지켜보는 가운데 죽음을 향해 침착하게 나아간다. 그것은 콜이 한창 개종을 경험하던 때 그린 심원한 종교적 알레고리이다. 그 정점은 세속에서의 성공이 아니라 체념이다.

덕주의자들의 경우 건강과 장수는 적절한 품행에 대한 세속적 보상으로 여긴 반면 노화와 노년은 무절제하고 바람직하지 못한 행동에 대한 심판을 의미했을 것이다. 둘째, 낭만주의적 복음주의자들이 품은 장수에 대한 이상, 즉 원숙한 노년과 자연사는 경제적 불확실성과 사회적 변화라는 세속적 현실과 싸우는 이들에게 예측가능하고 안전한 생애 과정에 대한 약속을 담고 있었다.

그런 질서 잡힌 생애 과정은 「인생 여로 – 소년, 청년, 장년 그리고 노년」이라는, 토머스 콜의 1842년도 작품으로 미국에서 큰 인기를 얻었던 네 장의 그림에 도해되어 있다. 테마인 광대한 자연 풍경과 항해는 자수성가한 개인들이 국가의 자원을 관리하고 개발하려 했던, 자원은 풍부하나 정착 인구는 빈약한 미개척 국가인 미국적 맥락과 어울렸다. 그 그림들은 삶의 상이한 단계와 한 해의 상이한 계절 및 하루의 상이한 시간에 대한 전통적 연상과 모래시계라는 상징을 보여준다. 그러나 올라가고 내려가는 계단으로서의 생애 과정에 대한 유서 깊은 (유럽의) 표상이 권력과 부라는 중년의 세속적 성공이 아니라 영생을 기다리며 평화롭게 보내는 평온한 노년에서 정점에 달하는, 상승하는 여행에 대한 생각으로 대체되었다. 콜의 항해자는 중년에 위기에 당면했으나 흔들리지 않는 신앙 덕분에 죽음과 영생의 대양으로 흐르는 삶의 강을 따라 안전하게 항해할 수 있었다.

정신적인 준비가 좋은 노년과 영생의 길잡이가 되리라는 것을 콜의 작품은 확실하게 전달했다. 낭만주의적 목사들의 설교에서 상세히 설명된 신체적 준비는 여기에서는 관심의 대상이 아니었다. 그러나 콜의 작품은 영성과 신앙의 중요성을 강조하고, 한 생애 단계에서 다음 단계로의 질서 있는 연속을 묘사한 반면 물질적 궁핍, 신체적 고통, 사회적 고립 등 너무나 흔한 불운한 모든 현실에 직면하여 정확하게 어떻게 각 개인이 정신적 성숙과 자기 개선을 성취할 수 있는가 하는 문제는 미결로 남겼다.

생애 주기 말의 경제적·사회적 현실은 계급, 성 그리고 개인적 부, 근로 능력, 친족과의 접촉, 공동체 후원 자원의 이용 여부 등에 의해 구체화되었으며, 사는 곳, 용모, 사회적 교류 범위 등에 가장 분명하게 반영되었다. 스펙트럼의 한 끝에서는 쇠약하고, 노환을 앓으며 고립된 노인들이 공적 기관에서 가족이나 친구와 떨어져서 개인 소유물, 자율과 품위도 뺏긴 채 마지막 나날을 보냈다. 다른 한 끝에서는 부유한 가부장들이 존경을 받고 개인 재산에 대한 통제를 유지했는데, 이들은 가족, 시중드는 사람, 친지들에 (꼭 사랑받지는 않더라도) 둘러싸인 채, 은퇴해서 충분한 시간 동안 에너지와 지성을 갖추고서 자신의 집에서 만년을 보냈다.

'자, 베티.' 의사가 말했다. '어떻게 지내세요? 영감님이 돌아가셨다는 소식을 들어 유감이네요. 그가 어떤 병을 앓았나요, 베티?' 그녀가 말했다. '할 말이 없네요. 우리는 의사를 만난 적이 없었다오. 그는 저절로 죽었어요.'
'아, 베티.' 의사가 말했다. '한 가지는 아주 확실해요. 노령은 어떤 의사도 고칠 수 없는 것이라오. 운명이 마음대로 하는 것이지요. 우리가 할 수 있는 것이라고는 시간이 되었을 때, 끝났다는 표시를 하고서는 사라지는 것 뿐이라오.' (에드윈 워, 「늙은 에녹Owd Enoch」, 1870년경)[75]

이 장에 제시된 이미지들은 경제적인 측면에서 노인들이 경험한 극단적인 상황에 대해 관심을 환기시킴으로써 도움을 준다. 그러나 그것은 노년기의 존재 자체에 대해 우리가 가지고 있는 신화와 흑백의 이분법적 관점을 지속시키는 데도 기여했다. 왜냐하면 확실히 노령자 다수는 풍요와 빈곤, 아늑한 가정과 냉랭한 시설, 가족의 헌신과 절망적 고립, 여가 활동과 비천한 노동, 정신적 준비와 마음을 망연케 하는 권태, 자율과 의존이라는 양 극단의 사이에서 살았기 때문이다.

그럼에도 노년의 사회경제적 현실에 대한 극단적 견해들과 이 양 극단 사이의 회색 지대를 결합하는 것은 실제적이거나 혹은 암시적으로 젊음의 아름다움, 활력, 힘과 비교되는 노년의 신체적 쇠퇴에 관한 표상이다. 이상화하든 혹은 두려워하든 노년은 가장 먼저 상실, 즉 보기 좋은 용모, 건강, 그리고 힘의 상실에 의해 규정되고 있다. 수용소 삶을 그린 그림(늙은 환자와 젊은 간호사), 가족 모임, 생애 단계 등에서 젊음과 늙음의 대조적인 점들이 연구 대상이 된다. 결코 강조되지는 않았지만, 생리학적이고 병리학적 변화들은 부유한 가부장이든 노쇠한 거리 청소부든 초상화에서 가장 잘 표현되어 있다. 산술적 연령보다 신체적 능력이 사람의 물질적·사회적 지위를 결정했다. 실리주의의 새로운 이상과 (그 다음에는) 과학의 발전 가능성에 의해 움직이는 사회에서는 신체적 유용성과 사회적 역할에 따라 삶을 여러 단계로 깔끔하게 나누기가 점점 더 어려워졌다. 19세기 동안 서양에서 기대 수명이 증가했을 때, 노령자들의 노동 '기회'는 줄었고 사회적 역할은 재규정되었다. 그러나 노년 내부 경험의 다양성, 세대 간 경쟁과 협력, 노년의 신체적 어려움이라는 핵심 테마는 줄어들지 않고 지속되고 있다.

가장 심대한 변화는 노인의 정신적 평안에 대한 관심을 점차 포기한 것이었을지도 모르겠다. 성경 읽기, 천국과 영생을 향한 여행, 생애 주기 단계에서 죽음에 대한 부단한 환기, 삶의 의미에 대한 조용한 사색 등의 그림이 19세기 동안 보편적으로 익숙하고 가장 중요한 이미지였던 반면 중년기 삶의 연장과 죽음의 회피에 점점 더 초점을 맞추는 것은 정신적 평안

생애 시기에 대한 콜의 장려한 낭만주의적 그림과는 대조적으로 19세기 중엽 대중적 그래픽 아티스트인 커리어와 아이브스는 세속의 현실에 매우 단단히 뿌리박은 전통적 도판을 부활시켰다. 흥미롭게도 여성은 남성보다 수가 적고, 의미가 덜 명확하게 규정된 생애 시기를 거친다. (남성의 경력에서 정점이 군인지 민간인지 커리어와 아이브스가 결정을 못 내리는 듯 보이는 점도 흥미롭다.)

에 대한 공공의 관심을 거의 추방해 버렸다.

독일의 재상 오토 폰 비스마르크는 노년에 대한 적절한 대비가 필요함을 알아챘던 최초의 인물 가운데 하나다. 그는 1884년 제국의회에서 연설하면서 이렇게 말했다.

> 제게 재산이 없는 사람들을 위한 일반 보험이 갖는 사회적 중요성은 엄청난 것입니다. 연금에 대한 권리와 함께 나타나는 감정을 통하여 광범한 다수의 무산자들로 하여금 기본적으로 보수적인 신념을 갖게 하는 것이 절대적으로 중요합니다. 노동자 병사들이 공공업무의 병사처럼 연금을 받아서는 안 될 이유가 있습니까? 그것은 국가에 의한 사회주의이며, 실용적인 기독교의 정당한 작동입니다.[76]

노령자의 복지는 언제나 경제적·사회적·신체적·정신적 요소에 달려 있으며 커다란 다양성을 특징으로 한다. 그러나 19세기에 시작해 발전한 거대한 변화들이 그 요소들의 상대적 중요성과 각 범주 내에서 가능한 변화들을 바꾸어 버렸다. 서양 세계의 부의 축적은 노년의 보장된 물질적 안락과 은퇴의 가능성을 열었다. 그러나 이것이 짐스러운 세대라는 관념과 노령자의 적절한 사회적 역할과 지위에 대한 우리의 불안정한 견해를 없애지는 못했다. 생활수준의 개선과 의학의 발전이 기대 수명을 연장했으나 행복에 대한 우리의 감정을 반드시 증진시키지는 않았다. 그리고 오락과 지적 기분 전환의 가능성이 분명히 증대했지만, 정신적 발전을 위한 안내와 열망은 아마 상당히 줄었다고 주장할 수도 있을 것이다. 미술작품에서 확인할 수 있는 테마의 선정과 그 해석은 서양 사회에서의 노년과 그 출현에 대해 부단히 유동적인 견해를 설명하는 한 중요한 방식을 나타낸다.

제7장

— 20세기 —

팻 테인

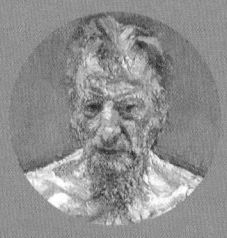

'나는 내가 늙었다고 생각하지 않아'

'심술궂은 노년과 젊음은 함께 살 수 없다'고 셰익스피어가 말했다. 그러나 20세기에는 어쩌면 …… 그럴 수도 있을지 모른다. 존 헬드의 『라이프』 표지(1926)에는 활기찬 젊은 아가씨가 늙은 놈팡이에게 새로운 묘기를 가르치고 있다.

'노년'은 언제나 모든 연령 카테고리 가운데 가장 다양했다. 우리가 살펴본 바와 같이, 수 세기 동안 노년은 50대부터 혹은 더 젊은 나이부터 100세가 지난 사람까지, '청춘'이나 '중년'에 속한다고 생각된 사람들보다도 더 넓은 범위를 아울렀다. 또한 모든 사회에서 가장 부유한 사람과 가장 가난한 사람을, 매우 활동적인 사람과 심하게 노쇠한 사람을 포괄했다. 20세기에는 이 다양성이 그 전 어느 때보다도 확장됐다. 이 시기 동안 이 책이 다룬 사회뿐 아니라 그 밖의 다른 사회에서도, 늙는다는 것이 역사상 처음으로 정상적인 것이 되었다. 우리가 살펴본 것처럼 노년까지의 생존은 앞선 시기에서도 생각하는 것보다는 흔한 일이었지만, 오로지 20세기에 와서야 서양에서 태어난 대다수의 사람이 압도적으로 노년까지 살았다. 어린 시절이나 젊을 때 또는 중년에 맞는 죽음은 이례적이고 충격적인 것이 되었다. 더 많은 사람이 매우 노령까지 살았다. 영국에서는 20세기 초 매년 평균 74명이 100세에 도달했다. 20세기 말에 이르면 그 수는 3000명에 달했다. 일본에서는 1960년에도 100세 이상 장수자가 단 144명뿐이었으나, 1997년에는 8500명으로 늘었다. 영국에서 1901년 출생 시 기대 수명은 남성이 51세, 여성이 58세였다. 반면에 1991년생의 기대 수명은 남성과 여성 각각 76세와 81세였다. 전반적으로 여성이 남성보다 오래 살았다. 남성의 기대 수명이 세기 말 공산주의 붕괴 후 줄었던 러시아와 일부 옛 동유럽 공산주의 국가를 제외하고 대다수 '발전된 국가'는 이와 유사한 상황을 겪었다.[1]

늙어가는 인구

어떤 곳에서는 남성과 여성이 단지 더 오래 살았을 뿐 아니라 인생의 더 늦은 시기까지 건강과 활력을 유지했다. 이것은 사람들이 수 세기 동안 꿈꾸었던 활동적 삶의 연장이었으며 생활수준, 특히 소득, 식사, 위생의 유례없는 개선의 산물이었다. 중요도에서 약간 떨어지지만, 이 시기에 의학 지식과 기술에서도 큰 진전이 있었다. 하지만 기묘하게도 이 업적은 일반적으로 기쁨이 아니라 노령의, 소위 의존적인 사람의 늘어나는 수가 줄어드는 젊은 인구에 부과하게 될 '부담'에 대한 걱정과 비관주의와 함께 받아들여졌다. 이는 부분적으로는 국제적으로 기대 수명의 증가와 출산율의 감소가 겹쳐졌기 때문이었다.

결과적으로, 노령자는 수가 증가했을 뿐 아니라 젊은 사람의 수가 줄어듦에 따라 인구 비율 역시 늘어났다. 인구의 재생산이 이뤄지지 않는다는, 즉 인구가 늙고 줄어든다는 두려움이 커졌다. 이 두려움은 1920년대와 1930년대에 처음으로 분명해졌고, 특히 나치 독일과 파시스트 이탈리아에서는 보너스, 다자녀 어머니의 시상, 독신에 대한 징벌 과세 등의 방법을 통해 여성으로 하여금 더 많은 자녀를 낳도록 부추기고, 출산하지 않는 이에게는 벌을 주는, 대체적으로 실패한 시도로 이어졌다. 다른 나라, 특히 영국과 프랑스에서의 반응은 출산율이 높고 젊은 인구가 많은 아시아와 아프리카 국가들에 비해 노령화되어 가는 서구 세계의 영향력 퇴조에 대한 당황스러운 전망의 형태를 취했다. 인구의 노령화는 국가의 쇠퇴를 상징했다.[2]

그런 두려움은 제2차 세계대전의 와중에, 또 출산율이 다시 오름세로 돌아선 종전 후에 사라졌다가 출산율이 다시 떨어진 20세기 말에 거듭 나

노령화하는 인구의 '위협'이 제1·제2차 세계대전 사이의 시기 유럽 국가들을 괴롭혔다. 일반적인 대처 방법은 대가족을 장려하는 것이었다. 여성을 대상으로 더 많은 자녀를 출산하라는 공공의 강한 호소가 있었다. 1919~1921년 프랑스의 포스터는 '오늘 어린이가 없다면, 내일 프랑스는 없다'는 슬로건을 동원해 여성에게 반反 인구감소 국민연합에 가입할 것을 촉구하고 있다(왼편). 나치 지배 하(1935년)의 독일은 모성을 애국주의의 반열에 올려놓고 있다. '젊은 여성에게 노동이란 어머니가 됨을 의미한다'는 글귀 아래 나이 든 여성이 세 자녀를 둔 젊은 어머니와 악수하고 있다(오른편).

타났다. 또다시 1980년대부터 인구노령화의 불행한 사회, 경제적 효과에 대한 파국적인 전망들이 세계은행과 같은 기관들에 의해 공표되었다.[3]

노령화는 여러 나라에서 상이한 속도와 영향을 끼치며 일어났다. 프랑스는 다른 국가들보다 훨씬 일찍 낮은 출산율을 경험했다. 일찍이 1836년에 프랑스 인구의 9퍼센트가 60세 이상이었다. 1976년에 이르면 18퍼센트가 이 연령에 도달했다. 스웨덴은 1876년까지 60세 초과자의 비율이 9퍼센트에 못 미쳤으나, 연령 구조가 급속히 변한 결과 1962년에 이르러 18퍼센트에 도달했다. 주로 높은 이민 비율 덕분에 20세기 동안 비교적 높은 출산율을 유지한 미국은 1935년까지 60세 초과자가 8퍼센트를 밑돌았고, 2008년 이후에야 18퍼센트에 도달할 것이라 예상됐다. 또 하나의 이민 국가인 오스트레일리아에서의 패턴도 이와 유사했다. 이 모든 국가에서 노인의 대다수는 여성이었다. 여성이 오래전부터 남성보다 오래 사는 경향이 있었기 때문이다.[4]

20세기에 각 개인과 사회가 갖는 노령화의 효과는 무엇이었는가? 단지 소수만이 의존의 긴 기간을 경험했다 하더라도, 일부 사람들은 신체적·정신적 쇠약 중 적어도 하나를 겪는 슬픈 상태에서 삶을 마감했음이 확실하다. 알츠하이머와 같은 질환의 발병률이 증가했다. 더 많은 사람이 결핵처럼 이전에는 젊은 사람들에게 화를 끼친 질환을 면하고 생존해 노환으로 사망한 것이 한 요인이었다. 20세기는 우리가 살펴볼 것처럼 끊임없이 영원한 젊음의 비밀을 추구했지만 발견해내지는 못했다.

현대사회는 노령화의 단계를 기술하는 하나의 새로운 언어를 발견했다. 프랑스에서 만들어지고, 다른 곳에서도 널리 사용되는 용어는 활동적인 노년의 시기를 '제3의 인생'으로 명명했는데, 그것은 어린 시절 및 젊은 시기인 '제1의 인생'과 완숙한 성년인 '제2의 인생'에 뒤따르는 것이다. 이보다 늦은, 덜 활동적이고 덜 독립적인 인생 단계는 '제4의 인생'이었다.

20세기 동안 대다수의 노령자는 '제3의 인생'을 살았다. 그러나 연령의 경계와 이 연령집단의 특징에 대한 정의 그 자체가 그것을 서술하는 언어와 마찬가지로 시간이 흐르면서 변화했다. 우리가 앞 장에서 살펴본 것처럼, 누가 '늙었고', 언제 '노년'이 시작하는지에 대한 주관적이고 일상적인 정의들은 오랫동안 가변적이었으며, 또 산술적 연령보다는 각 개인의 용모와 신체적 능력에 더 의존해왔다. 동시에 여러 세기 동안, 여러 나라에서 사람들이 언제 '늙게' 되는가에 대한 공무公務상의 정의는 예를 들면, 공직을 수행하기에 너무 많은 나이는 대략 60세 정도로 놀랄 만큼 안정적이었다.

노령연금제도

공무상의 인식과 대중적 인식 사이의 이러한 불일치는 20세기 동안에도 계속되었는데 어느 쪽이냐 하면, 더 굳어졌다. 이는 부분적으로 다른 중요한 변화, 즉 국가, 고용주 혹은 비정부 조직이 제공하는 연금의 도입과 확산에 의해 이루어졌다. 1960년대에 이르면 반드시 액수가 많은 것은 아니더라도, 일정한 종류의 연금 하나는 모든 선진국의 노령자가 통상적으로 기대할 수 있는 것이었다. 연금은 가장 흔하게는 60세나 65세, 종종 55세나 70세부터 지급받을 수 있었다. 최초의 국민연금은 1889년 독일에서 도입되었는데, 주로 70세 이상의 남성 노동자를 위한 것이었다. 산재나 폐질로 인해 일하지 못할 경우, 좀 더 이른 나이의 남성 노동자도 수혜 대상이었다. 덴마크가 1892년 60세 이상의 극빈층, 주로 여성을 대상으로 한 연

독일의 어느 우체국에서 노인들이 국가 보조금을 받기 위해 줄지어 서 있는 모습을 담은 1890년경의 그림. 그 이전 10년 동안 질병, 사고, 장애, 노령을 보장하는 보험이 법률로 제정되었다.

'당신은 50세가 넘었나요? 시니어 열차를 놓치지 마세요!' 1996년의 이 포스터는 다소 오해의 소지가 있다. 그것은 노령자를 대상으로 가격을 할인하는 기차 여행을 제공하고 있는 것이 아니라 특별한 '시니어 열차'가 어떤 특정 역을 방문하여 아침 8시부터 저녁 8시까지 정차한다는 사실을 알리고 있는 것이다. 이 열차에는 '당신의 새 생활에 도움을 주기 위해 의도된 아이디어, 상품, 서비스'의 모음이 실려 있을 것이다.

금으로써 선례를 뒤따랐다. 뉴질랜드가 1898년 65세부터 지급하는 유사한 연금을 도입했고, 그 다음으로는 얼마 되지 않아 1908년 오스트레일리아와 영국이 뒤따랐다. 영국에서는 연금 개시 연령이 70세였다가 1927년에 65세로 낮아졌고, 1940년에는 여성의 경우만 60세로 내려갔다. 미국과 캐나다는 포괄적인 연금제도의 도입이 더 늦었다. 미국에서는 1935년, 캐나다에서는 1927년부터 서서히 출현했는데, 두 경우 모두 70세부터 연금이 지급되었다. 1970년대에 이르면 최소 국민연금 지급 연령은 나라마다 55세부터 70세까지 제각각이었다. 가장 흔한 것은 65세였다.[5]

연금 연령은 점차 적어도 비공산권 국가의 경우, 유급 노동에서 자발적 또는 비자발적으로 은퇴하는 평균 연령이 되었다. 동유럽의 공산주의 국가, 특히 1917년 볼셰비키 혁명에서 1989년 공산주의 몰락까지의 소련에서는 자본주의 국가와 달리 연금과 은퇴를 결부시키지 않으려는 지속적인 노력이 있었다.

동구권 이외의 국가에서는 일반적인 연금 연령이 공무상의 담론뿐 아니라 대중적인 담론에서도 중년과 노년 사이의 경계가 되어 종전보다 더 엄격하게 나이에 의해 규정되었다. 이런 변화는 일상 언어에서 분명하게 드러났다. 영국에서는 20세기 중엽에 이르면 '노령연금 생활자'(오스트레일리아에서는 '연령연금 생활자')가 '노인'과 동의어가 되었다.

그러나 그런 용례가 정착되자마자 사람들은 그것에 불편해졌는데, 노령자를 국가나 젊은이에게 의존하는 존재로, 즉 긍정적인 속성보다는 부정적인 속성으로—더 이상 생산적인 노동자나 시민이 아닌 존재로서—규정하는 것이었기 때문이다. 좀 더 긍정적인 언어를 모색하면서 미국에서는 '시니어 시민senior citizen', 영국에서는 '연장자the elderly'가 널리 사용되다가 1980년대에 이르면 이 역시 경멸적인 것으로 여겨졌고, 미국에서 사용되

었던 용어로 다소 모호한 '나이 든 사람older people'이 이들을 대신하게 되었다.[6]

그런 변화는 특정 연령 이상의 사람들을 무력하고 의존적인 존재로 꾸며냈던 언어와 그들의 점점 더 많은 수가 실제로는 그렇지 않았던 가시적인 현실 사이의 불일치를 인식함으로써 나타났다. 변화를 촉진한 것은 존재가 뚜렷해진 노령자들 자신과 국제적으로 확대되는 노년학 분야의 전문가들이었다. 이는 20세기 중엽의 산물로서, 노령화와 노년을 연구하고 동시에 필요하면 노령자를 대변하기 위해 설계된, 증가하는 노령자의 수에 대한 하나의 대응이었다.

노년에 대한 부정적이고 경멸적인 언급을 효과적으로 거부한 언어상의 변화는 국제적으로 확산된 또 다른 수사 어구, 즉 노인들은 '과거'에 비해 근대사회에서는 존중을 덜 받았다는 주장과 대립했다. 앞 장에서 우리는 노년에 대한 존경이 지속적으로 감소한다는 믿음이 서양의 기록된 담론만큼이나 오래된 것임을 살펴보았다. 그러나 그 믿음에 견실한 실체가 있었던 적은 없다. 무엇보다도 '노인'들이 결코 분화되지 않은 집단이었던 적이 없었고, 부유하거나 가난한, 남성이거나 여성인, 활동적이거나 비활동적인, 매력적이거나 불쾌한 노인들에 대한 사회의 태도가 언제나 크게 달랐기 때문이다. 20세기에 적어도 영어권(다른 언어와의 비교가 도움이 될 것이다)에서 나이를 존중하는 언어에 대한 지속적인 모색과 흔쾌한 교정은 그 믿음이 앞선 시대와 마찬가지로 20세기에도 사실이 아님을 시사한다.

언어뿐 아니라 노인의 경험도 전례가 없고 언제나 예상 가능한 것은 아닌 방식으로 변했다. 이미 시사한 것처럼, 한 가지 중요한 변화는 노동에 대한 경험에 있었다. 그 전에 오랫동안 그랬던 것처럼, 20세기 초에도 어느 사회에서나 선택이 가능한 이들은 은퇴 시기를 스스로 결정했다. 국가

노인에게 완전히 개방된 몇 안 되는 전문 직업 가운데 하나가 점술가였다. 여기에서는 적어도 노년의 용모는 지혜와 경험이라는 노년의 속성 덕분에 불리한 점이라기보다 이점이었다. 이 그림은 「점술가」로, 핀란드의 화가 유코 리세넨의 1899년도 작품이다.

관리와 사적 영역의 고위직 피고용인에게는 종종 연금이 보장되었고, 일반적으로 국민연금 연령보다 낮은 고정된 퇴직 연령이 있었다. 영국의 공직자의 경우 19세기 중엽부터 60세였고, 미국의 경우 20세기 중엽에 이르면 재직 기간에 따라 55세부터 62세까지 다양했다. 60세는 공직 연금의 일반적인 시작 연령이었다.

가난한 사람들(어느 사회나 다수였다)은 할 수 있는 한 오랫동안, 종종 매우 노령까지 스스로 부양하기 위해 일을 했다. 대개 수입이 줄어드는, 점점 더 천한 소임을 맡았다. 20세기 초 대다수의 국가처럼 대체적으로 농촌 지역이었던 핀란드에서는 늙은 여성들이 세탁부, 청소부, 행상, 노동자 또는 건설 현장의 자재 운반부로 일했다. 남성은 대체로 건축 현장 혹은 도로 건설 현장의 임시직 노동자로 일했는데, 이 일은 핀란드의 긴 겨울에는 사라지는 등 어디서나 계절의 영향을 많이 받았다. 실업은 일반적으로 빈궁을 동반했다.[7]

빈곤한 노인의 운명은 어디서나 비슷했다. 그들에게 대안은 없었다. 20세기 초 높은 사망률을 고려하면 그럴 가능성이 없지만, 만약 그들에게 생존한 가족이 있었다 하더라도 이들 역시 너무나 가난하여 늙은 친척에게 최소한의 도움 이상의 것을 줄 수는 없었을 것이다. 공공복지 지원은 어디서나 최소였고, 통상 의도적으로 낙인을 찍는 것이었다. 임금 수준이 나은, 주로 남성 숙련 노동자들은 종종 연금저축제도에 가입했지만 그들은 빈곤층 가운데 소수였다. 최초의 국민연금은 이 지위의 강등을 최소화하고, 종종 노동으로 보낸 긴 삶 이후에 자신의 잘못이 아닌데도 빈곤한 사람의 지위를 끌어올리려는 목적으로 계획되었다. 그러나 연금이 노인들로 하여금 일을 그만두게 할 정도로 충분한 적은 거의 없었고, 또 그 의도도 그런 것이 아니었다. (그 의도처럼) 연금은 자녀들이 나이 드는 부모를

오토 나겔에게 미술이란 정치의 도구였다. 그는 열렬한 공산주의자였고, 외로운 네 사람에 대한 그의 작품 「웨딩의 공원 벤치」(웨딩은 양로원이 있는 베를린 근교의 지명)는 자본주의 사회가 늙은 빈민들을 대우하는 방식에 대한 하나의 고발이다. 이 작품은 히틀러 집권 6년 전인 1927년에 제작되었다. 나치는 나겔의 미술을 '타락한' 것이라고 낙인찍었다. 그는 강제수용소에서 지냈고, 스무 점 이상의 작품이 파괴되었다. 하지만 그의 이데올로기적인 메시지 때문에 인간의 불행에 대한 그의 이해와 공감을 보지 못해서는 안 될 것이다.

국민연금은 국가마다 달랐다. 처음에는 독일, 다음에는 덴마크, 그 다음에는 뉴질랜드가 1900년 이전에 국민연금을 도입했다. 1920년대에 이르면, 어떤 노인도 무일푼으로 두는 경우는 거의 없었다. 처음에는 꽤 보잘것없었지만, 연금액은 요구에 따라 올랐다. 제2차 세계대전 직전인 1939년에는 연금 인상을 요구한 노령연금 수령자들의 투쟁이 있었다.

부양하는 데 도움을 주거나, 개인적인 저축을 대체하여 특정 개인들의 퇴직을 가능하도록 했다.

자본주의 국가와 사회주의 국가

1920~1930년대 자본주의 국가에서는 기업연금과 개인연금, 60~65세 경의 퇴직이 하위직 (주로 남성) '화이트칼라' 노동자들 사이에 확산되었다. 가난한 육체노동자 역시 점점 더 이른 나이에 만년 임금노동을 그만두었지만, 그 이유는 달랐다. 이 시절 높은 실업의 영향 가운데 하나는 노령의 노동자는 실직하면 종종 다른 일을 찾을 수 없었다는 것이다. 일자리가 부족한 때는 젊은이에게 일을 맡기고 노령자는 은퇴하는 것이 바람직하다고 생각되었는데, 예를 들면 국제노동기구ILO가 그러했다. 국제노동기구는 은퇴를 돕기에 충분한 수준의 국민연금을 옹호했다. 이는 당시 어떤 곳에서도 현실화되어 있지 않았지만, 미국에서는 다수의 중간계급이 포함된 노령 남성 노동자들의 실업 때문에 1935년 사회보장법이 출현했다. 미국 역사상 처음으로 노인들에게 정기적인 수입이 보장된 것이다.[8]

그러나 어디에서도 국민연금은 기본 수입, 바로 그것 이상을 제공하지는 않았다. 스스로 부양할 수 없었던, 매우 많은 노령자의 현실은 빈곤했다. 특히 남성들은 빈민수용소나 그와 비슷한 다른 기관에서 삶을 마감하는 일이 잦았다. 조지 오웰은 1930년대 영국 북부의 사설 숙박시설에 관해 서술한 바 있다. 그곳에서는 실직한 남성들, 심지어 일부 일하는 남성들이 좁고 더러운 방 하나에 네 명씩 거주했다. 그들 가운데는 주당 연금을 주인에게 넘겨주고 '그 대신 10실링으로 기대할 수 있는 그런 종류의 숙식, 즉 골방에 침대 하나, 주로 빵과 버터로 이뤄진 식사를 받는 두 명의 노령연금 수령자'도 있었다. 한 사람은 암으로 죽어가고 있었고, 일주일에 한 번 연금을 받기 위해서만 침상에서 일어났다. '모두들 늙은 잭이라고 불렀던' 나머지 한 사람은 50년 이상 탄광에서 일했던 78세의 전직 광부였다.[9]

소련에서는 이야기가 달랐다. 소련은 이데올로기적으로 노동과 노동자의 가치 창출, 그리고 노동자민주주의에서 노동자가 가진 오래 지속되는 활기를 과시하는 데 전념했다. 소련은 또 경제를 확대하기 위해서는 최대한의 고용이 필요했으며, 쉽사리 많은 수의 사람에게 연금을 지불할 능력도 없었다. 그리하여 사람들이 최대한 나이 들어서도 계속 일해야 하는 강력한 동기가 있었다. 1935년 스탈린은 노령 노동자의 경험을 철저히 활용해야할 중요성을 개진했다. 당시 많은 교훈적인 이야기 가운데 하나가 96세의 전직 공산주의 유격병이자 모스크바로 이주한 집단농장의 농부였다. 그는 모스크바에서 방 하나와 연금을 받았지만, 여전히 은퇴를 거부하고서 경비원으로 일했다. 다른 나라와는 달리 소련에서는 1930년대에 이르면 '연금생활자'는 존경할 만한 신분으로서, 의존보다는 연륜과 연장자의 특권을 의미했다. 사회보장제도는 사람들이 최대한 늙어서까지 일하는 것을 고무하도록 계획되었다. 그들을 복지 의존자로 전환시키면 소련 사회에 대한 완전한 참여를 박탈하게 될 것이라는 주장이 있었던 것이다. 그리하여 그들은 익숙했던 일에 부적합해지면, 비록 소득의 손실이 따를지언정 좀 더 쉬운 일로 옮겨갔다. 뒤따르는 이데올로기적인 수사는 없지만 서구에서처럼 숙련 전기공이 경비원이 될 수도 있었으며, 목공이 화장실의 시중드는 사람이 될 수도 있었다. 서구와 다른 것은 노령자들을 공식적으로 특별하고, 어떤 면으로는 특권적인 부류의 시민으로 표상했다는

공적 구호를 받을 자격이 없었던 은퇴 또는 실업 남성들에게는 오래전부터 무료 급식소가 필요했다. 그러나 그런 시설은 노인들에게 수치스러운 것으로 생각되었다. 1903년 판 프랑스 주간지 『라시에트 오 뵈르L'Assiette au Beurre』(프랑스의 정치풍자 주간지로 1901년부터 1912년까지 약 600권을 간행했다. 직역하면 '버터가 있는 접시'를 의미한다 — 옮긴이).

소련은 노동자들에 대한 배려를 뽐내며 연금제도의 선두에 있었다. 그러나 소련은 빈곤 국가였고, 사람들로 하여금 가능한 한 오래 일하게 하기 위하여 온갖 노력을 아끼지 않았다. 이 사진이 하나의 본보기를 보여준다. 미하일 보로비요프는 60세의 나이로 은퇴했지만, 일이 없어 불행해하다 자발적으로 공장으로 되돌아왔다. 공장에서 그는 언제나 환영을 받았다(왼쪽에서 두 번째). 그는 공장 내 직업교육위원회의 위원이었다.

세계적 지도자들은 결코 은퇴하지 않으며, 그들의 나이가 고위직의 결격 요인으로 간주된 적은 거의 없다. 특히 제2차 세계대전 이후의 시기가 이에 해당한다. 72세의 프랑스 대통령 샤를 드골이 1962년 독일을 방문했을 때, 86세의 수상 콘라트 아데나워가 그를 맞이했다.

것이다.

 1920년대와 1930년대 소련의 나이 든 노동자들은 자본주의 국가의 그들 상대들보다 더 많은 수가 현업에 종사하며 수사적으로 더 큰 가치를 부여받고 있었겠지만, 그들의 생활 조건은 종종 훨씬 더 나빴다. 물론 아직 빈곤한 자본주의 국가의 경우 열악한 생활 조건은 젊은 노동자에게도 마찬가지였다. 제2차 세계대전 이후 너무 늙어서 일할 수 없는 소련 시민들, 특히 전문직업인과 국가에 뛰어난 봉사를 한 것으로 인정받은 이들을 위해서는 연금이 다소 인상되었다. 그러나 노령자들에 대하여 계속 일하라는 압력은 여전히 강했다.[10]

 소련의 정치 지도자들은 더욱 큰 안락을 누리게 되거나 지도부 내 숙청과 경쟁에서 살아남으면 그들이 설파한 것을 시행했다. 스탈린 자신은 1953년 74세의 나이로 재임 중 죽었고, 브레즈네프 역시 1982년 76세로 사망했다. 흐루쇼프는 1964년 71세로 은퇴했다. 정치가들이 (그리고 다른 전문직업인들 역시도) 동시대의 빈곤층보다 장수했던 것은 소련의 경우만이 아니었다. 윈스턴 처칠은 제2차 세계대전이 시작된 1939년 국민연금 연령인 65세가 되었고, 그 다음 6년간 전시 지도자로서 엄청난 업무 부담을 견뎌냈다. 1951년에는 77세의 나이로, 비록 건강이 좋지는 않았지만 수상이 되었다. 4년 뒤 그는 타의에 의해 은퇴했다. F. D. 루스벨트는 63세라는 비교적 젊은 나이에 재임 중 사망했는데, 이는 드와이트 D. 아이젠하워가 1953년 미국 대통령직에 취임했던 나이였다. 아이젠하워는 8년간 재임했다. 샤를 드골은 1958년 68세로 프랑스 대통령이 되었고, 11년 동안 재임했다. 20세기 중엽에는 많은 국가에서 노령자들이 정치를 지배했다. 종종 그들은 특히 독재자들은, 1975년 83세로 죽음에 이르렀을 때 마지못해 스페인의 통치를 포기한 프란시스코 프랑코처럼 자리에 올랐던 역량보다 더

솔 스타인버그(1914~1999, 루마니아 출신의 미국 만화가. 유머러스하고 풍자적인 작품의 경향을 보인다 — 옮긴이)의 「무제, 1954」. 인간의 생애 시기에 관한 전통적 도해의 이 변종에서는 역설이 연민을 자아내는 것으로 끝을 맺는다. 성공한 사람이 유아에서 보이 스카우트, 대학생, 사업가, 거물을 거쳐 상승한 뒤, 은퇴하고 긴장이 풀렸으며 행복하지만 쓸모없는, 플로리다 해안의 플레이보이로 전락해 있다.

오래 집권했다. 그러나 20세기 말에 이르면 대다수 국가는 40대 혹은 50대에 선출된 좀 더 젊은 지도자들을 만나게 된다.

일과 은퇴

제2차 세계대전이 끝난 뒤에야, 특히 1950년대부터 개선된 연금이 모든 서구 자본주의 국가에 도입되고 60세나 65세 은퇴가 대다수 사람에게 흔한 것이 되었는데, 일부 국가에서는 다른 국가에서보다 더 빨리 진행되었다. 그러나 이와 동시에 국제노동기구가 영국과 프랑스를 비롯한 많은 정부의 지원 속에서 은퇴에 대한 종전의 태도를 바꾸어 조기 정년은 억제되어야 한다는 주장을 폈다. 전쟁 이전의 낮은 출산율에 따라 젊은층 노동자의 수가 감소했기 때문에 전후 상승하는 국제 경제를 지탱하기 위하여 노령층 노동자들이 일선에서 일할 수밖에 없다고 판단했던 것이다.

그럼에도 60세나 65세 은퇴는 점차 거의 보편적인 것이 되었다. 노동자들은 긴 노동의 삶과 신체적 쇠퇴의 시작 사이에 휴식의 시기를 갖기를 원했다. 1950년대 60대의 육체노동자들은 아마 12, 13세 때부터 계속 노동해왔을 것이기 때문에 이해할 만했다. 어디서도 연금이 그들을 부유하게 만들지는 않았지만 일하지 않고 살아갈 수 있도록 해주었고, 생활수준이 향상됨에 따라 그 이상은 자녀들의 도움을 받았다. 그러나 만년에 갑작스럽게 겪는 무제한의 여가가 편하기만 한 것은 아니었다. 1970년대에 은퇴하는 영국의 자동차와 조선 노동자들은 '지치고, 전직 동료들과 절연되어 절망에 빠진 것처럼 보였다. 그들은 퇴임하는 날 눈물을 흘리며 이렇게 말했다. "기분이 몹시 엉망이다." "마치 갑작스레 삶에서 떨어져나간 것 같다." 그들은 아침에 "시간을 어떻게 때울지 궁리하면서" 침대에 누워 있었다.' 그러나 일단의 광부들은 이웃과 친척들의 도움을 많이 받았기에 일을 포기하는 것이 하나의 긍정적인 축복처럼 보일 정도였다. '어떤 사람이 그토록 오랫동안 지하에서 일했다면, 그것은 삶의 새로운 시작이다. 그건 바로 대단한 느낌이다.'[11]

고용주는 일반적으로 전통적이고 주변적인 직업을 제외하고는 나이 든 노동자의 가치를 불신했다. 그리고 시간이 갈수록 근대적인 기술이 늙어 가는 청소부나 노쇠한 경비원에 대한 효율적인 대안을 제공했다. 고용주는 여성과 이주노동자를 더 많이 고용함으로써 젊은층 노동자의 부족을 보충했다.

그리하여 대다수 사람이 더 오래 살고, 더 늦은 연령까지, 더 튼튼하게 지냈던 바로 그때, 고령의 노동자는 늦게까지 일하는 대신 종전의 어느 때보다 더 이른 나이에 노동시장을 떠났다. 이는 높은 수준의 실업이 여러 나라에서 또다시 조기 정년을 초래한 1980년대에 특히 뚜렷하게 나타났다. 1990년대 말에 이르면 서유럽 노동자의 약 3분의 1이 60세 이전에 임금노동에서 항구적으로 은퇴했다. 일부는 안락한 연금에 의존하여 휴식, 여행, 소비를 즐기기 위해 원해서 떠났다. 광고인들은 우피족WOOPIES(Well-Off Older People의 줄임말. 경제적으로 부유해 자식에게 기대지 않고 독립적으로 생활하는 노인을 가리키는 말ㅡ옮긴이)이라는 새로운 세대를 인지했고, 정치인들은 이들의 출현을 환영했다. 하지만 그들은 명백히 소수에 지나지 않았다. 자발적으로 은퇴하지 않은 다른 사람들은 하는 수 없이 일을 그만두었다.[12]

조기 퇴직은 기술변화의 불가피한 결과였다는 주장이 있다. 즉 기능과 지식이 점점 더 빠른 속도로 쓸모없는 것이 되었고, 노령층은 보조를 맞출 수 없었다는 것이다. 그러나 모든 증거는 그 반대쪽을 가리킨다. 능력이 쇠퇴하고 적응력이 떨어진다는 고용주와 그에 동조하는 다른 사람들의 믿음 때문에 노령층 노동자들이 확실히 고통을 받았지만, 테스트가 있을 때마다 70대나 그 이상의 노령자도 새로운 기술을 배우는 데 뒤처지지 않는다는 사실을 증명해보였다. 사실 그들은 육체적 힘보다는 지적 능력을 요구하는 20세기 말 첨단 기술 노동시장에 좀 더 수월하게 적응할 수 있었다.[13]

물론 노령층 노동자는 젊은층보다는 비용이 많이 들고, 이따금 덜 순응적이어서 수축되는 노동시장에서 퇴짜를 맞았다. 그러나 20세기 말에 이르면 노령층 노동자가 일터를 떠날 때는 그들의 경험과 젊은층 노동자에게는 기대할 수 없는 신뢰 또한 사라진다는 점이 인정되었다. 아울러 기업과 정부는 늘어나는 연금 비용과 노령층 연금을 적립하는 데 필요한 납부금을 지불할 수 있는 젊은층 노동자 수의 감소를 우려했다.

60세 이상 노령 인구의 비율이 1990년 오스트레일리아 15.5퍼센트, 독일 20.4퍼센트, 스웨덴 22.8퍼센트, 영국 20.7퍼센트, 미국 16.8퍼센트에서 2020년에는 각각 18.2퍼센트, 28.3퍼센트, 26.5퍼센트, 24퍼센트, 22.5퍼센트로 상승할 것이며, 그 결과 15~60세 즉 관례적으로 규정하는 것처럼 실질적이자 잠재적인 노동 인구가 그에 상응하여 줄어들 것이라는 예상은 많은 경고를 낳았다.[14] 그런 정교하지 못한 통계는 국제적 이주가 부유한 국가의 연령 구조에 미치는 잠재적 효과를 무시했다. 왜냐하면 이주자들은 젊은 경향을 보이기 때문이다. 또는 대다수 국가의 출산율 하락이 장차 역전될 가능성도 무시했다. 이는 1920~1940년대 인구노령화로 임박한 가공할 결과에 대한 이전의 공포에서 범했던 것과 동일한 실수였다. 이 실수들은 출산율과 이주 모두 제2차 세계대전 동안, 그리고 이후 국제적으로 증가했다는 점에서 매우 잘못된 것들이었으나, 20세기 말에 이르면 완전히 망각되었다. 노령 인구의 비용 '부담'에 대한 평가 역시 값비싼 교육

은퇴 규정은 놀라울 정도로 다양하다. 일부 전문 업종의 고위직에서는 60세 또는 65세 은퇴가 의무 사항이다. 그보다 낮은 직업의 경우 노령층 노동자는 많은 사람이 그런 것처럼 원한다면 무한정 남아 있을 수 있다. 영국에서 노령연금이 처음 도입되었을 무렵 한 노령의 남성이 교회를 청소하고 복원하는 일에 참여하고 있다.

과 기타 서비스가 필요한 어린이와 젊은층의 감소에서 발생하는 절감을 고려하지 않았다. 노동과 퇴직 연령이 바뀌지 않으리라 가정한 것 또한 간과해서는 안 된다. 20세기 말에 이르면 퇴직 연령에 도달하는 사람들이 퇴직규정이 도입된 20세기 초에 그 연령대에 도달한 사람들보다 훨씬 더 튼튼하며, 노령까지 일할 수 있고, 종종 기꺼이 그렇게 하리라는 명백한 증거가 있다.[15] 노동자, 정부, 고용주들은 이전 반세기의 추세를 뒤집기 위하여, 은퇴를 늦추고 일하는 정상적인 삶을 연장하기 위하여 새로운 장려책을 도입했다.

그러나 이러한 배경에서 1990년대 노동자들은 정부와 고용주들이 연금을 줄이려 함에 따라 장차 자신들의 연금의 안정성에 대해 걱정할 수밖에 없었다. 물론 국가마다 차이가 있었다. 국민연금과 고용주연금 모두 영국, 오스트레일리아, 뉴질랜드에서는 삭감되었지만 프랑스, 독일 및 기타 서유럽 국가들에서는 노동자들이 자신들의 연금을 훨씬 잘 지켜낼 수 있었다.

20세기 말에는 사회적·경제적 변화의 동인으로 연로한 노동자들에 대한 태도와 그들의 경험이 변하고 있었다. 인구노령화의 함의에 대한 좀 더 신중한 분석의 결론은 당면한 대규모 노령 인구 세대의 부양 비용은 경제 발전에 의해 쉽게 감당할 수 있으며, 이주와 출산 패턴이 바뀌지 않는다 하더라도 은퇴 관행의 변화와 함께 개인 및 정부의 저축과 지출 패턴의 변화로 일부 사람들이 예언한 '위기'를 막을 수 있으리라는 것이었다.[16]

노인병학

의료 지식 역시 변하고 있었다. 20세기에 와서야 의학의 진단 및 치료능

카스피 해의 조지아공화국은 알려지지 않은 이유로 주민의 장수 기록을 보유하고 있다. 이 사진처럼 여전히 포도를 가꾸고 있는 90세의 노인은 보기 드문 모습이 아니다.

믿기 힘든 나이인 137세로 조지아에서 살고 있는 한 증조할머니가 어린 후손들에게 동화를 들려주고 있다.

력은 큰 성취를 이루었다. 그리고 대다수 선진국에서는 20세기 중엽부터 비로소 모든 연령층의 사람들이 쉽고 저렴한 의료 서비스를 이용할 수 있게 되었다. 그 개선의 많은 부분은 연로할 때까지 생존을 가능하게 했다는 점에서 젊은층에게 혜택이 돌아갔다. 특별히 노령자들을 대상으로 하지 않았던 연구가 심장병, 고혈압, 암 등 그들에게 흔한 질환의 진단과 치료를 개선했다. 현대적 기술은 사람을 살려놓을 수는 있었지만, 삶의 질을 악화시키면서 의학에 대해 새로운 윤리적 딜레마를 제기했다.

노인의 필요에 부응하는 의학이 굳건하게 정착되었음에도, 의학의 분류체계에서 그 지위는 낮았다. 노인이라는 존재가 의학 연구에서 특별한 문제를 제시한다는 인식은 의학 그 자체만큼 오래되었다. 그러나 20세기 초부터 비로소 노인병학이라 알려진 노년 전문 의학이 국제적으로 발전하기 시작했다. 이 용어는 1909년 미국에서 이그나츠 내처(1863~ 1945, 노인병학의 아버지로 불린다 ― 옮긴이)라는 오스트리아 출신의 의사가 창시한 것이다. 내처는 의사들이 노인의 나쁜 건강을 충분히 주목하지 않는다고 믿었는데, 이는 옳았다. 즉 노인은 생존 기간이 얼마 남지 않아 치료하려고 노력할 만한 가치가 있다고 생각하지 않았던 것이다. 이러한 믿음이 지속됨으로써 내처의 업적은 빨리 수용되지 못했고, 국제적으로 노인병학은 확실히 계속 무시되었다.

내처는 식사의 개선, 운동 그리고 정신적 자극에 의해 노인의 건강이 나아질 수 있다고 믿었다. 이는 수 세기 동안 추천된 처방이었다. 내처는 1920년대 뉴욕의 노령자를 실험 대상으로 그 효력을 증명했다. 그러나 그의 업적이 미국과 여타 비공산주의 국가의 의료세계에서 받아들여지는 데는 시간이 걸렸다.[17]

활동적인 삶을 연장하려는, 심지어 종국에는 회춘의 비밀을 밝히려는

노인을 위한 건강관리는 늘어나는 금전적 투자만이 아니라 의학의 발전 때문에 지속적으로 개선되고 있다. 폐렴과 관련 질병에 대한 면역 처치는 오늘날 대다수 유럽 국가에서는 무료로 제공되고 있다.

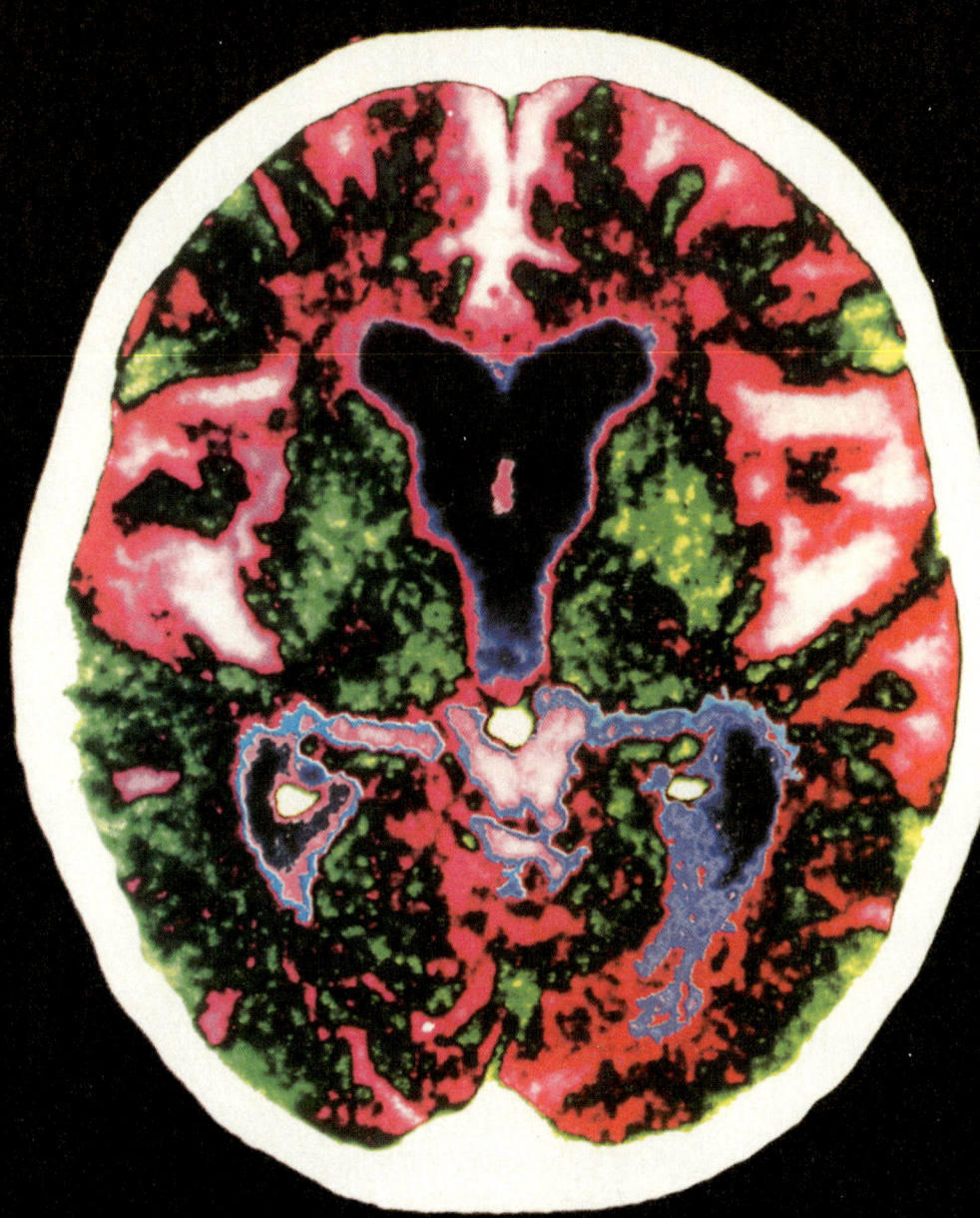

삶이 연장됨에 따라 치명적 질병의 패턴이 변하고 있다. 오늘날 대다수 사람은 노년에 특징적인 질병으로 사망한다. 이 사진은 알츠하이머병을 앓고 있는 환자의 뇌를 컴퓨터 단층 촬영한 영상으로, 치매를 일으키는 퇴화된 검은 부분을 보여준다. 현재 의학 연구는 과거에는 소수의 사람만이 앓았던 질병에 집중하고 있다.

욕구는 볼셰비즘이 인간의 수명조차 혁명적으로 바꿀 수 있다는 신념에 이끌려 소련에서 더 강한 지원을 받았다. 소련의 노년학자는 인간은 120세 이상까지, 과거 통상적인 경우보다 훨씬 더 오래 살 수 있는 능력을 갖추었으며, 소련 사회는 이를 실현함으로써 그 포괄적인 우월성을 드러내 보일 수 있다고 주장했다. 공산주의 사회의 우월성을 증명하기 위하여 소련의 평균 기대 수명이 1917년 혁명 이래 개선되었음을 보여주는 통계가 언급되었지만, 비공산주의 사회에서도 분명히 이와 유사하거나, 더 큰 진전이 있었다. 호르몬 실험과 원숭이의 분비선을 인간에게 이식하는 방법 등이 장려되었는데, 그것이 젊은 활기를 회복하고, 심지어 남성 발기불능을 치료할 것으로 기대했다. 소련의 언론은 소련 시민들이 이미 이례적인 수준으로 장수하고 있음을 증명한다는 이른바 '장수 잔치'를 선전했다. 최고의 장수 잔치는 코카서스 지방에서 분명히 가장 널리 행해졌다. 일련의 소련 의학 연구자들이 1930년대와 1950~1970년대 코카서스 농민의 명백히 더 긴 수명의 비밀을 추적했지만 성과는 없었다. 겉으로 드러난 이런 예외에도 소련 지도자들에게는 산업노동자에 가치를 부여하려는 결심에 따라 장수를 농촌 생활의 혜택으로 생각하는 경향이 앞선 시대의 일부 지도자들보다 덜했다. 다른 곳과 마찬가지로 소련에서도 식사, 운동, 위생이 건강을 유지시키고 환경과 무관하게 삶을 연장시킬 수 있다고 믿었다.[18]

노인병학은 노령자의 수와 그들에 대한 의료 비용이 증가함에 따라 비공산주의 국가에서 점점 더 주목을 끌었다. 영국에서는 1930년대에 이르면 많은 수의 뇌졸중 환자가 병상을 메우고 있었다. 투약 치료가 그들의 목숨은 살렸지만, 활동성은 회복시키지 못했기 때문이다. 물리요법과 다른 형태의 재활치료법 활용이 증가함에 따라 그들 가운데 점점 더 많은 수가 병원에서 해방되었다. 1948년 영국에서 모든 시민에게 무료 건강관리를 제공하는 국민건강서비스가 도입되고 전 유럽에서 이와 유사한 체제가 확립되면서 관련 의술들이 점차 확산되었다. 빈곤층 노인을 위한 건강관리의 확대는 청력, 시력, 치아, 발에 영향을 미치는 매우 일상적이지만 장애를 초래하는 질환에 대한 관심이 노인의 삶을 크게 개선할 수 있다는 것을 보여주었다. 오랫동안 노화의 자연적 양상으로 참고 견뎌야 할 것으로 여겨졌던 병들이 이제는 치유될 수 있었다.

의학 기술과 투약 요법의 개선은 20세기 말까지 계속되어, 심장박동 조절장치의 이식, 관절 및 장기 대체와 같은 의료 처치를 통해 활동적인 삶을 연장했다. 호르몬 대체요법HRT은 비록 부작용에 관한 보도가 있었지만, 폐경기 이후 여성에게 동경의 대상이던 젊음의 회복을 가져다주는 치료법으로 환영받았다. 무엇보다 개선된 식사와 운동이라는 예로부터의 치료법에 의한 것이었지만, 노령자 집단에서 치명적인 사망 원인, 특히 심장병이 줄어들었다.

그 결과 20세기 말에는 그 어느 때보다도 가장 많은 수에 달하는 60대, 70대의 건강한 사람과 만성질환을 앓는 노인이 동시에 생존하게 되었다. 그 전에는 죽음에 이르렀을 급성질환에서 회복된 많은 이가 관절염, 당뇨병 또는 알츠하이머와 같은 만성질환에 시달렸다. 20세기 말 80대, 90대까지 생존한 사람들의 다수는 급성질환을 앓지 않았고, 자신이 건강을 유지하고 있으며 독립적인 활동을 할 수 있다고 생각했다. 비록 이 모든 경험이 나이, 계급, 성에 따라 달랐지만, 대다수 사람에게 심지어 매우 노령에 이른 사람에게도 죽기 전 장기간의 심각한 의존 상태는 발생하지 않았다.[19]

'Remind me – am I getting up or going to bed?'

'여보, 내가 지금 일어난 거야 아니면 자려고 하는 거야?' 노환에 관한 농담들에 대해 누구나 다 웃을 기분은 아니다. 그러나 적어도 과거에 그 농담들의 특징이었던 잔인함의 요소는 사라졌다. 이 풍자화는 노인 전문 잡지 『올디』에 게재된 것이다.

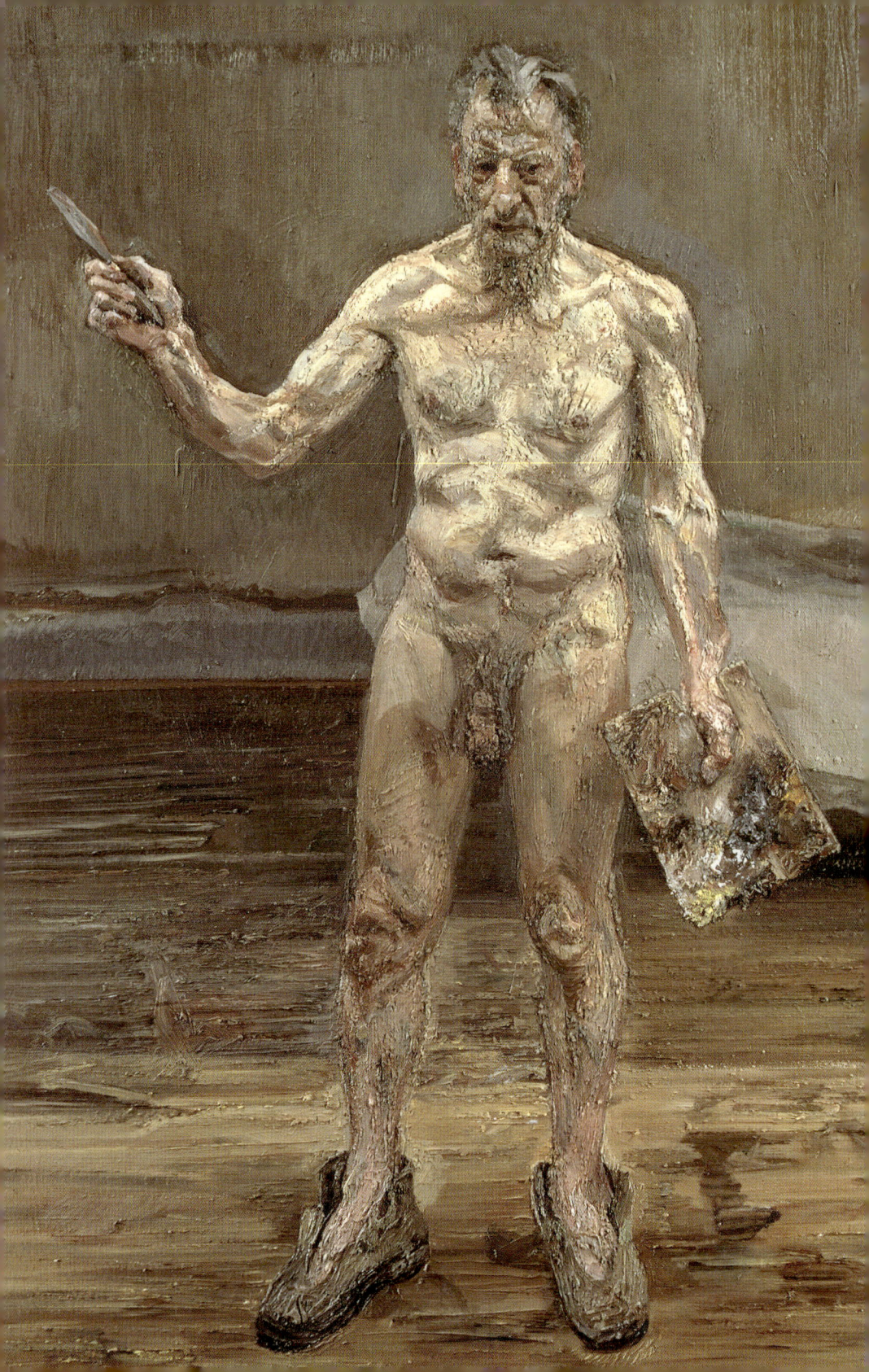

창의적인 화가에게 노년이란 차이를 둘 필요가 없는 것이다.

◁ 루치안 프로이트에게 니체의 매력은 결코 젊음이나 관습적 미에 달려 있지 않았다. 자신에 대한 연구인 「작업 중인 화가, 성찰」은 70세가 넘었을 때의 작품이다.

△ 마찬가지로 오스트레일리아의 문학사가이자 비평가인 저메인 그리어도 어떤 형태이든 '회춘'에 대해 널리 퍼진 유행을 거부한다. 그녀가 56세였던 1995년 파울라 레고가 그린 그녀의 초상은 노화의 과정이 문제가 되지 않는 한 여성을 보여준다.

변화의 양상

20세기 후반에는 더 많은 노인이 홀로 살았다. 이 현상은 특히 출산율의 저하, 이혼의 증가, 지리적 이동성과 연계되었을 때 고독의 증가를 의미하는 것으로 해석되었다. 어느 때든 사람들 가운데 일부는 늙었고 혼자였고, 고독했다. 이는 언제나 일부 노인들의 운명이었다. 그러나 젊은층의 많은 이들 역시 혼자 살았고, 매우 많은 노령층의 사람들이 자녀에게 의존하기보다 독립을 선호했다. 그들은 혼자 살 때조차도 가족과 친구와 자주 접촉했다. 20세기 동안 가족의 규모는 줄었으나, 어린이들은 이전 시대와 비교해 압도적으로 성년과 노년까지 생존했으며, 자녀 수는 줄었지만 종전 어느 때보다 더 많은 노인이 최소한 한 명의 생존한 자녀를 두고 있었다. 자녀들이 반드시 지척에 살지는 않았고, 특히 취업을 위한 국내 및 국가 간의 이동은 수 세기 동안 국제적 삶의 한 현실이었다. 그전 시대에 혹시 자녀들이 지구 반대편으로 이주했다면 접촉이 완전히 끊어졌을 수도 있었다. 20세기에 나타난 통신의 발달은 가족들이 전화, 나중에는 이메일로 항시 접촉을 유지할 수 있었고, 신속한 교통수단으로 쉽게 함께할 수 있다는 것을 의미했다. 젊은층만이 별거를 주도하지는 않았다. 풍요가 증대됨에 따라 미국 북부나 유럽의 노인들은 점점 더 플로리다나 애리조나, 스페인이나 남부 프랑스에서 은퇴를 즐기기 위해 자녀에게서 멀리 이동했다. 특히 미국에서 그들은 곧잘 은퇴자 지역공동체로 갔는데, 이곳은 은퇴자들보다 젊은 친척을 언제나 환영하지는 않았다. 그들은 나중에, 좀 더 노약한 시기에 다시 자녀 가까이로 이동할 수도 있었다.[20]

젊은층과 마찬가지로 노령층도 20세기 들어서 용모가 바뀌었다. 노령자들의 생활스타일이 달라짐에 따라 다른 사람들이 그들을 표현하는 방법

창의적인 에너지가 피카소에게서 사라진 적은 없었다. 손전등으로 허공에 맹수를 그렸을 때, 그는 이미 근 70세였다. 그 선이 사진작가의 노출된 렌즈에 잡혀 있다. 피카소에게는 미술 그 자체가 행위였다. 마치 자신 내부의 맹수가 그의 인간성의 일부였듯이. 사진은 지온 밀리의 1950년도 작품「삶」이다.

그들은 은퇴해야만 하나? 과거와 현재를 통틀어 권력을 쥔 많은 노인에 대하여 질문이 던져졌다. 그러나 끝없는 신뢰, 그들 주장의 정당함에 대한 완전한 믿음, 추종자들의 충성이 그들을 난공불락의 존재로 만든다. 피델 카스트로와 교황 요한 바오로 2세가 서로 대비되는 각자의 영역에서, 70대와 80대 후반까지도 권력을 놓지 않으려던 사람들의 두드러진 사례이다. 물론 교황은 심하게 거동이 불편하고 불치의 질환을 앓고 있었음에도 포기하려 하지 않았던 데에 대해 매우 널리 찬탄을 받았다.

과 함께 그들이 자신을 표현하는 방법도 변화했다. 20세기 후반에 노령자들은 과거의 동년배들보다 더 젊게 보이곤 한다. 무엇보다도 더 건강했고, 의치를 하거나 치아가 없는 게 아니라 원래의 치아를 가지고 있었기 때문이다. 의료 전문가들은 20세기 말 75세인 사람은 20세기 초 60세 혹은 65세인 사람과 생리학적으로 비슷하다고 말했다.[21]

앞선 시대에 통용되었던 연령에 따른 복장 착용은 서서히, 도시보다는 농촌, 부유한 지역보다는 빈곤한 지역에서 점진적으로 사라졌다. 1930년대부터 화장품과 머리 염료의 종류가 많아지고 품질이 개선되고 값이 저렴해지는 등 쉽게 손에 넣을 수 있게 됨에 따라, 노화의 징조는 감추기 쉬워졌다. 20세기 말에 이르면 성형수술 역시 더욱 효과를 볼 수 있게 되었고, 활용이 늘어났다.

그처럼 용모를 다시 젊게 하는 것은 20세기 중엽에는 여전히 널리 비난의 대상이었으나, 흔해지면서 비난도 줄었다. 그러나 논란이 가신 것은 아니었고, 젊게 가꾸는 것이 가능한 이들 사이에서조차도 결코 일반화되지 못했다. 60대나 그 이상까지도 변함없이 젊게 보이고 싶어서 가능한 모든 방책을 강구한 유명한 인물 각각에 상응할 만한 또 다른 사람들이 있었는데, 그들은 늙어가는 자신의 몸을 공개적으로 과시하곤 했다. 예를 들면 영국 국립초상화미술관의 저메인 그리어의 초상과 루치안 프로이트의 자화상이 그렇다. 화가와 사진작가들은 노인을 우아하게 묘사함으로써, 노년은 20세기 말에 가치를 잃었다는 널리 유포된 견해에 의문을 표했다.

어떤 사람들은 젊음의 숭배가 '우아하고 자연스럽게 늙을' 가능성을 부인함으로써, 노령자들로 하여금 나이를 감추게 한다고 주장했다. 다른 사람들은 과거 너무나 많은 노인의 자연적 노화에 우아한 것이라고는 어떤 것도 없었으며, 왜 어떤 특정 연령에서 사람들이 자신의 용모를 바꾸는 데

「고공발차기」, 노년의 위엄은 아니라도 활력을 기리는 한 장의 사진으로 영국의 대중적 휴가 리조트인 블랙풀의 해변 산책길에서 1953년에 찍은 것이다. 이 부인네들에게 노년은 두려워할 것이 하나도 없다.

젊은이들보다 자유롭지 못해야 하거나 엄격한 관습상의 스타일에 얽매어야 하는지에 대한 명백한 이유가 없다고 맞선다. 확실히 노인들은 그 전 어느 때보다 더 많은 자유를 누렸으며, 연령의 경계가 흔들리고 있었다.

노년의 표상: 비어트리스 웨브와 시몬 드 보부아르

문학작품과 회고록에서 노년의 표상은 증가하는 이러한 다양한 경험을 표현했다. 영국의 정력적이고 헌신적이며 유복한 사회개혁가 비어트리스 웨브는 1930년대와 1940년대에 쓴 일기에서 그녀 자신, 그리고 노동당의 정치인 남편 시드니 웨브의 노령화에 대하여 성찰했다. 일기에서 그녀는 자신의 쇠퇴하는 기력에 관한 언급과 아직도 가능한 행위의 정도에 대한 안도 사이를 오갔다. 그녀는 노령화 경험의 다양성을 관찰했다. 그녀의 동생 로지는 젊은 시절 대단히 문제가 많은 신경성 식욕부진 환자였지만, 70세 가까운 나이로 그 어느 때보다 더 큰 독립을 누리고 있었다.

> 스피츠베르겐 주변 북극 지역으로의 항해와 겨울을 나기 위한 마조르카로의 귀환 사이 일주일 동안 이곳에 있었다. (…) 로지는 젊은 시절과 장년기 동안 내가 알았던 그 어떤 모습보다 더 행복하고 건강하다. (…) 그녀는 자연과 건축을 즐기고 그린다는 하나의 목적을 가지고 전 세계를 누비는 활동가가 되었다. (…) 그녀의 남편과 자녀들은 다소간 그녀의 지원금에 의존한다. 확실히 그녀는 한정된 수입을 잘 관리한다. 즉 3등칸이나 저렴한 여행자 칸에서 여행하고 저렴한 숙박소에서 지낸다. (…) 그녀 행복의 비밀은 미술과 원하는 곳으로 가고 원하는 대로 하며 친구를 사귀는 자유이다.

그러나 84세의 친구는 미끄러져 비참하게 쇠락했다.

루이지는 가망 없는 장애인이 되어 집안을 기어다닌다. 정신은 맑고, 노령과 무력함이 세계관을 부드럽게 했다. (…) 그러나 그녀는 절망적으로 고독하며, 삶에 싫증을 느끼고 있다. (…) 노인들이 자녀와 몇몇 친구가 생각하는 것을 느낀다는 점은 명백한 진실이다. "삶을 즐기지 못하고 있다면, 왜 죽지 않으며 끝내지 않는가." 그리고 노인들은 죽길 원하지 않으며 편안하게 죽을 수 있는 방법을 모른다는 것 외에는 답이 없다고 느낄지도 모른다.

비어트리스 웨브는 1943년 85세로 죽었다. 그녀의 일기는 무력함이라는 스테레오타입에 대한 하나의 노골적인 투쟁을 전해준다. 그것은 처음에는 의기양양했지만 시간이 흐를수록 빛을 바래갔다.[22]

프랑스의 작가 시몬 드 보부아르는 프루스트, 지드, 모리아크와 그 밖의 인사들을 동원하여, 『노년 Old Age』이란 이름의 자신의 책(1970년, 프랑스에서는 *La Vieillesse*, 미국에서는 *The Coming of Age*로 출간)에서 노년에 대해 가차 없이 부정적인 서술을 뒷받침했다. 이 책은 사실 활동적이고 아주 생산적이었던 그녀 자신의 노년기에 쓴 것이었다. 그녀는 물었다. '노인도 정말 인간인가? 우리 사회가 그들을 대하는 방식으로 판단하면, 의문의 여지가 있다. (…) 노년은 부끄러운 비밀, 금기시된 주제이다.' 그녀는 매우 비관적인 결론에 이르렀던 것이다. 드 보부아르는 노년을 정의하는 문제에 대하여 특유의 세심하고 통찰력 있는 설명을 제공했다.

지금까지 나는 노년에 대해 마치 그 표현이 명백하게 정의된 현실을 뜻하는 양 언급했다. 사실 우리 자신의 종에 관한 한 노년이란 결코 쉽게 정의될 수

지식인들에게 기력의 쇠퇴는 더욱 참기가 어려웠다. 경제학자이자 사회비판가였던 비어트리스와 시드니 웨브 부부는 노년에까지 영향력 있는 저서를 계속 출간했다. 그러나 다른 한편으로 그녀의 일기는 깊어가는 우울함을 기록하고 있다. 런던의 자택 정원에서 이 사진을 찍었을 때, 그녀는 84세였다.

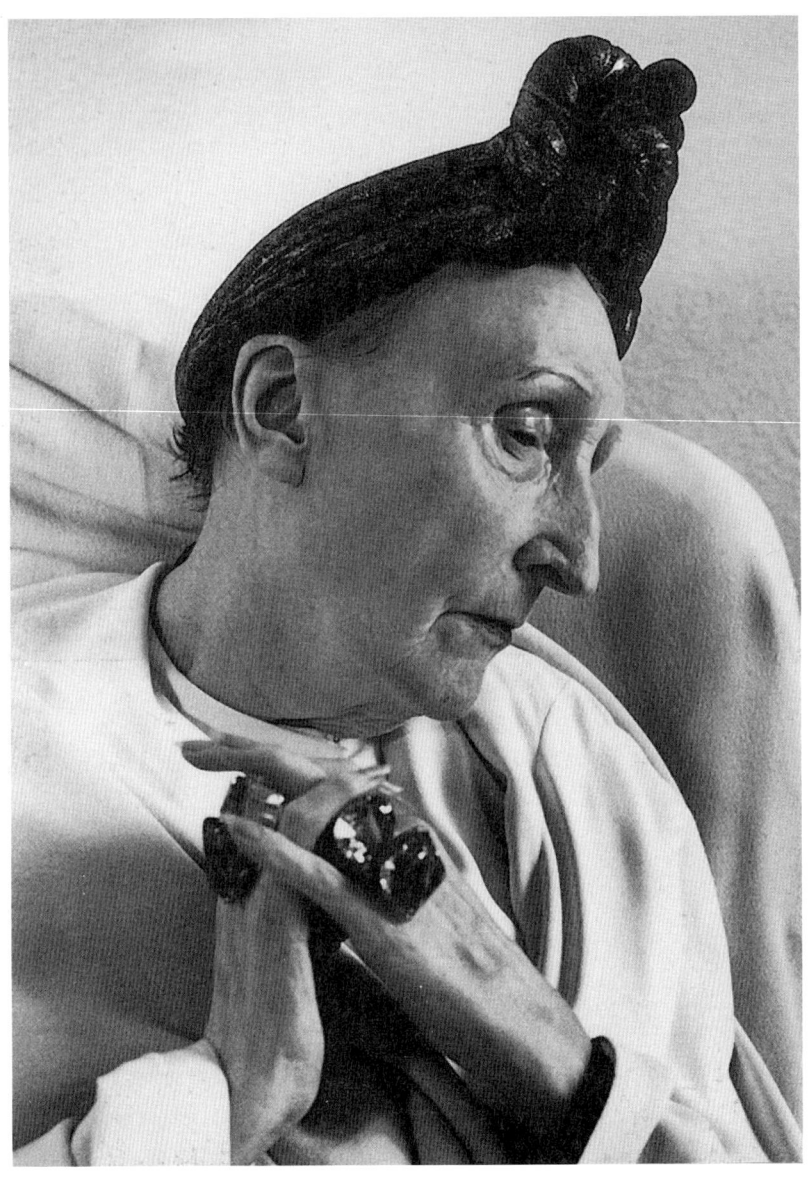

75세의 여류 시인 이디스 시트웰은 노년의 상징이 되었다. 의식적으로 '연출된', 세실 비튼의 이 사진에는 멜랑콜리, 감성, 지혜, 심지어 아름다움 등 모든 것이 들어 있다. 그녀는 2년 뒤 사망했다.

없다. 그것은 하나의 생물학적 현상이다. (…) 그것은 심리학적 결과를 수반한다. 즉 특정 형태의 행동이 노년의 특징으로 여겨지는 것은 정당하다. 그리고 그것에는 모든 인간의 상황처럼 존재론적 차원이 있다. 그것은 개인과 시간의 관계, 따라서 개인과 세상 및 자기 자신의 역사와의 관계를 바꾸어 놓는다. 또 인간은 결코 자연 상태에서 살지 않는다. 즉 그의 지위는 삶의 모든 시기처럼, 자신의 노년에도 그가 속한 사회에 의해 부여된다. 문제 전체를 그렇게 복잡하게 만드는 것은 이 모든 관점이 서로 밀접하게 얽혀 있다는 것이다. (…) 결국 사회는 노인에게 역할과 지위를 할당할 때 그의 개인적 특성을 — 예컨대 노쇠함 또는 경험 — 고려하며, 또는 그 반대이기도 하다. 개인은 그에 대한 사회의 이론적·실제적 태도에 의하여 제약된다.[23]

드 보부아르가 들려주는 개인적 이야기는 비어트리스가 서술한 이야기와는 상당히 다르게 노년의 삶을 기술한다. 1968년 75세의 전직 여급은 파리 중심부에서 '멋진 3층 계단과 가파르고 좁은 반 층짜리 계단 2개를 (…) 올라가야 닿는, 가스나 전기 혹은 수도가 없는 골방에서 홀로 가난하게 살았다. 마담 R은 "그건 나에게 하나의 악몽이다"라고 말했다. "내 걸음걸이가 그리 안정되지 못하는 겨울에는 종종 벽에 기대어, 언제 다시 아래로 내려갈 것인지 생각하면서 거기 머문다." (…) 그녀는 지루하지는 않다고 말한다. 꽤나 이곳저곳 걷고, 신문 가판대에서 헤드라인을 읽으며, 이웃들은 그녀에게 어제 신문을 건넨다. 가능한 경우 그녀는 파리의 기념행사에도 나간다.'[24]

드 보부아르가 수용시설에 거주하는 어떤 늙은 여성의 경험에 관한, 네덜란드 작가 야코바 판펠더의 사실주의 소설(프랑스 어로는 *La Grande Salle*)에서 발견한 상황은 훨씬 더 열악했다. '결코 혼자가 아니다. — 그것은 무시무시하다. 언제나 사람들에 의해 둘러싸여서! (…) 그리고 그들은 당신을 마치 한두 살짜리 어린애인 양 다룬다.'²⁵

프랑스의 100세 이상 장수자들을 대상으로 1959년에 수행된 한 연구의 결과는 좀 더 낙관적이었다. 당시 프랑스에는 600명 혹은 700명이 있었는데, 대다수가 브르타뉴 지방에 살았고, 다섯 명 가운데 네 명이 여성이었다.

(그들은) 아주 다양한 직업을 가진 바 있었다. (…) 그런 다음 그들은 시골에서 자녀나 손자, 손녀와 함께, 또는 일부 경우에는 기관이나 요양소에서 살고 있었다. (…) 그들은 재산이 거의 없었으며 모두 말랐다. (…) 그들은 음식을 좋아했으나 조금만 먹었다. 그들 중 많은 사람이 튼튼하고 건강했다. 그리고 이는 남자의 경우에도 그랬는데, 99살이 넘은 나이로 당구를 치는 사람도 한 명 있었다. 여성의 일부는 약간 노쇠했다. 그들은 듣기에 다소 어려움이 있었고, 시력이 흐릿했지만, 못 보거나 못 듣지는 않았다. 그들은 숙면을 취했으며 독서, 뜨개질이나 짧은 산보로 시간을 보냈다. 그들은 정신이 맑았고, 기억력이 뛰어났다. 독립적이었고 마음이 평정했으며 때로는 쾌활했다. 그들은 생기 넘치는 유머 감각이 있었고 매우 사교적이기도 했다. 70세의 자녀들에게 고압적이었고, 그들을 젊은 사람처럼 다루었다. 한편으로는 현 세대에 대해 불평했으나, 동시대에 관심을 가졌고 세상 돌아가는 일과 접촉을 유지했다. (…) 그들은 (…) 어떤 만성질환도 앓은 적이 없었다. 그들은 죽음을 두려워하는 것 같지 않았다.²⁶

『잡동사니 행성Patchwork Planet』(1998)의 앤 타일러와 『마지막 수단The Last Resort』(1998)의 앨리슨 루리처럼 일부 소설가들은 노년을 긍정적이고 호의적으로 그렸고, 심지어는 짓궂은 장난기를 가지고 그렸는데, 앤젤라 카터의 『현명한 어린아이들Wise Children』(1991)의 주인공인 늙어가는 허풍쟁이 쌍둥이 자매의 경우가 그렇다.

시도 노년의 다양성을 표상했다. 제니 조지프의 노부인 역시 짓궂었다.

내가 노부인이면, 자주색 옷을 입으리라
유행하지도 않고 내게 어울리지도 않는 붉은 모자와 함께
그리고 내 연금으로 브랜디와 여름 장갑을 사리라
(…)
그리고 공공 철로를 따라 지팡이를 굴리리라
그리고 젊은 시절의 절제를 벌충하리라

1951년에 딜런 토머스는 죽어가는 아버지에게 노년에 무릎 꿇지 말 것을 간언했다.

저 편안한 밤 속으로 온순히 가지 마십시오.
노년은 날이 저물 때를 맞아 타오르며 몸부림쳐야지요.
빛의 소멸에 분노, 분노하십시오.

영화 속의 노년

20세기의 전형적 매체인 영화 역시 노년의 묘사에서 단순한 일반화를 거부한다. 일부 표상들은 긍정적이다. 덴마크 영화 〈바베트의 만찬Babette's Feast〉(1987)은 한 하녀가 복권에 당첨된 돈으로 그녀가 봉사하는 일단의

노인들을 위해 잔치를 열었을 때 그들이 잠시 젊음을 회복한 사건을 그리고 있다. 노인들은 하루 저녁 내내 편히 쉬고 춤추며 행복해 했다. 스코틀랜드 영화 〈시골 영웅Local Hero〉(1983)에서는 한 고집 센 노인이 그와 똑같이 늙고 정유회사를 소유한 텍사스인을 설득함으로써 채굴에 따른 최악의 결과에서 마을을 구한다.

세대 내 그리고 세대 간 관계의 복합성과 노령자들의 다양한 성격을 전달하는 영화들도 있다. 미국 영화 〈황금 연못On Golden Pond〉(1981)은 한 늙은 부부를 섬세하게 그려낸다. 아내(캐서린 헵번)는 활동적이며 생기 있고 낙천적이며 퇴임 대학교수인 남편(헨리 폰다)은 신랄하고 내성적이며 점점 노약해지는 데 대해 분노하는 인물로 그려진다. 어느 순간 그는 젊은이를 꾸짖는다. '늙는다는 게 재미있다고 생각하는가? 내 몸 전체가 빌어먹게도 부서지고 있다.' 그러나 그들은 타협해 버리고 오히려 너무 쉽게, 아버지 세대와 젊은 세대 사이의 긴장이 해소된다.

영화는 사회계층 사이의 관계도 탐구한다. 크시슈토프 키에슬로프스키의 〈레드Red〉(1995)는 불행하고 외로운 퇴직 판사 노인의 친구가 된 동정심 깊은 젊은 모델을 그리고 있다. 그들의 관계는 두 사람의 삶을 새롭게 했다. 영국 영화 〈미스터 브라운Mr. Brown〉(1997)에서는 앨버트 공 사후 비탄에 빠져 공적 생활에서 물러난 늙은 여왕 빅토리아가 가신 브라운과의 관계를 통해 정서적으로 원기를 회복한다. 〈드라이빙 미스 데이지Driving Miss Daisy〉(1989)도 미국 남부에서 1940년대 말부터 25년이 넘는 기간 동안 72세의 부유한 유대인 과부와 40대 후반의 흑인 운전수 사이에 있었던 상호 의존적인, 앞선 경우와 유사한 관계를 탐구한다. 그녀는 흥분을 잘하고 떼를 잘 쓰며 툭하면 싸운다. 그는 침착하고 끈기가 있으며 관대하다. 그들이 인종차별과 불관용, 인권운동과 가족 사건들을 함께 겪는 동안, 그녀는 정서

20세기와 21세기의 예술 형식인 영화가 노년이라는 주제에 직면한 것은 불가피했다. 1981년의 〈황금 연못〉은 캐서린 헵번과 헨리 폰다가 역할을 맡았던 인물들 사이의 관계를 중심으로 한다. 전자는 세월이 흘러도 낙관적으로 인생을 즐기지만, 후자는 젊음의 상실에 분개한다(위). 〈마농의 샘 1부〉(1986)의 한 장면이다. 이 영화는 땅을 지키기 위해 싸우는 늙은 독신 남성의 처절함을 조명한다(아래).

적으로 성장한다. 결국 그녀가 치매에 걸렸을 때, 그는 그녀에게 그녀의 자녀들보다 더 강력한 도움의 원천이 된다.

노년에 대한 부정적인 표상은 프랑스의 두 대작 영화 〈마농의 샘 1부 Jean de Florette〉(1986)와 〈마농의 샘 2부 Manon des Sources〉(1987)에 등장하는데, 이 영화들에서는 한 늙은 독신 남성이 자신이 살고 있는 땅을 보존하여 다음 세대에 넘겨주려는 분노에 찬 결심을 통해 자신의 하나뿐인 아들과 조카의 죽음을 초래한다. 미국 영화 〈용커스가의 사람들 Lost in Yonkers〉(1993)은 쿠르니츠 할머니에 집중한다. 그녀는 무자비할 정도로 인색하다. 그녀의 성격은 정신적 상처가 많은 어린 시절에 형성되었고, 그녀의 자녀들에게도 상처를 입혔다. 친근한 할머니라는 스테레오타입과 정확히 반대되는 이러한 인물은 그녀의 두 손자와 마찬가지로 고집이 센 존재로서 그려진다. 손자들은 할머니에 대처하는 법을 익힘으로써 정서적으로 성장하지만, 그녀는 자신의 과거에 너무나 상처를 받아 손자들에 부응할 만큼 성장하지 못한다.

종종 영화는 노인들을 창의적이고 특이한 인물로, 독립적이고 자율적인 존재로 그려냄으로써 노년에 대한 부정적인 스테레오타입을 허물기보다는 강화한다. 그들은 대개 중년의 자기 자녀들보다 삶에 더 관심을 쏟는다. 노인들은 중년의 자기 자식들보다 더 젊고, 중년 세대의 통제에 대해 역시 저항하는—아마 또 하나의 이상화된 스테레오타입—세대보다 그들과 공유하는 것이 더 없는 것으로 그려진다.[27]

노년에 대한 전업 작가와 영화감독의 이러한 표상들이 평범한 노인이 자신을 어떻게 바라보며 다른 사람들은 그들을 어떻게 바라보는가와 어떤 지점에서 비교되는가?

노령화 시대의 노년, 다양한 경험

1992년 영국의 여론조사 기관 매스 옵저베이션Mass Observation은 '늙어감'에 대한 느낌에 관하여 일단의 글을 모았다. 응답들 가운데 주된 테마는 노령화 경험의 다양성이었다. 지방정부 퇴직 관리인 65세 여성은 공통된 하나의 느낌을 이렇게 요약했다. '잘못된 것처럼 보이는 것은 어떤 연령집단이든, 특정 연령집단에 속하는 모든 사람을 동일하게 다루길 원하는 관습이다. 사람들은 더 이상 개개인이 될 수 있도록 허용되지 않는다.' 다음은 퇴직한 여성 도서관 직원의 의견이다.

이제 내 나이 67세이니 내 자신을 '노령'이라고 생각해야 할 것이다. 사람들을 연령으로 범주화하는 데 결정적인 기준은 일반적으로 용모와 태도인 것 같다. '당신이 늙는 것은 당신의 기분에 달려 있다'라는 옛말은 어느 정도 진실을 담고 있다. 그리고 우리 모두 40세에 이미 늙은 사람들, 그리고 훨씬 나이가 많지만 삶에 관심을 가지고 주변의 모든 것을 의식하며 몸매와 주름에도 비교적 젊은 인상을 주는 사람들 또한 알고 있다.

켄트 출신의 67세 주부는 다음과 같이 썼다. '오늘날 당신들은 80세가 될 때까지는 노인으로 분류되지 않는다. 나는 늙었다고 느끼지 않는다. 당신은 매우 유연한 패션으로 나이가 얼마가 되던 멋지게 보일 수 있다. 내 어머니는 95세이고, 최신 유행의 의상을 입는다.' 현대 패션의 '유연성'과 나이와 연관된 복식의 소멸은 널리 목격하는 연령 경계 허물기의 핵심으로 종종 언급된다.

이는 단순하게 노령화의 유쾌하지 않은 현실을 부인하려는 노인들 사이의 자기기만이 아니다. 왜냐하면 젊은층의 사람들도 공유했던 인식이었기 때문이다. 40세가량의 여성 상점 관리자는 다음과 같은 표현으로 노령 여성에 관해 이야기했다.

도로에서 내 딸과 함께 돌차기 놀이를 하시던 어머니를 발견했을 때, '나는 외모로는 주름진 57살인지 몰라도 마음으로는 17살이다'라고 말씀하시던 것을 기억한다. 나는 그녀의 말이 무슨 뜻이었는지 이해하기 시작하고 있다. (…) 어떤 사람들은 타고난 '중년'인 반면 어떤 노인들은 생기가 있고 너그럽고 삶에 대한 열정을 지니고 있다.

사람의 나이를 판단하기란 대단히 어렵다고 생각한다. 기대 수명의 증가와 함께 (…) 주거, 영양, 의술의 진보를 고려하면 정말 나이가 매우 중요한 고려사항인 것 같지는 않다. 40대 후반까지는 젊고, 55~66세까지는 절정에 있으며 (…) 그 다음 세월의 흐름과 함께 결국 서서히 노년으로 밀어넣는 신체적 퇴화시까지를 또 하나의 살 만한 가치가 있고, 활동적인 시기(아마도 이것이 중년일 것이다)를 즐기는 것으로 생각할 수 있다고 믿는다. 노년도 신체적 기능과 남부끄럽지 않는 생활수준을 유지하면 여전히 가치 있는 경험이 될 수 있다. 젊은지, 중년인지 혹은 노년인지 인식을 결정하는 요인에는 산술적 연령 외 많은 것이 있음은 물론이다. 좋은 건강, (…) 사회경제적 지위, (…) 즐길 거리.

사회복지서비스 자원봉사자인 나는 나 자신보다 늙은 세대라고 생각해왔다가, 갑자기 나보다 10살은 젊다는 점을 깨닫게 된 여성들을 후원하고 있다. 그들이 가진 자기 이미지는 형편없고, 그들은 부부 사이와 재정적인 문제로 지쳐 있으며, 신체적인 외형은 보잘것없다.

다른 한편으로 피트니스단체의 회원인 나는 동료 회원들이 그들의 나이를 밝힐 때 종종 놀란다. 군살 없고 유연한 몸을 가진 한 70대의 여성은 활력과 삶에 대한 열의로 빛나고, 20년이나 젊어 보인다.

44세의 리셉셔니스트는 20세기 말 '여성의 연령기'에 관하여 자신의 생각을 서술했다.

50세에 이르면 흰머리가 조금 나타날 것이고 폐경기의 문제가 있을 것이다. 그러나 그럼에도 여전히 온전하게 삶을 영위한다. 60세에 이르면 느려질 테지만, 여전히 계속 손자, 손녀를 돌보고 운동을 할 수 있을 것이다. 70세와 80세에 이르면, 큰 차이는 있겠지만 활동성이 떨어지고 얼굴엔 주름이 진다.

응답자들은 여성이 남성에 비해 더 빨리 늙는지에 대해서는 의견이 엇갈렸다. 그럼에도 그들 대부분은 은퇴가 남성에게 미치는 부정적 효과, 그리고 가사가 지속되기 때문에 계속 일하는 삶과 화장품에서 얻는 만족감이 여성에게 미치는 혜택을 강조했다.

더 강력한 테마는 독립성에 대한 노령 인구의 필요와 능력이었다. 독립된 생활을 유지할 수 없다는 사실이 노년의 시작을 알리는 중요한 표식으로 등장했다. 60세의 산파는 '원하는 것을 더 이상 할 수 없을 때 "늙은" 것이다'라고 말했다. 어떤 과부는 다음과 같이 썼다. '내 나이 78살이지만, 나는 내 자신에 대해 늙은 것이 아니라 나이가 좀 든 것이라 생각한다. 아마 내가 상당히 독립적이고 스스로를 돌볼 수 있기 때문일 것이다.' 여러 응답자들이 독립적으로 사는 것을 멈추면 진부한 존재가 되고, 보호의 대상이 될 것이라는 두려움을 표출했다.

런던에 사는 카운슬러인 한 응답자는 관습적인 스테레오타입에 대해 다음과 같이 반응했다.

어제는 내 예순 번째 생일이었다. 자, 나는 그걸 밝히고 말했다. 어떤 기분이냐고? 생각보다 훨씬 좋다. 지금껏 생일을 그렇게 걱정해본 적은 결코, 결단코 없었다. 그러니 이게 어째서 획기적인 사건이 되어야 한단 말인가? 그래야 하는 이유에 대해 우리는 세뇌되어 있다. (…) 그래서 내가 연상의 시민이고 노령연금 수령자란 말인가? 우스꽝스럽다. 나는 나 자신을 18세가 될 25세처럼 느끼기 때문이다. 내게 세월은 평탄한 것이었다고 생각하지만, 변화 없이 머무는 사람은 없다. 그러나 나는 내 개성이 그 어느 때처럼 특이하고 모험적임을 알고 있다. (…) 그건 나만의 상상인가? 아니면 사람들이 자신의 나이를 밝히기가 점점 어려워지면서 연령이라는 카테고리를 기피하는 것인가?

이 낙천적인 여성은 일찍이 한 차례 결혼의 파국을 맞은 다음 연하의 남성과 좋은 혼인을 맺었다. 남편의 노령화가 자기 자신의 노령화에 대한 많은 여성의 생각에 영향을 미쳤다. 퇴직한 67세의 사무원은 다음과 같이 썼다.

나는 심지어 5년 전보다 상당히 늙었다고 느낀다. 아마 파킨슨병에 걸린 남편이 있고, 일주일 이상은 남편 혼자 둘 수 없기 때문일 것이다. 나는 늙어가는 것을 즐기고 있지 않으며, 내게 동의하지 않으려는 사람은 누구든 정직하다고 믿지 않는다.

성격과 주변 환경의 다른 요인들이 노령화에 대한 개인적인 견해에 영향을 미쳤다. 54세의 어떤 여성은 다음과 같이 썼다. '나는 너무 오래 살

화가가 연민이나 당혹감 없이 자신의 벗은 몸을 그리게 되었다는 사실은 나이 든 육체에 대한 수용성을 가늠하는 척도가 된다. 80세가 된 앨리스 닐은 50년 전과 같이 총기 있고 활동적이다.

우리가 살펴본 것처럼 노년에 관하여 수용된 관념들은 역사 속에서 극적으로 변했다. 고대 그리스에서 중세 말까지 일반적으로 노년은 단지 내세에서의 보상을 위해 견뎌내어야 할, 하나의 완전한 비극으로 인식되었다. 18세기와 19세기에 들어서 이 이미지는 가난이나 질병처럼 감내해야 할 또 다른 시련에 직면한 사람을 제외하고는 가벼워진다. 20세기 말에서야 노년을 (행운, 건강, 자유와 함께) 그 자체로 즐길 수 있는 삶의 한 단계로 보게 되었다.

았다. 노쇠하지는 않지만 더 이상 세상이 멋진 곳이라고는 생각하지 않는다. 나는 진보가 더딘, 외딴 마을에 산다.'

응답자들은 영국 사회에서 노령자들이 존중받고 있는가에 대해서 엇갈린 의견을 내놓았다. 65세가량의 한 주부는 다음과 같이 생각했다. '그렇다. 대다수 사람은 노인을 존중한다고 생각한다. 오늘날 일부 노인이 연하의 사람을 존중하지 않는다는 것은 사실이다.' 48세의 간호사는 말했다. '아니, 나는 우리 사회가 집단으로서의 노인을 존중한다고 생각하지 않는다. 그러나 나는 나이 많은 내 친구들을 확실히 존중한다.' 다음은 47세의 중국계 공무원의 말이다.

> 우리는 조부모를 존중하도록 자랐고, 그 태도는 나의 가족에서도 계속된다(중국의 영향). 그러나 이것은 조부모와의 관계가 멀다는 것을 의미한다. 그들은 그들 방식대로 살며 우리는 그들 뒤꽁무니를 쫓아다니지만, 그들이 손자, 손녀의 친구는 아니다.

몇몇 응답자들은 자신과 자신의 부모 및 조부모의 노령화를 비교함으로써 20세기 동안 노인이 겪은 경험에서의 변화에 관한 의견을 피력했다. 예를 들면 런던 남부 출신의 전직 사회복지사는 다음과 같이 회상했다.

> 내 조부모는 집 밖을 그렇게 많이 좋아하지는 않았던 반면 나이 들고, 늙은 내 친구들은 일일 교실(대학 공개강좌)에 참석하고 국내외에 사는 가족과 친구를 방문한다.[28]

1994년 멜버른에서의 글쓰기 워크숍에서 일단의 노령 여성들은 워크숍을 주도한 40대 후반의 두 여성에게, 이전에 자신들은 늙은 여성들 사이에서의 차이점을 인식하지 못한 채 그들과 구별되지 않은 한 덩어리로서의 스테레오타입을 만들었음을 밝혔다. 노령 여성들은 자신들이 거울에서 보는 얼굴과 자의식 사이의 차이점에 대하여 언급했다.

'늙어가는 얼굴 아래에 젊은 정체성의 의식이 유지되고 있다. 거울에 비친 것과 일치하지 않는, 지속적인 자의식.' 그러나 그들은 부정적인 스테레오타입을 똑같이 단순화된 긍정적인 것으로 교체하길 거부했으며, '노령화를 찬양하거나, 단순하게 두 짝을 뒤집어서 늙음을 아름다움과 동일시해서는 안 된다.'라고 강하게 주장했다. 64세의 어떤 사람은 몸이 더뎌지고 쑤시는 것, 젊은 시절에 한 일을 이제는 할 수 없는 것에 대해 불평했다. 82세의 한 여성은 '나는 늙었고, 자랑스럽다'라고 쓰인 배지를 딸과 손녀에게서 받고 격분을 토로했다. '나는 늙었다'라고 그녀는 운을 뗐다. '언젠가 너희들도 여든까지 살고, 그 다음에는 아흔까지 산다. 자랑할 게 뭐 있냐?' 그들은 모두 건강했음에도 장래에 대해 걱정을 털어놓았다. 어떤 여성이 표현한 것처럼, '세월이 흐름에 따라 모든 걸 압도하는 최고의 걱정거리가 있다면, 그것은 바로 자신의 생활과 신체 기능을 제어하지 못하는 것, 자녀에게 엄청나고 꽤나 혐오스러운 짐이 되는 것이다.'

한 69세의 노인은 현실인지 환상인지 불확실하지만 좀 더 즐겁게 현재를 살았다. '그녀는 분명히 자신이 하고 싶은 대로 했다. 그녀 삶에서 처음으로 그녀의 나이와 그녀의 젊음이 충돌했고, 진정한 자유를 느꼈다.'[29]

1931년에 태어난 마흔두 명의 여성을 같은 해에 출생한 한 여성이 70세 생일이 가까워졌던 2000~2001년에 인터뷰하고 사진을 찍었다. 그들은 대부분 그녀가 거주하던 미국의 아이오와나 그녀가 성장한 뉴욕에 살았고,

몇몇은 영국이나 독일에 살았다.

> (그녀는) 같은 해 몇 달 차이로 태어난 여성들의 다양한 경험을 듣고 기뻐했다. (…) 나의 묘사는 우리가 의도하지 않은 채 창유리나 거울에 비친 모습을 보았을 때 경험하는 일종의 충격으로써 그들의 나이를 부각시켰다. 우리는 우리가 70세라는 것을 알지만, 우리 마음의 눈은 다른, 더 젊은, 또는 혹 나이 들지 않는 자신을 본다. (…) (허나) 대다수 여성은 허영의 흔적을 거의 보여주지 않았다. 단 열두 명만이 머리를 염색했고, 단지 열일곱 명이 나를 만나기 위해 옷을 차려 입은 것 같았다.
>
> 그들은 비록 병마와 싸우고 있었지만 모두 활동적이었고 독립적인 여성들이었다. 그들은 과거에, 그리고 현재에도 계속해서 매우 다양한 삶을 살았다.[30]

대다수 노동계급의 노령 남성 및 여성을 대상으로 1980년대 말 영국에서 행해진 55건의 인터뷰도 비슷한 이야기를 들려주었다. '자신이 늙었다고 생각하십니까?'라는 질문에 대해 압도적으로 아니라고 답했다. 단 두 사람만이 명확하게 그렇다고 말했다. 82세의 여성 한 명은 단호하게 부정적이었다. 그녀는 활동적이었고 건강이 좋았으나 늙은이라는 것을 싫어했다. 물론 그들은 연로해짐에 따라 신체적 변화를 의식했다. 그러나 '늙음의 감정'은 그들에게 무엇보다도 독립을 위한 능력 및 주관적인 감정과 관련되었다.[31] 20세기 말 이 노인들 모두에게 '노년'이란 단순히 그들이 살았던 햇수와 관련된 것만은 아니었다.

주

| 제1장 노년의 시대 |

1. D. Vassberg, 'Old Age in Early Modern Castilian Villages', in S. Ottaway, L. Botelho and K. Kittredge (eds), *Power and Poverty. Old Age in the Pre-Industrial Past* (Greenwood, Connecticutt, 2002), pp. 145–66; E. Wrigley, R. Davies and J. Oeppen, *English Population History from Family Reconstitution, 1580–1837* (Cambridge, 1997), pp. 281–93.
2. E. Wrigley, 'Fertility Strategy for the Individual and the Group', in C. Tilly (ed), *Historical Studies in Changing Fertility* (Princeton, 1979), pp. 255–6.
3. J. Falkingham and C. Gordon, 'Fifty Years On: The Income and Household Composition of the Elderly in London and Britain', in B. Bytheway and J. Johnson (eds), *Welfare and the Ageing Experience* (1990), pp. 148–71.
4. P. Thane, *Old Age in English History. Past Experiences, Present Issues* (Oxford, 2000), pp. 73–4.
5. Vassberg, 'Old Age', pp. 156–7.
6. Ibid.; W.A. Achenbaum, *Old Age in the New Land. The American Experience since 1790* (1979), pp. 115–17; C. Haber and B. Gratton, *Old Age and the Search for Security. An American Social History* (Bloomington, 1994), pp. 25–6, 38–42, 86–7; Thane, *Old Age*, pp. 119–46, 287–307, 407–35.
7. Achenbaum, *Old Age in the New Land*, pp. 116–17; Haber and Gratton, *Old Age and the Search for Security*, pp. 116–42; R. Jütte, *Poverty and Deviance in Early Modern Europe* (Cambridge, 1994).
8. Plato, *The Republic*, trans. D. Lee (2nd edn, 1987), pp.61–3.
9. A. Rowlands, 'Stereotypes and Statistics: Old Women and Accusations of

Witchcraft in Early Modern Europe', in Ottaway, Botelho and Kittredge, *Power and Poverty*, p. 169.
10. E.g. R. Harris, *Gender and Aging in Mesopotamia* (Oklahoma, 2000).
11. 제2장~제6장을 보라.
12. S. Shahar, *Growing Old in the Middle Ages* (London, 1997), pp. 25-8.
13. Ibid., pp. 114-19.
14. S. Ottaway, *The Decline of Life. Old Age in Eighteenth Century England* (Cambridge, 2004), p. 33.
15. K. Kittredge, '"The Aged Dame to Venery Inclin'd": Images of Sexual Older Women in Eighteenth-Century Britain', in Ottaway, Botelho and Kittredge, *Power and Poverty*, pp. 247-64.
16. Thane, *Old Age*, p. 85.
17. Ibid., p. 59; G. Gruman, 'A History of Ideas about the Prolongation of Life', *Transactions of the American Philosophical Society*, 56:9 (1966), pp. 1-97.
18. J. Swift, *Gulliver's Travels* (Harmondsworth, 1967), pp. 256-7.
19. J. Vaupel, 'The Remarkable Improvements in Survival at Later Ages', in J. Grimley Evans et al (eds), *Ageing: Science, Medicine and Society. Philosophical Transactions: Biological Sciences* (The Royal Society, 1997), pp. 1799-1804.
20. W. Shakespeare, *As You Like It*, Act 2, Scene 7, lines 157-66.
21. Ibid., Act 2, Scene 3, lines 47-55.
22. Thane, *Old Age*, pp. 50-1.
23. Quoted in Simone de Beauvoir, *Old Age*, trans. Patrick O'Brian (Penguin, Harmondsworth, 1977), pp. 178-9.
24. Michel de Montaigne, *Essays*, trans. John Florio, bk I, ch. LVII.
25. De Beauvoir, *Old Age*, pp. 179-80.
26. Jean-Pierre Bois, *Les Vieux de Montaigne aux premières retraites* (Fayard, 1989), pp. 285-8.
27. Goethe, *Faust*, Part II, Act V, trans. Philip Wayne.
28. De Beauvoir, *Old Age*, pp. 560-3.

| 제2장 고대 그리스와 로마 세계 |

1. *Digest of Roman Law* 50,6,6 pref.
2. Juncus ap. Stobaeus, *Florilegium* 50.2.85, W.-H. 1052.1-2.
3. Isidorus, *Origines* 11.2.8, 30, following Jerome, *Comm. In Amos* 2.pr. (*Patr.*

Lat. 25.1021-3 = *Corpus Christ., ser. Lat.* 76.255-6).
4. Seneca the Younger, *Consolatio ad Marciam* 21.4: 'non una hominibus senecta est.'
5. *Corpus Inscriptionum Latinarum* (*CIL*) 8.9158 = *Inscriptiones Latinae Selectae* (*ILS*) 8503: 'flos iuventutis.'
6. *Papyrus Sakaon* 40.12-13 (Theadelphia, AD 318-20).
7. *CIL* 11.137 = *ILS* 1980.
8. Seneca the Elder, *Controversiae* 10.5: 이 행동에 대해 제시되는 하나의 변론은 늙은 노예란 쓸모없고, 어떤 식으로든 곧 죽을 것이라는 점이었다.: 'senem inutilem, expiraturum; si verum, inquit, vultis, non occidit illum, sed deficientis et alioqui expiraturi morte usus est.'
9. St Augustine, *City of God* 15-16, utilizing Pliny the Elder's *Natural History* bk 7.
10. P. Zanker의 명석한 연구, *The Mask of Socrates: the Image of the Intellectual in Antiquity* (Berkeley, Oxford: University of California Press, 1995)를 보라.
11. Herodotus, *Histories* 1.87.
12. Lucian, *de Luctu* 16-17.
13. T.G. Parkin, *Old Age in the Roman World: A Cultural and Social History* (Johns Hopkins University Press, 2003), pp. 46-51.
14. Hierokles *ap.* Stobaeus, *Flor.* 25.53 (W.-H. 642 = von Arnim, p. 58) and Flor. 22.1.24 (W.-H. 503 = von Arnim 53). 아테네와 로마 시대의 노인 복지에 관한 더 자세한 사항은 다음을 참조하라. T.G. Parkin, 'Out of Sight, Out of Mind: Elderly Members of the Roman Family', in B. Rawson and P. Weaver (eds), *The Roman Family in Italy: Status, Sentiment, Space* (Oxford: Oxford University Press, 1997), pp. 123-48.
15. Aristophanes, *Wasps* 736-40, 1354-7.
16. 노년이 제2의 어린 시절이라는 관념을 포함해서는 다음을 참조하라. Parkin, 'Out of Sight, Out of Mind' and *Old Age in the Roman World*, ch. 8
17. 이 실험은 Cambridge Population Group (CAMSIM)이 수행했으며, Richard Saller가 로마의 시대 상황을 기준으로 마련한 방법을 이용했다. 특히 R.P. Saller, *Patriarchy, Property and Death* (Cambridge: Cambridge University Press, 1994)를 보라.
18. 이 점과 관련해 흥미로운 논쟁은 W.K. Lacey, *The Family in Classical Greece* (London: Thames and Hudson, 1968), pp. 116-18을 보라.
19. R.P. Saller and B.D. Shaw, 'Tombstones and Roman Family Relations in the Principate', *Journal of Roman Studies* 74 (1984), pp. 124-56, especially pp. 136-7. 고대 그리스의 조부모에 대해서는, J.-N. Corvisier, 'Les grands-parents

dans le monde grecancien', *Annales de démographie historique* (1991), pp. 21-31 가운데 역사 속 조부모를 인구학적 관점에서 다룬 논문 모음의 일부를 보라.
20. 상세한 논의는 Parkin, *Old Age in the Roman World*, pp. 51-6을 참조하라. 비교 목적을 위해서는 cf. P. Laslett, *A Fresh Map of Life2* (London, 1996), ch. 8과 R. Wall의 탁월한 연구인 'Elderly Persons and Members of their Households in England and Wales from Preindustrial Times to the Present', in D.I. Kertzer and P. Laslett (eds), *Aging in the Past: Demography, Society, and Old Age* (Berkeley, Los Angeles and London, 1995), pp. 81-106을 보라.
21. R.S. Bagnall and B.W. Frier, *The Demography of Roman Egypt* (Cambridge University Press, 1994), p. 62 (and cf. pp. 146-7 on three-, and in one case four-, generation households).
22. 타키투스(*Dial.* 28.4)는 메살라로 하여금 '좋았던 옛 시절'에는 나이 든 여성 친척이 집안의 어린아이들을 보살폈을 텐데 이제는 노예가 그 일을 맡고 있다고 논평하도록 한다. 조부모가 생존한 곳에서는 어린아이의 친부모나 양부모가 부재할 경우 조부모가 가내에서 특별한 역할을 수행했을 것이다. 우리가 고대의 증언에서 생존한 조부모를 가장 흔히 만나는 것은 부모(들)를 여읜 어린아이들을 포함해 바로 그런 상황이다.
23. Thomas Wiedemann은 *Adults and Children in the Roman Empire* (London: Routledge, 1989)에서 이 주제에 대해 탁월한 분석을 제시했고, 몇몇 구절(176~177쪽)은 인용할 만하다. '고대 로마 사회는 여성, 노인, 노예와 더불어 아동을 공동체 생활에서 주변적 지위로 내몰았다. 이는 이 집단 각각에 대해 완전한 인간과 짐승 사이의 중간적인 지위를 제공한 반면 인간 세계와 신의 세계 사이에 있는 지위도 아울러 부여했다. 다른 집단에 비해 상대적으로 허약한 아동, 여성, 노인의 몸은 이 세 집단이 초자연적 존재에게 특별한 도움을 요구하거나 받을 만하다고 생각되었음을 의미했다. 그들이 통상 "이성적인" 성인 남성에 의해 통제되는 정치적 공동체 바깥의 힘에 의존하는 것 외에 자신들의 이해관계를 표현할 수 있는 다른 방법을 갖지 못하는 것은 정치적 과정이나 사회적 영향력에서 배제되기 때문이다. "주변적인" 집단이 성년 남성 시민보다 성스러운 세계와 더 잘 접촉했다는 가설의 이면에 있는 것이 바로 이 무력함이었다. 노인은 특히 초자연적 존재로 여겼다.'
24. Plato, *Laws* 6.759d; Aristotle, *Politics* 7.1329a30-34.
25. 로마 신화의 베스타 여신(불과 부엌의 여신)을 섬긴 처녀들은 예외였다. 30년 후 그들의 (자발적인) '은퇴'는 폐경기와 대략 맞아떨어졌다.
26. 막시미아누스는 중세에 대중적인 인기가 있었는데, 무엇보다도 아마 그가 종종 드러내는 약간의 여성혐오적인 태도 때문이었을 것이다. 그의 시는 로마 시대의 연가 시인들에게서 많은 영향을 받았으며 때때로 꽤 외설적이기도 해서 중세 학교에서 텍스트로 사용할 경우 놀라움을 가져다주었다.
27. [Plato,] *Axiochos* 367b.

28. Xenophon, *Apol.* 6, 8; similarly *Mem.* 4.8.1, 8.
29. Aristotle, *Rhetoric* 2.13.
30. Lucian, *Dialogues of the Dead* 27.9. Cf. Sophocles, frag. 66 [Radt]: '나이 먹은 사람처럼 삶을 사랑하는 이는 없다'. 덧붙이자면 이는 노년에 대한 긍정적이고도 부정적인 태도를 설명하는 것으로 고대의 격언집에 수록되었던 한 구절이다.
31. Juvenal, *Satires* 10.188-288, and cf. Shakespeare's *Hamlet* 2.2.195-208. 자세한 사항은 Parkin, *Old Age in the Roman World*, pp. 79-89을 참조하라.
32. 고대 시대 노인의 건강에 대해서는 Parkin, *Old Age in the Roman World*, pp. 247-56과 참고문헌을 보라.
33. Vergil, *Aeneid* 5.395-6.
34. Galen, from his work 'That the mores of the soul follow the temperamenta of the body'; Greek text in the edition of Galen by C.G. Kühn, vol. 4, pp. 786-7.
35. Seneca the Younger, *Epistles* 108.28.
36. *De Sanitate Tuenda*의 영어번역본(R.M. Green 번역) 참조: *A Translation of Galen's Hygiene* (Springfield, Illinois: Charles C. Thomas Publ., 1951).
37. Pliny the Elder, *Nat. Hist.* 14.8.60, 22.53.114.
38. Hesiod, *Theog.* 211-25; Cicero, *de Nat. Deor.* 3.17.44와 Hyginus, *Fab.* pr.1도 함께 보라.
39. 생명연장이론 조사에 관해서는 Gruman, 'A History of Ideas about the Prolongation of Life', pp. 1-102을 보라.
40. Parkin, *Old Age in the Roman World*, pp. 257-8을 참조하라.
41. Cicero, *On Old Age* 38.

| 제3장 중세와 르네상스 |

1. Z. Razi, *Life, Marriage and Death in a Medieval Parish* (Cambridge, 1980), pp. 109, 128; D. Herlihy and C. Klapisch, *Les Toscans et leur familles: étude du Catasto florentin de 1427* (Paris, 1980), pp. 199-201; M. Campbell, 'Population Pressure, Inheritance and the Land Market in a 14th-Century Peasant Community', in R. Smith (ed.), *Land, Kinship and Life Cycle* (Cambridge, 1984), pp.87-134.
2. Shahar, *Growing Old in the Middle Ages*, 'Winter Clothes Us in Shadow and Pain', p. 29; Parkin, *Old Age in the Roman World*, pp. 13-35.
3. S. Shahar, 'Who Were the Old in the Middle Ages?', *Social History of Medicine* 6 (1993), pp. 313-41; Shahar, *Growing Old in the Middle Ages*, pp.

14-18, 24-7.
4. P. Dennis, P. Foote and R. Perkins (eds/trans), *Laws of Early Iceland. Gragas. Christian Laws* I (Winnipeg, 1980), p. 49.
5. B. Pullan, *Rich and Poor in Renaissance Venice* (Oxford, 1971), p. 51 and n. 82.
6. A. Luders, T. Tomlins and J. Raithby (eds), *The Statutes of the Realm* (2nd edn, 1963), vol. II, p. 657.
7. Shahar, *Growing Old in the Middle Ages*, pp. 18-19.
8. Luders, Tomlins and Raithby, *Statutes of the Realm*, vol. I, p. 307.
9. Beugnot (ed.), *Assise de la haute court. Le livre de Jean d'Ibelin*, in *Recueil des historiens de Croisades* (Paris, 1841), vol. I, pp. 362-4.
10. P. Laslett, 'History of Aging and the Aged', in *Family Life and Illicit Love in Earlier Generations* (Cambridge 1977), ch. 5; M. Mitterauer and R. Sieder, *The European Family. Patriarchy to Partnership from the Middle Ages to the Present*, trans. K. Osterveen and M. Hörziager (Oxford, 1982), 146; P. Thane, 'Old Age in English History', in C. Conrad and H. von Kondratowitz (eds), *Zur Kulturgeschichte des Alterns* (Berlin, 1993), pp. 18-19.
11. G. Biraben, *Les Hommes et la peste en France et les pays européens et méditerranéens* (Paris, 1975), vol. I, pp. 218-25; J. Heers, *Le clan familial au Moyen-Âge. Étude sur les structures politiques et sociales de milieux urbains* (Paris, 1974), p. 70 and n. 3; Herlihy and Klapisch, *Les Toscans et leur familles*, pp. 459-61; Razi, *Life, Marriage and Death in a Medieval Parish*, pp. 1, 129, 151; M. Zerner, 'Une crise de mortabilité au XVe siècle à travers les testaments et les rôles d'inscriptions', *Annales* ESC 34 (1979), pp. 571-8; R. Trexler, *Public Life in Renaissance Florence* (1980), p. 362.
12. Herlihy and Klapisch, *Les Toscans et leur familles*, pp. 370-1 and n. 143; J. Russel, 'How Many of the Population Were Aged?', in M. Sheehan (ed.), *Aging and the Aged in Medieval Europe* (Toronto, 1990), pp. 119-27; Razi, *Life, Marriage and Death in a Medieval Parish*, pp. 1, 151; C. Klapisch, '"A uno pane e uno vino": The Rural Tuscan Family at the Beginning of the 15th Century', in *Women, Family and Ritual in Renaissance Italy* (Chicago, 1985), p. 41; G. Minois, *Histoire de la vieillesse. De l'antiquité à la Renaissance* (Paris, 1987), p. 296.
13. T. Hollingsworth, 'A Demographic Study of British Ducal Familites', *Population Studies* 11 (1957), pp. 5-26; G. Duby, 'Dans la France du nort-ouest au XIIe siècle: les jeunes dans la société aristocratique', *Annales* ESC 19 (1964), pp. 839-43; J. Rosenthal, 'Medieval Longevity and the Secular Peerage

1350–1500', *Population Studies* 27 (1973), pp. 287–93.
14. J. Russel, 'The Effects of Pestilence and Plague 1315–1385', *Comparative Studies in Society and History* 8 (1966), pp. 464–73; D. Herlihy, *Medieval and Renaissance Pistoia. The Social History of an Italian Town* (New Haven, 1987), pp. 90–1; Herlihy and Klapisch, *Les Toscans et leur familles*, p. 200; C. Klapisch–Zuber, 'Demographic Decline and Household Structure. The Example of Prato, Late 14th to Late 15th–Century', in *Women, Family and Ritual in Renaissance Italy*, 27; Russel, 'How Many of the Population Were Aged?', pp. 12, 126.
15. C. Klapisch, 'Fiscalité et démographie en Toscane (1427–1430)', *Annales* ESC 24 (1969), pp. 1313–37; J. Rosenthal, 'Aristocratic Widows in 15th–Century England', in B. Harris and G. McNamara (eds), *Selected Research from the Fifth Berkshire Conference on History of Women* (Durham, 1984), pp. 36–47; R. Archer, 'Rich Old Ladies. The Problem of Late Medieval Dowagers', in T. Pollard (ed.), *Property and Politics: Essays in Late Medieval English History* (Gloucester, 1984), pp. 15–35.
16. J. Le Goff, *La Civilization médievale* (Paris, 1966), pp. 26–9.
17. Examples: *Annales S. Iustinae Patavini, M.G.H. Script.*, vol. 19 (Hanover, 1886), p. 179. Matthew Paris, *Chronica majora*, ed. R. Luard, Rolls Series 25 [57] (1877), p. 134; Thomas Aquinas, *Summa Theologiae* 3a, q. 72, art. 8, trans. The Blackfriars (1974), vol. 57, pp. 212–15; M. Lauwers, 'La mort et le corps des saints. La scène de la mort dans les *vitae* du Moyen–Age', *Le Moyen–Âge*, 94 (1988), pp. 37–8 and n. 110; L. Rapetti (ed), *Li livre de jostice et de plet* (Paris, 1850), p. 98.
18. J. Neufville and A. de Vogüé (eds/trans), *Le règle de Saint Benoit* (Paris, 1942), pp. 642–4.
19. R. Finlay, 'The Venetian Republic as a Gerontocracy: Age and Politics in the Renaissance', *The Journal of Medieval and Renaissance Studies* 8 (1978), pp. 157–8.
20. R. Helmholz, *Marriage Litigation in Medieval England* (Cambridge, 1974), p. 83.
21. G. Lopez (ed.), *Las siete partidas del Rey Don Alfonso el Sabio* (Salamanca, 1555; reprint Madrid, 1974), Ley 2, 74.
22. Roger Bacon, *Opus majus*, ed. J. Bridge (Frankfurt, 1964), vol. 2, p. 206; English trans: Roger Bacon, *Opus majus*, trans. R. Burke (Philadelphia, 1928), vol. 2, p. 619; Roger Bacon, *De retardatione accidentium senectutis cum aliis opusculis medicinalibus*, ed. A. Little and E. Withington (Oxford, 1928), pp. 9,

29, 31, 80.
23. Aristotle, *Rhetorica*, bk 2, ch. 14.
24. Honorius Augustodunensis [Honorius of Autun], *De philosophia mundi libri quatuor*, PL, vol. 172, L. 4, C. 36, col. 99; Vincent de Beauvais, *Speculum naturale*, in *Bibliotheca mundi seu speculum quadruplex* (Douai, 1624), L. 31, C. 87, col. 2360; Arnaldus de Villanova, *De regimine sanitatis*, in *Opera Omnia* (Basel, 1585), col. 372; Albertus Magnus, *De aetate sive de juventute et senectute*, in *Opera Omnia*, ed. A. Borgent (Paris, 1890), vol. 9, tractatus 1, C. 6.
25. M. Carruthers, *The Book of Memory. A Study of Memory in Medieval Culture* (Cambridge, 1993).
26. Vincent de Beauvais, *Speculum naturale*, L. 31, C. 88, col. 2361.
27. 불순하고 유해한 것으로 여겨진 것은 단순히 여성의 월경혈만이 아니었다. 의학과 일반인의 관념 양자에 따르면 자궁 안의 태아도 임신 중 어머니의 체내에서 배출되지 않는 월경혈에 의해 영양을 공급받았다. 그래서 태아에게 양분을 공급한 혈액 역시 불순하게 여겨졌다. 교황 인노켄티우스 3세에 따르면 출산 중 배출되지 않았던 여성의 월경혈은 닿기만 해도 나무가 시들며, 풀이 마르고, 과일이 열매를 맺지 않을 정도로 고약하고 불순한 것이다. 그것을 핥은 개는 광견병에 걸릴 것이며, 월경 중인 여성이 성교한 뒤 잉태한 아이는 나병 환자로 태어나게 되어 있었다. Lotharii cardinalis (Innocent III), *De miseria humanae conditionis*, ed. M. Maccarrone (Lugano 1955), L. I, C. 4, 11-12; 살레르노의 대학 병원 의사들의 답변서에는 젖먹이 아이는 어머니의 자궁 안에서 나중에도 쉬이 제거되지 않는 월경혈을 통해 영양을 공급받았던 탓에 자궁에서 좀 더 깨끗한 자양분을 섭취한 동물과는 달리 태어난 직후에도 서고, 앉고, 걷고, 말할 수 없다고 쓰여 있었다. B. Lawn (ed), *The Prose Salernitan Questions* (Oxford, 1970), Q. 228, 155.
28. *De Secretis mulierum, in Les admirables secrets de magie du Grand et du Petit Albert*, cited in D. Jacquart and C. Thomasset, *Sexuality and Medicine in the Middle Ages*, trans. M. Adamson (Oxford, 1988), p. 75; 홀림, 즉 어떤 사람이 눈길을 줌으로써 다른 사람에게 해를 끼치는 방법이 대학의 의학 영역에 도입된 15세기 말에 이르면 여성은 노화의 자연적 과정에서도 홀릴 힘을 갖게 되는 것으로 여겼다.
29. Diego Alvarez Chanca(*Tractatus de fascinatione*, 1494)와 Antonio de Cartagena (*Libellus de fascinatione*, 1529)가 개발한 이론. 이 저술가들에 따르면 늙은 여성의 행동은 의지로 통제할 수 없었고, 사악한 의도가 동반될 경우 더 악화될 수 있었다. 두 글에서의 전체 담론은 월경 중이거나 혹은 월경이 끝난 뒤거나 모두 여성 신체의 잠재적·현재적 유독성에 바탕을 두고 있다. 그러나 월경이 끝나서 월경혈을 항시 몸

에 지닌 늙은 여성은 특히 홀리는 경향이 있는 것으로 여겼다. 그 희생자는 일반적으로 어린이였다. : F. Salmon and M. Cabré, 'Fascinating Women: The Evil Eye in Medical Scholasticism', paper presented at the Barcelona Conference, Cambridge, September 1992 (unpublished).

30. Francesco Petrarca, *De remedies utriusque fortune* (Rotterdam, 1649),, L. I, 18-19; L. II, 94-5, 353, 564-5; Fancesco Petrarca, *Phisick against Fortune*, trans. T. Twyn (1579), ff. 3v, 162r, 267r-268v.
31. Giraldus Cambrensis [Gerald of Wales], *Gemma ecclesiastica*, ed. J. Brewer (Rolls Senes 21, London, 1862), 182; Philippe de Navarre, *Les quatre ages de l'homme*, ed. M. de Fréville (Paris, 1888), p. 90.
32. Guillaume de Deguileville, *Le pélerinage de la vie humaine*, ed. J. Stürzinger (1893), pp. 229, 251-2, 255, 374, 407, 414.
33. C. Walker Bynum, *Holy Feast and Holy Fast. The Religious Significance of Food to Medieval Women* (Berkeley, California, 1987).
34. Aegidius Romanus [Giles of Rome], *De regimine principum* (Rome, 1607), L. 1, pars 4, C. 1-4, 188-203; Aristotle, *Rhetorica*, bk 2, C. 12-14; *Ethica*, bk 4, C. 1, 1121, bk 8, C. 3, 1156a, C. 5, 1157b.
35. Bernardino of Siena, *De calamitatibus et miseries humanae et maxime senectutis*, ed. Fathers of the Collegium S. Bonaventurae (Florence, 1959), vol. 7, sermo 16, 254-6, 258.
36. Vincent of Beauvais, *Speculum naturale*, L. 31, C. 89-90, cols 2361-3.
37. Bromyard John, *Summa praedicantium* (Antwerp, 1614), part II, C. 5, 355.
38. Dante, *Convivio* in *Le opere di Dante*, ed. M. Barbi (Florence, 1921), C. 4, p. 28.
39. Meister Eckhart, *In novitate ambulamus*, in *Die deutschen und lateinischen Werke*, ed. E. Benz et al (Stuttgart, 1956), IV, sermo 15, 145-54, 특히 149-150을 보라.
40. Bartholomaeus Anglicus, *Liber de proprietatibus rerum* (Strasbourg, 1505), L. VI, C. 1; Bartolomaeus Anglicus, *On the Properties of Things: John Trevisa's Translation of Bartholomaeus Agnlicus's De proprietatibus rerum*, ed. M. Seymour (Oxford, 1975), p. 290.
41. Bernardino of Siena, *De calamitatibus et miseries humanae et maxime senectutis*, pp. 253, 256-62.
42. Philipe de Navarre, *Les quatre ages de l'homme*, pp. 31, 95-6, 105.
43. Shahar, *Growing Old in the Middle Ages*, pp. 50-1.
44. S. Meech and F. Allen (eds), *The Book of Margery Kempe*, EETS 1940, pp. 179-81.

45. Alvise Cornaro, *Discorsi intorno alla vita sobria*, ed. P. Pancrazzi (Florence, 1946).
46. Philipe de Navarre, *Les quatre ages de l'homme*, p. 105.
47. Vincent de Beauvais, *Speculum naturale*, L. 31, C. 89, col. 2362.
48. Leon Battista Alberti, *I libri della famiglia: The Family in Renaissance Florence*, ed./trans. R. Watkins (Columbia SC, 1969), pp. 35-42, 156-7, 167, 170.
49. A. Pertile, *Storia del diritto italiano della caduca dell'Impero Romano alla codificazione* (Turin, 1892-1902), vol. 3, p. 253 and n. 48.
50. J. Rosenthal, 'Retirement and the Life Cycle in 15th-Century England', in Sheehan, *Aging and the Aged*, pp. 175-6.
51. Rosenthal, 'Retirement and the Life Cycle in 15th-Century England', pp. 180-3; N. Orme, 'The Medieval Almshouse for the Clergy: Clyst Gabriel Hospital near Exeter', *Journal of Ecclesiastical History* 39 (1988), pp. 1-15; N. Orme, 'Suffering the Clergy: Illness and Old Age in Exeter Diocese 1300-1540', in M. Pelling and R. Smith (eds), *Life, Death and the Elderly: Historical Perspectives* (1991), pp. 62-73.
52. D. Barthélemy, 'Kinship', in P. Aries and G. Duby (eds), *A History of Private Life*, vol. 2, *Revelations of the Medieval World*, trans D. Goldhammer (Cambridge, Massachusetts, 1988), pp. 85-116; Bertran de Born, *Définitions de la jeunesse et de la vieillesse*, in J. Anglade (ed./trans.), *Anthologie des troubadours* (Paris, 1927), p. 60.
53. V. Green, *The Madness of Kings* (Stroud, Glocestershire, 1996), p. 74.
54. Shahar, *Growing Old in the Middle Ages*, pp. 132-43.
55. O. Redon, 'Aspects économiques de la discrimination et la "marginalisation" des femmes, XIIIe-XVIIIe siècles', in S. Cavaciocchi (ed.), *La donna nell economia secc.XII-XVIII* (Instituto Internationale di Storia Economica 'F. Datini', Series II, 21, Prato, 1990), pp. 441-60.
56. A. Jewell, 'The Bringing Up of Children in Good Learning and Manners: A Survey of Educational Provisions in the North of England', *Northern History* 18 (1982), p. 11; M. Barteson (ed.), *Cambridge Guild Records* (Cambridge, 1903), p. 9.
57. M. Fagniez (ed.), *Documents relatifs à l'histoire de l'industrie et du commerce en France* (Paris 1898), vol. I, p. 68.
58. Shahar, *Growing Old in the Middle Ages*, pp. 105, 111-12, 123-4, 130, 145.
59. E. Le Roy Ladurie, *Les paysans de Languedoc* (Paris, 1966), pp. 160-8; Klapisch, 'Fiscalité et démographie en Toscane (1427-1430)', pp. 1313-37;

Herlihy and Klapisch, *Les Toscans et leur familles*, pp. 370-9, 491-7; Klapisch, '"A uno pane et uno vino"', pp. 160-8.
60. R. Smith, 'The Manorial Court and the Elderly Tenant in Late Medieval England', in Pelling and Smith, *Life, Death and the Elderly: Historical Perspectives*, pp. 36-91; E. Clark, 'The Quest for Security in Medieval England', in Sheehan, *Aging and the Aged in Medieval Europe*, pp. 189-200.
61. Mitterauer and Sieder, *The European Family*, pp. 166-7.
62. R. Harper, 'A Note on Corrodies in the 14th Century', *Albion* 15 (1983), pp. 95-101; B. Harvey, *Living and Dying in England 1110-1540: The Monastic Experience* (Oxford, 1995), pp. 180-90.

| 제4장 17세기 |

1. Maimonides, *Mishneh Torah Hilkhot Issurei Bi'ah*, ch. 9 (5). M. Singer, '"Honour the Hoary Head": The Aged in the Medieval Jewish Community', in Sheehan, *Aging and the Aged in Medieval Europe*, pp. 42-3 참조.
2. L. Botelho, 'Old Age and Menopause in Rural Women of Early Modern Suffolk', in L. Botelho and P. Thane (eds), *Women and Ageing in Britain since 1500* (London, 2000), pp. 43-65.
3. S.R. Smith, 'Age in Old England', *History Today* 29 (1979), pp. 173-4.
4. N. Guterman (compl.), *A Book of French Quotations with English Translations* (London, 1963), p. 71.
5. T. Cole, *The Journey of Life* (Cambridge, 1992), pp. 1-31, quotation on p. 11.
6. P. Barnum (ed.), *Dives and Pauper* (repr. London, 1992), vol. i, IV, C, 1, p. 304.
7. Lady Montague, *Letters of the Right Honourable L.M.W.M.: Written during her Travels in Europe, Asia and Africa*, vol. 1, iv (London, 1763), p. 26.
8. C.C. Thomas, *A Translation of Galen's Hygiene* (Oxford, 1952), p. 7.
9. Shahar, *Growing Old in the Middle Ages*, pp. 43-4.
10. T. Sheppey, 'A Book of Choice Receipts', c. 1675. Folger Shakespeare Library MS V.a.452.
11. J. Howell, *Proverbs, or, Old Sayed Savves and Adages in English (or the Saxon Toung) Italian, French and Spanish Whereunto the British, for their Great Antiquity, and Weight Are Added. Which Proverbs Are Either Moral, Relating to Good Life; Physical, Relating to Diet, and Health; Topical, Relating to Particular Place; Temporal, Relating to Seasons; or Ironical,*

    Relating to Raillery, and Mirth, etc. (London, 1659), English proverbs, p. 13; Italian, p. 15. 각 장마다 쪽수는 새로 시작함.

12. E. and H. Leigh, *Select and Choyce Observations, Containing All the Romane Emperours. The first eighteen by Edward Leigh, M.A. of Magdalene-Hall in Oxford, the others added by his son Henry Leigh, M.A. also of the same house. Certain choyce French proverbs, alphabetically disposed and Englished added also by the same Edward Leigh* (London, 1657), p. 404.

13. Howell, *Proverbs*, Italian, p. 15; French, p. 12.

14. Quoted in Guterman, *A Book of French Quotations*, p. 67; Leigh, *Select and Choyce Observations*, p. 412; Jean de la Bruyère (1645-1696), as quoted in Guterman, *A Book of French Quotations*, p. 151; ibid., p. 69; Corneille, *Tite et Berenice* (1670), V:1, as quoted in Guterman, *A Book of French Quotations*, p. 85.

15. Howell, *Proverbs*, Portuguese, p. 8; 산티야나 백작의 저작은 오래도록 읽혔고 1579년에는 B. Googe가 영어로 번역했다. fol. 23r; Howell, *Proverbs*, French, p. 10; Howell, *Proverbs*, English, p. 1; J.M. Ferraro, *The Marriage Wars in Late Renaissance Venice* (Oxford, 2001), p. 60.

16. Howell, *Proverbs*, Portuguese, pp. 1, 10; Jean Racine, *Athalie* (1691), II:5, as quoted in Guterman, *A Book of French Quotations*, p. 149; W. Baker (ed.), *The Adages of Erasmus* (Toronto, 2001), p. 11; ibid., p. 211; Howell, *Proverbs*, English, p. 6; ibid., Portuguese, p. 14.

17. Howell, *Proverbs*, Italian, p. 15; ibid., English, p. 9; ibid., Italian, p. 3; ibid., Portuguese, p. 9; ibid., Italian, p. 10; ibid.; ibid., French, p. 4.

18. Ferraro, *The Marriage Wars*, pp. 60, 63; Howell, *Proverbs*, English, p. 10; ibid., Italian, p. 3; ibid., English, p. 10.

19. P.L. Duchartre, *The Italian Comedy. The Improvisation,Scenarios, Lives, Attributres, Portraits, and Masks of the Illustrious Characters of the Commedia dell'Arte*, trans. R.T. Weaver (London, 1929), p. 185.

20. Ibid., p. 180; Ferraro, *The Marriage Wars*, pp. 60, 63.

21. Duchartre, *The Italian Comedy*, pp. 202-5.

22. *Chevalier du Soleil* (1680), as quoted in Duchartre, *The Italian Comedy*, p. 202.

23. A. Kugler, *Errant Plagiary: The Life and Writing of Lady Sarah Cowper: 1644-1720* (Stanford, 2002), p. 164; A. Kugler, '"I Feel Myself Decay Apace": Old Age in the Diary of Lady Sarah Cowper (1644-1720)', in Botelho and Thane, *Women and Ageing in Britain since 1500*, pp. 66-88.

24. A. Burguiere and F. Lebrun, 'The One Hundred and One Families of Europe', in A. Burguiere et al (eds), *The History of the Family, Volume Two: The Impact*

of Modernity, trans. S. Hanbury Tenison (Cambridge, MA, 1996), p. 17.
25. Mitterrauer and Sieder, *The European Family*, p. 146.
26. J.S. Grubb, *Provincial Families of the Renaissance: Private and Public Life in the Veneto* (Baltimore, 1996), p. 59.
27. Mitteraur and Sieder, *The European Family*, p. 148.
28. S. Marshall, *The Dutch Gentry, 1500–1650* (New York, 1987), pp. 53–66.
29. A. Favue-Chamoux, 'Marriage, Widowhood, and Divorce', in M. Barbagli and D.I. Kertzer (eds), *Family Life in Early Modern Times, 1500–1789* (New Haven, 2001), pp. 243–4.
30. R. O'Day, *The Family and Family Relationships, 1500–1900: England, France and the United States of America* (Basingstoke, 1994), p. 154.
31. Favue-Chamoux, 'Marriage, Widowhood, and Divorce', pp. 225, 244.
32. Barbagli and Kertzer, *Family Life in Early Modern Times*, 'Introduction', p. xvi.
33. R. Jütte, *Poverty and Deviance in Early Modern Europe* (Cambridge, 1994), pp. 68–9, quotation on p. 88.
34. Ibid., p. 63.
35. Ibid., pp. 63–8, quotation on p. 124.
36. B. Pullan, '"Difettosi, impotenti, inabili": Caring for the Disabled in Early Modern Italian Cities', in his *Poverty and Charity: Europe, Italy, Venice, 1400–1700* (Aldershot, 1994), VI.
37. R. Sarti, *Europe at Home: Family and Material Culture 1500–1800* (New Haven, 2002), p. 31.
38. L. Botelho, '"The Old Woman's Wish": Widows by the Family Fire? Widows' Old Age Provision in Rural England', *The Journal of Family History* 7 (2002), pp. 59–78.
39. Mitteraur and Sieder, *The European Family*, p. 163; Sarti, *Europe at Home*, p. 54.
40. Mitteraur and Sieder, The *European Family*, pp. 159–62.
41. Sarti, *Europe at Home*, p. 54.
42. Ibid., p. 57.
43. Ibid., p. 52.
44. Mitteraur and Sieder, *The European Family*, p. 167.
45. J.E. Smith, 'The Computer Simulation of Kin Sets and Kin Counts', in John Bongaarts, Thomas K. Burch and Kenneth W. Wachter (eds), *Family Demography Methods and their Application* (Oxford, 1987), p. 262.
46. V. Gourdon, 'Are Grandparents Really Absent from the Family Tradition? Forbears in the Region of Vernon (France) around 1800', *The History of the*

Family 4 (1999), p. 81.
47. Ibid., p. 90; V. Gourdon, 'Les grands-parents en France du xviie siècle au début du xxe siècle', *Histoire Économie et Société* 18 (1999), pp. 511-25.

| 제5장 18세기 |

1. Patrice Bourdelais, *L'Âge de la vieillesse: histoire du vieillissement de la population* (Paris, 1993), p. 39; Peter Laslett, 'Introduction: Necessary Knowledge: Age and Aging in the Societies of the Past', in Kertzer and Laslett, Aging in the Past, p. 18.
2. David G. Troyansky, *Old Age in the Old Regime: Image and Experience in Eighteenth-Century France* (Ithaca, 1989), pp. 10-11. David G. Troyansky, 'The Elderly', in Peter N. Stearns (ed.), *Encyclopedia of European Social History from 1350 to 2000*, vol. 4 (New York, 2001), pp. 219-29 참조.
3. 널리 통용되는 노년의 경계를 찾기 위한 Bourdelais의 시도는 인구학적 노화라는 개념의 발전에 대한 빈틈없는 논의의 일부분이다.
4. Paul Johnson, 'Historical Readings of Old Age and Ageing', in Paul Johnson and Pat Thane (eds), *Old Age from Antiquity to Post-Modernity* (London, 1998), pp. 1-18.
5. Susannah R. Ottaway, 'Introduction: Authority, Autonomy, and Responsibility among the Aged in the Pre-Industrial Past', in Ottaway, Botelho and Kittredge, *Power and Poverty*, pp. 1-12.
6. Susannah R. Ottaway, *The Decline of Life: Old Age in Eighteenth-Century England* (Cambridge, 2004), p. 219.
7. Lutz K. Berkner, 'The Stem Family and the Developmental Cycle of the Peasant Household', *American Historical Review* 77, pp. 398-418; David Gaunt, 'The Property and Kin Relationships of Retired Farmers in Northern and Central Europe', in Richard Wall, with Jean Robin and Peter Laslett (eds), *Family Forms in Historic Europe* (Cambridge, 1983), pp. 249-79; Rudolf Andorka, 'Household Systems and the Lives of the Old in Eighteenth- and Nineteenth-Century Hungary', in Kertzer and Laslett, *Aging in the Past*, pp. 129-55.
8. Yves Castan, *Honnêteté et relations sociales en Languedoc, 1715-1780* (Paris, 1974), p. 231.
9. Troyansky, *Old Age in the Old Regime*, ch. 6; Alain Collomp, *La maison du*

père: famille et village en Haute-Provence aux XVIIe et XVIIIe siècles (Paris, 1983).
10. Louis-Sébastien Mercier, *Le vieillard et ses trois filles* (Paris, 1792), cited in Troyansky, *Old Age in the Old Regime*, p. 61.
11. Troyansky, *Old Age in the Old Regime*, p. 136.
12. Vincent Gourdon, *Histoire des grands-parents* (Paris, 2001). Grourdon은 grands-parents와 ayeux의 옛 형태를 구분한다.
13. Ottaway, *The Decline of Life*, ch. 3.
14. Amy M. Froide, 'Old Maids: The Lifecycle of Single Women in Early Modern England', in Botelho and Thane, *Women and Ageing in Britain since 1500*, p. 90.
15. Lois W. Banner, *In Full Flower: Aging Women, Power and Sexuality* (New York, 1992).
16. Sherri Klassen, 'Old and Cared For: Place of Residence for Elderly Women in Eighteenth-Century Toulouse', *Journal of Family History* 24 (1999), pp. 35–52; 'Social Lives of Elderly Women in Eighteenth-Century Toulouse,' in Ottaway, Botelho and Kittredge, *Power and Poverty*, pp. 49–66.
17. Angela Groppi, 'Old People and the Flow of Resources between Generations in Papal Rome, Sixteenth to Nineteenth Centuries', in Ottaway, Botelho and Kittredge, *Power and Poverty*, p. 102.
18. 노령연금과 국가에 대해서는 다음을 보라. Vida Azimi, 'Les pensions de retraite sous l'Ancien Régime', in *Mémoires de la société pour l'histoire du droit et des institutions des anciens pays bourguignons, comtois et romands*, 43e fascicule (1986), pp. 77–103; Bruno Dumons and Gilles Pollet, *L'État et les retraites: genèse d'une politique* (Paris, 1994); Guy Thuillier, *Les retraites des fonctionnaires: débats et doctrines (1790–1914)* (2 vols, Paris, 1996); David G. Troyansky, 'Aging and Memory in a Bureaucratizing World: A French Historical Experience', in Ottaway, Botelho and Kittredge, *Power and Poverty*, pp. 15–30; Bernd Wunder, 'Die Einführung des staatlichen Pensionssystems in Frankreich (1760–1850)', *Francia* 11 (1983), pp. 417–74.
19. David Hackett Fischer, *Growing Old in America* (New York, 1978); Achenbaum, *Old Age in the New Land*.
20. Lynn Hunt, *The Family Romance of the French Revolution* (Berkeley, 1993).
21. Mona Ozouf, *La fête révolutionnaire* (Paris, 1976).
22. Troyansky, *Old Age in the Old Regime*, pp. 209–10.
23. Ibid., p. 212.
24. Ibid., p. 213.

25. 다음을 참조하라. Dumons and Pollet, *L'État et les retraites*; Josef Ehmer, *Sozialgeschichte des Alters* (Frankfurt, 1990); David G. Troyansky, 'Balancing Social and Cultural Approaches to the History of Old Age and Ageing in Europe: A Review and an Example from Post-Revolutionary France', in Johnson and Thane, *Old Age from Antiquity to Post-Modernity*, pp. 96-109.
26. Troyansky, *Old Age in the Old Regime*, pp. 113, 24-6.
27. Ibid., p. 114.
28. 그러나 *The Decline of Life*에서 Ottaway는 당시 많은 사람이 구빈원에 의지했다는 사실을 포착한다.
29. Georges Louis Leclerc, comte de Buffon, 'De la vieillesse et de la mort', in *Histoire naturelle de l'homme*, in *Oeuvres complètes*, vol. 4 (Paris, 1774), pp. 351-2, cited in Troyansky, *Old Age in the Old Regime*, p. 116.
30. Troyansky, *Old Age in the Old Regime*, pp. 86-8.
31. Ibid., pp. 99-100.
32. Troyansky, 'Balancing Social and Cultural Approaches', p. 100.
33. Joan Hinde Stewart, 'Le *De Senectute* de Madame de Lambert', in *Sciences, musiques, lumières: mélanges offerts à Anne-Marie Chouillet*, publiés par Ulla Kölving et Irène Passeron (Ferney-Voltaire, 2002), pp. 331-8.
34. Troyansky, *Old Age in the Old Regime*, pp. 103-7.
35. Peter Borscheid, *Geschichte des Alters* (Münster, 1987).
36. Kittredge, '"The Ag'd Dame to Venery Inclin'd"', pp. 247-63.
37. Thane, *Old Age*, pp. 65-8.
38. Joan Hinde Stewart, 'Reading Lives "à la manière de Crébillon"', *Eighteenth-Century Fiction* 13 (2001), pp. 415-35.
39. Joan Hinde Stewart, 'Fifteen Minutes till Fifty', *Studies on Voltaire and the Eighteenth Century* (2002:06), pp. 7-16. 그라피니의 죽음에 관해서는 Stewart, '"Still Life": La Vieille Dame et la mort,' *Studies on Voltaire and the Eighteenth Century* (2004:12)를 보라.
40. Kugler, '"I Feel Myself Decay Apace": Old Age in the Diary of Lady Sarah Cowper (1644-1720)', pp. 66-88.
41. Anne Kugler, 'Women and Aging in Transatlantic Perspective', in Ottaway, Botelho and Kittredge, *Power and Poverty*, pp. 67-85.

| 제6장 19세기 |

1. P.M. Roget, 'Age', in John Forbes et al (eds), *The Cyclopaedia of Practical Medicine* (London, 1833), pp. 34-46.
2. Michael Anderson, *Approaches to the History of the Western Family, 1500-1914* (Cambridge, 1995), p. 64.
3. Letter to John Vaughan, 1815; quoted in Anthony and Sally Sampson, *The Oxford Book of Ages* (Oxford, 1985), p. 139.
4. Ibid., pp. 62-3.
5. 노년의 역사에 대한 우리의 지식이 시간이 지나면서 어떻게 발전했는지에 대한 훌륭한 예로써 다음을 참조하라. Carole Haber, 'Historians' Approach to Aging in America', in T.R. Cole, R. Kastenbaum and R. Ray, *Handbook of the Humanities and Aging* (New York, 2nd edn, 2000), pp. 25-40.
6. Letter to V.V. Stasov, 1906; quoted in Sampson, *The Oxford Book of Ages*, p. 148.
7. Julian Treuherz, *Victorian Painting* (London, 1993), p. 180.
8. Achenbaum, *Old Age in the New Land*, p. 60.
9. Troyansky, *Old Age in the Old Regime*, p. 9.
10. Richard M. Smith, 'The Structured Dependence of the Elderly as a Recent Development: Some Sceptical Historical Thoughts', *Ageing and Society* 4 (1984), p. 414.
11. *The Poor Law Report of 1834* (repr. London, 1970), p. 115.
12. Anderson, *Approaches to the History of the Western Family*.
13. Michael R. Haines and Allen C. Goodman, 'A Home of One's Own: Aging and Home Ownership in the United States in the Late Nineteenth and Early Twentieth Century', in Kertzer and Laslett, *Aging in the Past*, pp. 203-26.
14. Ibid., pp. 220-1.
15. Anderson, *Approaches to the History of the Western Family*, p. 16.
16. Rudolf Andorka, 'Household Systems and the Lives of the Old in Eighteenth- and Nineteenth-Century Hungary', in Kertzer and Laslett, *Aging in the Past*, pp. 129-55.
17. Quoted in Achenbaum, *Old Age in the New Land*, p. 48.
18. Ibid. p. 68.
19. P. Johnson, 'The Employment and Retirement of Older Men in England and Wales, 1881-1981', *Economic History Review* 47 (1994), p. 118.
20. David R. Green, *From Artisans to Paupers: Economic Change and Poverty in*

London, 1790–1870 (Aldershot, 1995), p. 25.
21. Thane, Old Age.
22. James C. Riley, Sick, Not Dead: The Health of British Workingmen during the Mortality Decline (Baltimore and London, 1997); C. Edwards et al, 'Sickness, Insurance and Health: Assessing Trends in Morbidity through Friendly Society Records', Annales de Démographie Historique 1 (2003), pp. 131–67.
23. Achenbaum, Old Age in the New Land, pp. 82–3.
24. Thomas Scharf, Ageing and Ageing Policy in Germany (Oxford, 1998), p. 25.
25. Ibid., pp. 26–7.
26. Marco H.D. van Leeuwen, 'Surviving with a Little Help: The Importance of Charity to the Poor of Amsterdam 1800–50, in a Comparative Perspective', Social History 18 (1993), pp. 319–38.
27. 두 번째로 큰 구호 기구는 지방 정부였다. 그러나 암스테르담 당국은 종교 자선단체가 거부한 지원자만을 상대했다.
28. Achenbaum, Old Age in the New Land, p. 82.
29. Paul Slack, The English Poor Law, 1531–1782 (Cambridge, 1995), pp. 42–3. 19세기에 영국에서는 650여 개의 병원이 설립되었다. Robert Pinker, English Hospital Statistics 1861–1938 (London, 1966), p. 57.
30. Claudia Edwards, 'Age-Based Rationing of Medical Care in Nineteenth-Century England', Continuity and Change 14 (1999), pp. 227–65.
31. David Thomson, 'The Decline of Social Welfare: Falling State Support for the Elderly since Early Victorian Times', Ageing and Society 4 (1984), pp. 451–82.
32. Slack, English Poor Law, p. 22; Claudia Edwards, 'Inequality in Nineteenth-Century Welfare Provision: A Study of Access to and Quality of Institutional Medical Care for the Elderly in England' (unpubl. PhD dissertation, London, 2002), p. 146.
33. David Thomson, 'Workhouse to Nursing Home: Residential Care of Elderly People in England since 1840', Ageing and Society 3 (1983), p. 49.
34. Ibid., p. 51.
35. Achenbaum, Old Age in the New Land, p. 80.
36. Reinhard Spree, 'Krankenhausentwicklung und Sozialpolitik in Deutschland während des 19. Jahrhunderts', Historische Zeitschrift 260 (1995), pp. 76–7.
37. Peter N. Stearns, Old Age in European Society: The Case of France (London, 1977), p. 83.
38. Ibid., p. 102.
39. C. Booth, The Aged Poor in England and Wales (London, 1894), p. 339.

40. Harry T. Phillips and Susan A. Gaylord (eds), *Aging and Public Health* (New York, 1985).
41. Hans-Joachim Voth, 'Living Standards and the Urban Environment', in Roderick Floud and Paul Johnson, *The Cambridge Economic History of Modern Britain Volume I: Industrialisation, 1700-1860* (Cambridge, 2004), pp. 268-94.
42. Emily Grundy, 'The Health and Health Care of Older Adults in England and Wales, 1841-1994', in J. Charlton and M. Murphy (eds), *The Health of Adult Britain* (London, 1997), vol. 2, pp. 182-203.
43. Riley, *Sick, Not Dead*, pp. 153-87.
44. Henry Power and Leonard W. Sedgwick, 'Age', *The New Sydenham Society's Lexicon of Medicine and the Allied Sciences* (London, 1879).
45. Edwards, 'Inequality in Nineteenth-Century Welfare Provision', pp. 286-7.
46. J. Grimley Evans, 'Geriatric Medicine: A Brief History', *British Medical Journal* 315 (1997), pp. 1075-7.
47. Stearns, *Old Age*; Christoph Conrad, 'Old Age and the Health Care System in the Nineteenth and Twentieth Centuries', in Johnson and Thane, *Old Age from Antiquity to Post-Modernity*, pp. 132-45.
48. Stearns, *Old Age*, pp. 96-7.
49. Ibid., p. 83.
50. Ibid., p. 89.
51. Ibid., p. 81.
52. Hans-Joachim von Kondratowitz, 'The Medicalization of Old Age: Continuity and Change in Germany from the Late Eighteenth to the Early Twentieth Century', in Pelling and Smith, *Life, Death and the Elderly: Historical Perspective*, pp. 134-64.
53. Carole Haber, *Beyond Sixty-Five: The Dilemma of Old Age in America's Past* (Cambridge, 1983), p. 80.
54. Ibid., pp. 47-81.
55. Daniel Maclachlan, *A Practical Treatise on the Diseases and Infirmities of Advanced Life* (London, 1863), p. iv.
56. Anthony Carlisle, *An Essay on the Disorders of Old Age and on the Means for Prolonging Human Life* (London, 1817); Sir Henry Halford, *Essays and Orations, Read and Delivered at the Royal College of Physicians; To Which Is Added an Account of the Opening of the Tomb of King Charles I* (London, 1831), pp. 1-15; Henry Holland, *Medical Notes and Reflections* (London,

1839), pp. 269-88; George E. Day, *A Practical Treatise on the Domestic Management and Most Important Diseases of Advanced Life* (Philadelphia, 1849); Barnard van Oven, *On the Decline of Life in Health and Disease, Being an Attempt to Investigate the Causes of Longevity, and the Best Means of Attaining a Healthful Old Age* (London, 1853); Maclachlan, *Practical Treatise*.

57. Maclachlan, *Practical Treatise*.
58. Van Oven, *On the Decline of Life*, p. 29.
59. Ibid., pp. vii-ix.
60. David Mitch, 'Education; and Skill of the British Labour Force', in Floud and Johnson, *The Cambridge Economic History of Modern Britain: Volume I*, p. 351.
61. Quoted in Achenbaum, *Old Age in the New Land*, p. 16.
62. Halford, *Essays and Orations*, p. 15.
63. Quoted in Cole, *The Journey of Life*, p. 135.
64. Sir James Stonhouse, *Friendly Advice to a Patient: Calculated More Particularly for the Use of the Sick Belonging to the Infirmaries, As Well the Out-Patients, as Those within the House; Though the Greatest Part Is Suitable and of Equal Service to Every Sick Person* (London, 22nd edn, 1824), p. 4.
65. F.K. Prochaska, *Women and Philanthropy in Nineteenth-Century England* (Oxford, 1980), p. 158.
66. Stonhouse, *Friendly Advice to a Patient*.
67. Bristol Record Office: Bristol Infirmary Weekly Committee Book, entry of 16/5/1849.
68. Ibid., 6/9/1848.
69. Bristol Record Office: Bristol Royal Infirmary Committee Book, entry of 26/3/1872.
70. Ibid., 22/5/1860.
71. Ibid., 9/7/1861.
72. 이 부분은 Cole, *Journey of Life*, ch. 6, pp. 110-38에 기반을 두고 있다; Achenbaum, *Old Age in the New Land*, pp. 33-6도 함께 보라.
73. Cole, *Journey of Life*, p. 129, n. 28.
74. Ibid., pp. 133-4.
75. Brian Hollingworth (ed.), *Songs of the People: Lancashire Dialect Poetry of the Industrial Revolution* (Manchester, 1982), pp. 117-18, 148.
76. Quoted in Scharf, *Ageing and Ageing Policy in Germany*, p. 23.

| 제7장 20세기 |

1. Thane, *Old Age*, pp. 475-80.
2. P. Thane, 'The Debate on the Declining Birth-rate in Britain: The "Menace" of an Ageing Population, 1920s-1950s', *Continuity and Change* 5:2 (1990), pp. 283-305; A. Sauvy, 'Social and Economic Consequences of Ageing of Western Populations', *Population Studies*, 2:1 (June 1948), pp. 115-24; M.S. Quine, *Population Politics in Twentieth-Century Europe* (1996).
3. World Bank, *Averting the Old Age Crisis: Policies to Protect the Old and Promote Growth* (Oxford, 1994).
4. Thane, *Old Age*, pp. 476-7.
5. P.R. Kaim-Caudle, *Comparative Social Policy and Social Security. A Ten-Country Study* (1973).
6. S.A. Bass (ed.), *Older and Active. How Americans over 55 Are Contributing to Society* (1995); A. Pifer and L. Bronte, *Our Ageing Society. Paradox and Promise* (1986).
7. M. Rahikainen, 'Ageing Men and Women in the Labour Market – Continuity and Change', *Scandinavian Journal of History* (2001), pp. 297-314.
8. Achenbaum, *Old Age in the New Land*, pp. 127-42; Haber and Gratton, *Old Age and the Search for Security*.
9. G. Orwell, *The Road to Wigan Pier* (Harmondsworth, 1962 edn), pp. 8-9.
10. S. Lovell, 'Soviet Socialism and the Construction of Old Age', *Jahrbücher für Geschichte Osteuropas*, 51 (2003), pp. 564-85.
11. C. Phillipson, 'The Experience of Retirement: A Sociological Study' (PhD dissertation, University of Durham, 1978), pp. 135, 272-3.
12. M. Kohli et al, *Time for Retirement: Comparative Studies of Early Exit from the Labour Force* (Cambridge, 1991); J. Falkingham and P. Johnson, *Ageing and Economic Welfare* (1992), pp. 50-1, 76-8; Pifer and Bronte, *Our Ageing Society*, pp. 341-65.
13. T. Kirkwood, *The End of Age* (London, 2001); Bass, *Older and Active*, pp. 10-70, 263-94; Pifer and Bronte, *Our Ageing Society*, pp. 341-90.
14. Thane, *Old Age*, p. 476; World Bank, *Averting the Old Age Crisis*.
15. Thane, *Old Age*, pp. 475-93; Tom Kirkwood, *The End of Age. Why Everything about Ageing Is Changing* (London, 2001).
16. E.g., UK Government, *Pensions: Challenges and Choices. The First Report of the Pensions Commission* (2 vols, London, 2004).

17. P. Thane, 'Geriatrics', in W.F. Bynum and R. Porter (eds), *Companion Encyclopaedia of the History of Medicine* (1993), vol. 2, pp. 1092–118.
18. Lovell, 'Soviet Socialism and the Construction of Old Age'.
19. Thane, 'Geriatrics'; Kirkwood, *The End of Age*.
20. Bass, *Older and Active*, pp. 236–62; Thane, *Old Age*, pp. 407–35.
21. Kirkwood, *The End of Age*; Bass, *Older and Active*, pp. 10–34.
22. N. and J. MacKenzie (eds), *The Diaries of Beatrice Webb*, vol. 4 (1986).
23. Simone De Beauvoir, *Old Age*, p. 15.
24. Ibid., pp. 268–9.
25. Ibid., p. 290.
26. Ibid., pp. 605–6.
27. R.E. Yahnke, 'Intergeneration and Regeneration: The Meaning of Old Age in Films and Videos', in R. Cole, R. Kastenbaum and R.E. Ray, *Handbook of the Humanities and Aging* (2nd edn, 2000), pp. 293–323.
28. Mass Observation Archive (University of Sussex), *Growing Older*, files B and C.
29. B. Kamler and S. Feldman, 'Mirror, Mirror on the Wall: Reflections on Ageing', *Australian Cultural History* 14 (1995), pp. 1–22.
30. I. Loewenberg, *The View from Seventy. Women's Recollections and Reflections* (Iowa City, 2004).
31. P. Thompson, C. Itzin and M. Abendstern, *I Don't Feel Old. Understanding the Experience of Later Life* (Oxford, 1991).

더 읽을거리

| 제1장 노년의 시대 |

Achenbaum, W.A. *Old Age in the New Land. The American Experience since 1790* (1979)
Bois, J.-P. *Les Vieux, de Montaigne aux premières retraites* (Paris, 1989)
De Beauvoir, S. *La Vieillesse* (Paris, 1970)/*Old Age* (1977)
Haber, C. and B. Gratton. *Old Age and the Search for Security. An American Social History* (Bloomington, 1994)
Jütte, R. *Poverty and Deviance in Early Modern Europe* (Cambridge, 1994)
Ottaway, S. *The Decline of Life. Old Age in Eighteenth-Century England* (Cambridge, 2004)
Ottaway, S., L. Botelho and K. Kittredge (eds). *Power and Poverty. Old Age in the Pre-Industrial Past* (Greenwood, Connecticut, 2002)
Shahar, S. *Growing Old in the Middle Ages* (London, 1997)
Thane, P. *Old Age in English History. Past Experiences, Present Issues* (Oxford, 2000)
Wrigley, E., R. Davies and J. Oeppen. *English Population History from Family Reconstitution 1580-1837* (Cambridge, 1997)

| 제2장 고대 그리스와 로마 세계 |

Bakhouche, B. (ed). *L'Ancienneté chez les Anciens* (Montpellier, 2003)
Brandt, H. *Wird auch silbern mein Haar* (Munich, 2002)

Cokayne, K. *Experiencing Old Age in Ancient Rome* (London, 2003)
David, E. *Old Age in Sparta* (Amsterdam, 1991)
Eyben, E. 'Roman Notes on the Course of Life', *Ancient Society* 4 (1973), pp. 213-38
Falkner, T.M. *The Poetics of Old Age in Greek Epic, Lyric, and Tragedy* (Norman and London, 1995)
Falkner, T.M. and J. de Luce (eds). *Old Age in Greek and Latin Literature* (Albany, New York, 1989)
Garland, R. *The Greek Way of Life from Conception to Old Age* (London, 1991)
Gutsfeld, A. and W. Schmitz (eds). *Am schlimmen Rand des Lebens?* (Köln, 2003)
Mattioli, U. (ed.). *Senectus: La vecchiaia nel mondo classico* (Bologna, 1995)
Parkin, T.G. *Old Age in the Roman World: A Cultural and Social History* (Baltimore, 2003)
Powell, J.G.F. (ed.). *Cicero: Cato Maior de Senectute* (Cambridge, 1988)
Richardson, B.E. *Old Age among the Ancient Greeks* (Baltimore, 1933)
Stahmer, H.M. 'The Aged in Two Ancient Oral Cultures: The Ancient Hebrews and Homeric Greece', in S.F. Spicker, K.M. Woodward and D.D. van Tassel (eds), *Aging and the Elderly: Humanistic Perspectives in Gerontology* (Atlantic Highlands, New Jersey, 1978), pp. 23-36
Suder, W. (ed.). *Geras. Old Age in Greco-Roman Antiquity: A Classified Bibliography* (Wroclaw, 1991)

| 제3장 중세와 르네상스 |

Carruthers, M. *The Book of Memory. A Study of Memory in Medieval Culture* (Cambridge, 1993)
Harvey, B. *Living and Dying in England 1110-1540: The Monastic Experience* (Oxford, 1995)
Herlihy, D. and C. Klapisch. *Les Toscans et leur familles: étude du Catasto florentin de 1427* (Paris, 1980)
Jacquart, D. and C. Thomasset. *Sexuality and Medicine in the Middle Ages*, trans. M. Adamson (Oxford, 1988)
Laslett, P. and K. Osterveen (eds). *Family Life and Illicit Love in Earlier Generations* (Cambridge 1977)
Le Roy Ladurie, E. *Les paysans de Languedoc* (Paris, 1966)

Minois, G. *Histoire de la vieillesse. De l'antiquité à la Renaissance* (Paris, 1987)

Mitterauer, M. and R. Sieder. *The European Family. Patriarchy to Partnership from the Middle Ages to the Present*, trans. K. Osterveen and M. Hörziager (Oxford, 1982)

Pelling, M. and R. Smith (eds). *Life, Death and the Elderly: Historical Perspectives* (1991)

Pullan, B. *Rich and Poor in Renaissance Venice* (Oxford, 1971)

Razi, Z. *Life, Marriage and Death in a Medieval Parish* (Cambridge, 1980)

Shahar, S. *Growing Old in the Middle Ages* (London, 1997)

Sheehan, M. (ed.). *Aging and the Aged in Medieval Europe* (Toronto, 1990)

Smith, R. (ed). *Land, Kinship and Life Cycle* (Cambridge, 1984)

Walker Bynum, C. *Holy Feast and Holy Fast. The Religious Significance of Food to Medieval Women* (Berkeley, California, 1987)

| 제4장 17세기 |

Barbagli, M. and D.I. Kertzer, *Family Life in Early Modern Times, 1500–1789* (New Haven and London, 2001)

Botelho, L. and P. Thane (eds). *Women and Ageing in British Society since 1500* (Harlow, 2001)

Gottlieb, B. *The Family in the Western World from the Black Death to the Industrial Age* (New York and Oxford, 1993)

Groppi, A. 'Roman Alms and Poor Relief in the Seventeenth Century', in P.J. van Kessel and E.M.R. Schulte (eds), *Rome–Amsterdam, Two Growing Cities in Seventeenth–Century Europe* (Amsterdam, 1997)

Johnson, P. and P. Thane (eds). *Old Age from Antiquity to Post–Modernity* (London, 1998)

Klapisch–Zuber, C., M. Segalen and F. Zonabend (eds). *History of the Family, Volume Two: The Impact of Modernity*, trans. Sarah Hanbury Tenison (Cambridge, Massachusetts, 1996)

Kugler, A. *Errant Plagiary: The Life and Writing of Lady Sarah Cowper. 1664–1720* (Stanford, 2002)

Marshall, S. *The Dutch Gentry, 1500–1650* (New York; Westport, Conn., 1987)

Mitterauer, M. and R. Sieder, *The European Family* (Oxford, 1982)

Murstein, B.I., *Love, Sex and Marriage through the Ages* (New York, 1974)

O'Day, R. *The Family and Family Relationships, 1500-1600: England, France and the United States of America* (Basingstoke, 1994)

Ottaway, S., L.A. Botelho and K. Kittredge (eds). *Power and Poverty: Old Age in the Pre-Industrial Past* (Westport, Connecticutt, 2002)

Sarti, R., *Europe at Home: Family and Material Culture 1500-1800* (New Haven, 2002)

Thane, P., *Old Age in English History: Past Experiences, Present Issues* (Oxford, 2000)

| 제5장 18세기 |

Achenbaum, W.A. *Old Age in the New Land: The American Experience since 1790* (Baltimore, 1978)

Banner, L.W. *In Full Flower: Aging Women, Power and Sexuality* (New York, 1992)

Borscheid, P. *Geschichte des Alters* (Münster, 1987)

Botelho, L. and P. Thane (eds). *Women and Ageing in British Society since 1500* (2001)

Bourdelais, P. *L'Âge de la vieillesse: histoire du vieillissement de la population* (Paris, 1993)

Castan, Y. *Honnêteté et relations sociales en Languedoc, 1715-1780* (Paris, 1974)

Collomp, A. *La Maison du père : Famille et village en Haute-Provence aux XVIIe et XVIIIe siècles* (Paris, 1983)

Dumons B. and G. Pollet. *L'État et les retraites: Genèse du'une politique* (Paris, 1994)

Ehmer, J. *Sozialgeschichte des Alters* (Frankfurt, 1990)

Fischer, D.H. *Growing Old in America* (1978)

Gourdon, V. *Histoire des grands-parents* (Paris, 2001)

Kertzner, D. and P. Laslett (eds). *Aging in the Past: Demography, Society and Old Age* (Berkeley, 1995)

Ottaway, S. *The Decline of Life: Old Age in Eighteenth-Century England* (Cambridge, 2004)

Ottaway, S., L. Botelho and K. Kittredge (eds). *Power and Poverty: Old Age in the Pre-Industrial Past* (Westport, Conn., 2002)

Thane, P. *Old Age in English History: Past Experiences, Present Issues* (Oxford,

2000)

Troyansky, D. *Old Age in the Old Regime: Image and Experience in Eighteenth-Century France* (Ithaca, 1989)

| 제6장 19세기 |

Achenbaum,W.A. *Old Age in the New Land: The American Experience since 1790* (London, 1979)
Cole, T.R. *The Journey of Life: A Cultural History of Aging in America* (Cambridge, 1992)
Edwards, C. 'Age-Based Rationing of Medical Care in Nineteenth-Century England', *Continuity and Change* 14 (1999), pp. 227-65
Evans, J.G. 'Geriatric Medicine: A Brief History', *British Medical Journal* 315 (1997), pp. 1075-7
Haber, C. *Beyond Sixty-Five: The Dilemma of Old Age in America's Past* (Cambridge, 1983)
Hepworth, M. 'Framing Old Age in Victorian Painting, 1850-1900: A Sociological Perspective', in J. Hughson and D. Inglis (eds), *The Sociology of Art* (London, 2004)
Johnson, P. and P. Thane (eds). *Old Age from Antiquity to Post-Modernity* (London, 1998)
Kertzer, D.I. and P. Laslett (eds). *Aging in the Past: Demography, Society and Old Age* (London, 1995)
Pelling, M. and R.M. Smith (eds). *Life, Death and the Elderly: Historical Perspective* (London, 1991)
Stearns, P.N. *Old Age in European Society: The Case of France* (London, 1977)
Thomson, D. 'The Decline of Social Welfare: Falling State Support for the Elderly since Early Victorian Times', *Ageing and Society* 4 (1984), pp. 451-82

| 제7장 20세기 |

Achenbaum, W.A. *Old Age in the New Land. The American Experience since 1790* (1978)
Bass, S.A. (ed.). *Older and Active. How Americans over 55 Are Contributing to*

Society (1995)

Bynum, W.F. and R. Porter (eds). *Companion Encyclopaedia of the History of Medicine* (2 vols, 1993)

Cole, T., R. Kastenbaum and R.E. Ray. *Handbook of the Humanities and Aging* (2nd edn, 2000)

Falkingham, J. and P. Johnson. *Ageing and Economic Welfare* (1992)

Haber, C. and B. Gratton. *Old Age and the Search for Security. An American Social History* (Bloomington, 1994)

Johnson, P. and P. Thane (eds). *Old Age from Antiquity to Post-Modernity* (1998)

Kirkwood, T. *The End of Age* (2001)

Kohli, M., et al. *Time for Retirement: Comparative Studies of Early Exit from the Labour Force* (Cambridge, 1991)

Loewenberg, I. *The View from Seventy. Women's Recollections and Reflections* (Iowa City, 2004)

Pifer, A. and L. Bronte. *Our Ageing Society. Paradox and Promise* (1986)

Quine, M.S. *Population Politics in Twentieth-Century Europe* (1996)

Thane, P. *Old Age in English History. Past Experiences, Present Issues* (Oxford, 2000)

Thompson, P., C. Itzin and M. Abendstern. *I Don't Feel Old. Understanding the Experience of Later Life* (Oxford, 1991)

World Bank. *Averting the Old Age Crisis: Policies to Protect the Old and Promote Growth* (Oxford, 1994)

도판 출처

p. 4	Peter Arno / ©1931 The New Yorker, Condé Nast Publications Inc. Reprinted by permission. All Rights Reserved
p. 18	국립도서관, 런던
pp. 22~23	오르세 미술관, 파리 Photo: Scala
p. 25	개인 소장
p. 26	Photo: Popperfoto
p. 28	개인 소장
p. 31	프라도 미술관, 마드리드 Photo: Scala
p. 32	From J. Caulfield, Portraits, London, 1794
pp. 34~35	Photo: Scala
p. 38	국립도서관, 파리
p. 40	팔라티나 미술관, 피렌체 Photo: Scala
p. 41	프라도 미술관, 마드리드 Photo: Scala
p. 44	오스트리아 미술관, 빈
p. 47	현대미술관, 로마 Photo: Scala
p. 49	Reprinted by permission of PDF on behalf of Posy Simmonds ©; as printed in the original volume
p. 54	국립박물관, 아테네
p. 56	국립박물관, 나폴리
p. 57	콘세르바토리 궁전, 로마 Photo: Alinari
p. 60	영국박물관, 런던
p. 61	국립박물관, 나폴리 Photo: Bridgeman Art Library
p. 63	마틴 폰 바그너 박물관, 뷔르츠부르크
pp. 64~65	고대박물관, 베를린. Photo: Erich Lessing, AKG, London

p. 67	국립고고학박물관, 아테네 Photo: Roloff Beny	
p. 68	글립토테크 미술관, 코펜하겐	
p. 69	국립박물관, 나폴리	
p. 70	폴 게티 박물관, 캘리포니아	
p. 73	미술사박물관, 빈	
p. 77	마틴 폰 바그너 박물관, 뷔르츠부르크	
p. 78	메트로폴리탄 미술관, 뉴욕 Photo: Erich Lessing, AKG, London	
p. 80~81	영국박물관, 런던	
p. 83	바티칸 박물관, 로마	
p. 85	영국박물관, 런던	
p. 86	영국박물관, 런던	
p. 88	폴 게티 박물관, 캘리포니아	
p. 89	카피톨리노 박물관, 로마	
p. 91	메트로폴리탄 미술관, 뉴욕	
p. 93	알라르트 피르손 미술관, 암스테르담	
p. 94	루브르 박물관, 파리 Photo: Maurice Chuzeville, RMN	
p. 95	국립박물관, 아테네	
p. 98	루브르 박물관, 파리 Photo: RMN	
p. 99	빌라 알바니, 로마	
p. 103	루브르 박물관, 파리 Photo: M. Chuzeville, RMN	
p. 104	빌라 줄리아 박물관, 로마	
p. 105	국립미술관, 베를린	
p. 107	루브르 박물관, 파리 Photo: RMN	
pp. 108~109	영국박물관, 런던	
p. 111	영국박물관, 런던	
p. 113	메트로폴리탄 미술관, 뉴욕	
p. 118	국립도서관, 파리 pp. 72-3 Photo: Scala	
pp. 120~121	성 프란체스코 성당, 아레초	
p. 122	국립도서관, 런던	
p. 123	로잔 대성당 기록 보관소 Courtesy of the Archives de la Cathédrale de Lausanne Photo: Claude Bonnard	
p. 125	국립미술관, 베를린	
p. 126	조형예술박물관, 라이프치히 Photo: AKG, London	
p. 130	산타 크로체 성당, 피렌체 Photo: Scala	
p. 131	움브리아 국립미술관, 페루자 Photo: Bridgeman Art Library	
p. 133	국립미술관, 워싱턴 D.C. Samuel H. Kress Collection	

pp. 134~135	만타 성 Photo: Scala
p. 139	웨일스 국립도서관, 애버리스트위스
p. 141	보들리 도서관, 옥스포드
pp. 144~145	콩데 미술관, 샹티이 Photo: Bridgeman Art Library
p. 148	Photo: Martin Hurlimann
p. 149	Photo: Alfredo Fusetti. By Courtesy of FMR, Milan
p. 150	Photo: French Government Tourist Office
p. 151	Photo: Edward Lammer
p. 153	뢰브르 노트르담 박물관, 스트라스부르
p. 155	국립박물관, 프라하
pp. 156~157	판화실, 안트베르펜
p. 160	(왼편) 카포디몬테 박물관, 나폴리
	(오른편) 필라델피아 미술관, John A. Johnson Collection
p. 161	국립도서관, 루카
p. 163	아카데미아 미술관, 베네치아 Photo: Scala
p. 164	푸슈킨 박물관, 모스크바 Photo: Scala
p. 169	상파울루 미술관 Photo: Bridgeman Art Library
p. 170	Photo: Martin Hürlimann
p. 171	(왼편 위) 토리노 황궁
	(오른편 위) 회화미술관, 베를린 Photo: AKG
	(왼편 아래) 우피치 미술관, 피렌체
	(오른편 아래) 루브르 박물관, 파리
p. 173	국립도서관, 프라하
p. 175	(왼편) 알테 피나코테크, 뮌헨
	(오른편) 국립미술관, 워싱턴 D.C. Gift of Edith G. Rosenwald
p. 176	성 마리아 막달레나 교회, 멀바튼 노퍽 Photo: E. Lammer
p. 177	국립미술관, 부다페스트 Photo: Dénes Jozsa
p. 178	빈, 1579. 개인 소장
p. 184	발라프 리하르츠 미술관, 쾰른
p. 187	(위) From J. Caulfield, Portraits, 1794
	(아래) 개인 소장
p. 189	구국립미술관, 베를린 Photo: AKG, London
pp. 192~193	개인 소장
pp. 196~197	클레베 쿠어하우스 미술관, Collection Ewald Matare
p. 198	Photo: Araldo de Luca. By courtesy of FMR, Milan
p. 200	폴 게티 미술관, 캘리포니아

p. 201	미술사박물관, 빈
p. 204	국립도서관, 파리
pp. 206~207	개인 소장
p. 209	Photo: Giovanni Ricci. By courtesy of FMR, Milan
p. 210	크리스티 이미지 Photo: Bridgeman Art Library
p. 211	국립미술관, 스톡홀름
p. 215	푸슈킨 박물관, 모스크바 Photo: Scala
p. 218	국립미술관, 런던
p. 219	폴 게티 미술관, 캘리포니아
p. 220	우피치 미술관, 피렌체
p. 222	오스트리아 미술관, 빈
p. 225	Gottfried Keller Collection, Bern
p. 229	(왼편) 국립미술관, 런던
	(오른편) 미술사박물관, 빈
p. 230	캉 미술관 Photo: Bridgeman Art Library
p. 231	카 레초니코, 베네치아 Photo: AKG, London
pp. 232~233	루브르 박물관, 파리 Photo: Bridgeman Art Library
p. 234	낭트 미술관 Photo: Bridgeman Art Library
p. 235	샌프란시스코 미술관 Photo: Bridgeman Art Library
p. 237	국립박물관, 암스테르담 Photo: AKG, London
p. 242	릴 미술관 Photo: Bridgeman Art Library
p. 244	애쉬몰린 박물관, 옥스포드
p. 245	바사노델그라파 박물관
p. 246	The Royal Collection © 2004, Her Majesty Queen Elizabeth II
p. 249	예일대 미술관, 뉴헤이븐
p. 250~251	렌 미술관 Photo: Bridgeman Art Library
p. 252	국립박물관, 런던
p. 254	우피치 미술관, 피렌체
p. 255	산페르난도 아카데미아 미술관, 마드리드
pp. 256~257	중앙박물관, 위트레흐트
pp. 260~261	국립박물관, 암스테르담
p. 263	에르미타주 미술관, 상트페테르부르크 Photo: Scala
p. 264	마우리츠하이스 미술관, 헤이그
p. 270	국립미술관, 베를린
p. 276	국립미술관 내 판화 드로잉 전시실, 베를린
p. 280	콩데 미술관, 샹티이

p. 283	테이트 갤러리, 런던
p. 284	개인 소장
p. 285	개인 소장
p. 288	개인 소장
p. 290	기사단 단장의 궁, 발레타, 몰타
pp. 292~293	국립도서관, 파리
p. 295	퀘리니 스탐팔리아 도서관, 베네치아. Photo: Scala
pp. 296~297	베르샤유 궁전 Photo: Bridgeman Art Library
p. 299	From J. Caulfield, Portraits, London, 1794
p. 300	시립도서관, 마르세유
p. 302	Engraving by John Kay of Edinburgh
p. 303	From J. Caulfield, Portraits, London 1794
pp. 304~305	폴 게티 미술관, 캘리포니아
p. 309	국립미술관, 베를린 Photo: AKG, London
pp. 310~311	Popular print, Bibliothèque Nationale, Paris
p. 312	Popular print, Bibliothèque Nationale, Paris
p. 314	마르세유 미술관 Photo: Bridgeman Art Gallery
p. 315	게르마니아 국립박물관, 뉘른베르크 Photo: Scala
p. 316	제네바 박물관 Photo: Bridgeman Art Library
p. 317	(왼편) 루브르 박물관, 파리 Photo: Bridgeman Art Library (오른편) 켄우드 하우스
p. 319	역사박물관, 암스테르담
p. 320	국립도서관, 파리
p. 322	From J. Caulfield, Portraits, London, 1794
p. 323	드레스덴 미술관 Photo: Bridgeman Art Library
p. 325	By courtesy of Brooklin Historical Society, Brooklin, Mass., USA
p. 330	Photo by Berthes of Warrington, Gersheim Collection, Houston, Texas
p. 332	From Henry Mayhew, *London Labour*, 1861
p. 333	(위) 보스턴 미술관, Tompkin Collection (아래) Photo: 메리 에번스 사진 도서관
p. 335	메스다흐 박물관, 헤이그
p. 336	국립박물관 내 크뢸러르뮐러 박물관, 오테를로
p. 340~341	메리 에번스 사진 도서관
p. 342	Collection of Georg Schäfer, Schweinfort. Photo: AKG, London
p. 343	(왼편) The Hirschsprung Collection, Copenhagen

	(오른편) 예술문화재단, 취리히
p. 347	귀스타브 도레, 〈런던, 순례〉, 1872
pp. 348~349	카 페사로 현대미술관, 베네치아 Photo: Bridgeman Art Library
p. 351	(위) 메르키셰 박물관, 베를린 Photo: AKG, London
	(아래) 하로게이트 미술관, 요크셔
pp. 352~353	르아브르 미술관 Photo: Bridgeman Art Library
p. 355	메리 에번스 사진 도서관
p. 357	국립미술관, 슈투트가르트 Max Liebermann © DACS 2005. Photo: AKG, London
p. 359	귀스타브 도레, 〈런던, 순례〉, 1872
p. 361	루브르 박물관, 파리 Photo: Scala
p. 362	폴 게티 미술관, 캘리포니아
p. 365	국립도서관, 런던
p. 367	Photo: Mary Evans Picture Library
p. 368	Courtesy of the Royal Photographic Society, Bath
p. 369	Collection Sam Wagstaff, New York
p. 372	웰컴 의학도서관, 런던
p. 375	Kobel Collection, courtesy of Thackrey & Robertson, San Francisco
pp. 376~377	리버풀 국립박물관 Photo: Bridgeman Art Library
pp. 378~379	현대미술관, 피렌체 Photo: Scala
p. 380	국립미술관, 코펜하겐. 세부
p. 384	폴 게티 미술관, 캘리포니아
p. 387	머지사이드 국립박물관 및 미술관 Photo: Bridgeman Art Library
p. 390	국립미술관, 워싱턴 D.C.
pp. 392~393	국립미술관, 워싱턴 D.C. Photo: Bob Grove
p. 397	미국 의회도서관, 워싱턴 D.C.
p. 400	미국 의회도서관, 워싱턴 D.C.
p. 403	(왼편) 현대사박물관, 파리
	(오른편) Photo: AKG, London
p. 406	Photo: AKG London
p. 407	국립도서관, 파리
p. 410	헬싱키 문예진흥회, Rissanen © DACS 2005
pp. 412~413	구국립미술관, 베를린 Otto Nagel © DACS 2005
p. 414	Hulton Getty Images
p. 417	라시엣뜨 오 뵈르, 파리, 1903
p. 418	(위) Novosti Press Agency

	(아래) Photo: Giraudon/Bridgeman Art Library
p. 420	Published in Steinberg THE PASSPORT, Hamish Hamilton, London 1974. Ink and graphite on paper, 14$_{1/2}$ × 23$_{1/4}$ inches. © The Saul Steinberg Foundation/Artists Rights Society (ARS), NY, and DACS, London
p. 424	Hulton Getty Images
p. 426	Photo: Novosti Press Agency
p. 427	Photo: Novosti Press Agency
p. 429	영국 보건부
p. 430	과학사진도서관, 런던
p. 433	By courtesy of The Oldiemagazine
p. 434	Goodman Derrick Solicitors. Copyright of the artist
p. 435	Copyright of the artist. 국립초상화미술관, 런던
p. 437	Time-Life Pictures - Getty Images
p. 438	Photo: Camera Press
p. 440	Photo: Hulton Getty Images
p. 443	Passfield Papers. LSE Archives
p. 444	세실 비튼 기록 보관소. 소더비, 런던
p. 449	Photo: Ronald Grant Archives
p. 455	로버르 밀러 갤러리, 뉴욕 Copyright of the artist
p. 456	Photo: John Birdsall Photos

찾아보기

가이, 토머스Guy, Thomas 302
갈레노스Galenos 102, 106~107, 110, 112, 115, 202, 205
갈루스, 트레보니아누스
Gallus, Trebonianus 113
게라스Geras 104, 114
게르트너, 에두아르트Gärtner, Eduard 351
고야, 프란시스코Goya, Francisco 28, 31
괴테, 요한 볼프강 폰
Goethe, Johann Wolfgang von 50
교황 바오로 2세Pope Paul Ⅱ 438
교황 바오로 3세(알레산드로 파르네세)
Pope Paul Ⅲ 160
그라이아이Graiai 115
그라피니, 프랑수아즈 드
Graffigny, Françoise de 324, 326
그레고리오 7세Gregorius Ⅶ 165
그레고리오 9세Gregorius Ⅸ 165
그뢰즈, 장바티스트Greuze, Jean Baptiste 305
그뤼네발트, 마티아스
Graünewald, Matthias 153
그리어, 저메인Greer, Germaine 435, 439
그리티, 안드레아Gritti, Andrea 133
글래드스턴, 윌리엄Gladstone, William 330

기스카르, 로베르Guiscard, Robert 166
길버트, 셈프링햄의
Gilbert of Sempringham 162
나겔, 오토Nagel, Otto 412
나다르Nadar 368
내처, 이그나츠Nascher, Ignatz 428
네빌, 캐서린Neville Katherine 37
네스토르Nestor 62, 65
네아르쿠스Nearchus 91
노노, 루이지Nono, Luigi 349
닐, 앨리스Neel, Alice 455
다 빈치, 레오나르도Da Vinci, Leonardo 171
다비드, 자크David, Jacques 321
단돌로, 엔리코Dandolo Enrico 36
단테Dante 147
데귈레빌, 기욤 드
Deguileville, Guillaume de 142
데이, 조지E. George E. Day 373
데팡 후작 부인Marquise du Deffand 324
도레, 귀스타브Doré, Gustave 347, 359
돌바크 남작Baron d'olbach 308
뒤랑-파르델Durand-Fardel 373
뒤러, 알브레히트Dürer, Albrecht 40, 125
뒤파르크, 프랑수아즈Duparc, Françoise 314

드골, 샤를de Gaulle, Charles 418~419
디드로Diderot 284, 305
디벨랭, 장Jean d'Ibelin 127
디오게네스Diogenes 99
디오니소스Dionysos 110
라 투르, 조르주 드
La Tour, Georges de 189, 234
라브뤼에르La Bruyère 247
라신, 장바티스트
Racine, Jean-Baptiste 215~216
라에르테스Laertes 78
라일리, 존Riley John 246
라일리우스Laelius 145
러시, 벤저민Rush, Benjamin 383
레고, 파울라Rego, Paula 435
레니, 구이도Reni, Guido 200
레니에, 마튀랭Regnier, Mathurin 213
레몽 4세, 툴루즈 백작
Raymond IV, count of Toulouse 166
레이놀즈, 조슈아
Reynolds, Joshua 25, 317, 321
레이메르발, 마리우스 반
Reyerswaele, Marinus van 164
렘브란트Rembrandt 184, 211, 229, 244, 270
로빈슨, 헨리 피치
Robinson, Henry Peach 384
로제, P. M.Roget, P. M. 334
루리, 앨리슨Lurie, Alison 446
루소, 장자크Rousseau, Jean-Jacques 293
루이 7세Louis VII 165
루스벨트, F. D.Roosevelt, F.D. 419
루키아누스Lucianus 66, 97
륄리, 장밥티스트Lully, Jean-Baptiste 186
르 냉 형제Le Nain brothers 242
르 냉, 루이Le Nain, Louis 263
르비에-파리Reveillé-Parise 373

리고, 이아생트Rigaud, Hyacinthe 233
리베르만, 막스Liebermann, Max 357
리세넨, 유코Rissenen, Juko 410
리오타르, 장에티엔
Liotard, Jean-Etienne 316, 319, 321
링, L. A.Ring, L.A. 380
마거릿, 플랑드르의
Margaret of Flandres 167
마셜, 윌리엄Marshal, William 166
마스, 니콜라스Maes, Nicolaes 211, 237
마시스, 쿠엔틴Massys, Quentin 169
마이모니데스Maimonides 186
마이선, 첸의Myson of Chen 62
마이스터 H. L.Meister H. L. 148
마이스터, J. H.Meister, J. H. 313
마이어, 콘라트Mayer, Conrad 193
마틸다, 토스카나의Matilda of Tuscany 167
막시미아누스Maximianus 59, 92
만토바 공작Duke of Mantua 186
맥라클란, 대니얼Maclachlan, Daniel 374
메이너드, 프랑수아Maynard, François 214
메이휴, 헨리Mayhew, Henry 332
모르벨리, 안젤로Morbelli, Angelo 23, 379
모리아크 프랑수아Mauriac, Francois 442
몬터규 부인Lady Montague 199
몽테뉴, 미셸 드
Montaigne, Michel de 46, 48, 50
무리요, 바르톨로메 에스테반
Murillo, Bartolome Esteban 255
미켈란젤로Michelangelo 170
밀레, 장 프랑수아Millet, Jean-François 335
밈네르모스Mimnermos 92
바르톨로메오 앙글리쿠스
Bartholomaeus Anglicus 152
바사노, 야코포Bassano, Jacopo 245

바이넘, 캐럴라인Bynum, Caroline 142
반 고흐, 빈센트van Gogh, Vincent 333, 336
반키에리, 아드리아노
Banchiere, Andriano 214
발둥, 한스Baldung, Hans 40, 44, 126, 175
뱅상, 보베의Vincent of Beauvais 146, 158
베르길리우스Vergilius 102
베르나르디노, 시에나의
Bernardino of Siena 146, 154
베르니니, 잔로렌초
Bernini, Gianlorenzo 200
벨로티, 피에트로Bellotti, Pietro 230
보니파키우스 8세Bonifacius VIII 165
보로비요프, 미하일Vorobyov, Mikhail 148
보부아르, 시몬 드
Beauvoir, Simone de 50, 441~442, 445
보쉬에 주교Bishop Bossuet 308
볼테르Voltaire 247, 324
뵈이유, 오노라 드, 라캉 후작
Bueil, Honorat de, Marquis de Racan 191
부슈널, 호레이스Bushnell, Horace 388
부아이, 루이Boilly, Louis 372
부알로, 니콜라Boileau, Nicolas 247
뷔퐁Buffon 306
브레즈네프, 레오니트Brezhnev, Leonid 419
브롬야드, 존Bromyard, John 146
브룩스, 필립스Brooks, Phillips 388
브뤼헐, 피에트르Pieter Bruegel 175
블레이크, 윌리엄Blake, William 148
비스마르크, 오토 폰
Bismarck, Otto von 398
비처, 헨리 워드
Beecher, Henry Ward 383, 388~389
샤르댕, 장시메옹
Chardin, Jean-Siméon 317
샤르코, 장Charcot, Jean 373

샤하르, 슐람미스Shahar, Shulamith 191
성 디에고, 알칼라의St. Diego of Alcalá 255
성 베네딕토, 누르시아의
St. Benedict of Nursia 129
성 아우구스티누스St. Augustine 62
세네카Seneca 58, 61, 106
세넥투스Senectus 114
세실 비튼Beaton, Cecil 444
셰익스피어, 윌리엄Shakespeare, William
  10, 24~25, 43, 45, 207, 286, 400
소크라테스Socrates
  29, 96~97, 112, 300~301
솔론, 아테네의Athenian Solon 66, 74
슈브뢸, 미셸외젠
Chevreul, Michel-Eugène 368
슈피츠베크, 카를Spitzweg, Carl 343
스미스, 애덤Smith, Adam 324
스위프트, 조너선Swift, Jonathan 39, 324
스키피오Scipio 145
스타인버그, 솔Steinberg, Saul 420
스탈린, 이오시프Stalin, Iosif 416, 419
스테인, 얀Steen, Jan 264
스테판, 부르봉의Stephen of Bourbon 162
스톤하우스, 제임스Stonhouse, James 383
스트로치, 베르나르도Strozzi, Bernardo 215
슬뤼터르, 클라우스Sluter, Claus 151
시먼즈, 포시Simmonds, Posy 49
시빌Sibyl 62, 102
시트웰, 이디스Sitwell, Edith 444
아데나워, 콘라트Adenauer, Konrad 418
아르눌프, 리지외의 주교
Arnolf, bishop of Lisieux 162
아르시니, 기욤 드
Harcigny Guillaume de 167
아르친토, 필리포Archinto, Filippo 160
아르트선, 피터르Pieter Aertsen 176

찾아보기 **499**

아리스토텔레스Aristoteles
87, 90, 97, 100, 135, 137, 143, 202
아리스토파네스Aristophanes 76
아에기디우스 로마누스
Aegidius Romanus 143
아우구스투스Augustus 112
아이네이아스Aeneas 77
아이모네 공, 파비아의
Aimone Dux of Pavia 34
아이젠하워, 드와이트 D.
Eisenhower, Dwight D. 419
아킬레우스Achilles 70, 73, 107
아티쿠스Atticus 71, 145
안, 랑베르 후작 부인
Anne, Marquise de Lambert 313
안구이솔라, 소포니스바
Anguissola, Sofonisba 225
안드레이니, 이사벨라Andreini, Isabella 221
안셀무스, 캔터베리의
Anselmus, Cantaberiensis 162
알베르투스 마그누스Albertus Magnus 138
알베르티, 레온 바티스타
Alberti, Leon Battista 158
알폰소 6세Alfonso VI 165
알폰소 10세Alfonso X 136
암푸디우스Ampudius 81
앙커, 알베르Anker, Albert 343
에셔스베르, C.W.Eschersberg, C.W. 343
에크하르트, 마이스터
Eckhart, Meister 147, 152
엘라, 솔즈베리의 백작 부인
Ela, Countess of Salisbury 162
엘로이즈Héloïse 162
엠페도클레스Empedocles 101, 202
예레 후작Marquis of Yerre 268
오디세우스Odysseus 65, 78

오벤, 바너드 반Oven, Barnard van 381
오웰, 조지Orwell, George 415
움베르, 로망스의Humbert of Romans 162
워, 에드윈Waugh, Edwin 395
웨브, 비어트리스Webb, Beatrice 441~443
웨슬리, 존Wesley, John 36
위고, 빅토르Hugo, Victor 51
유베날리스Juvenalis 12, 100
이건, 피어슨Egan, Pierce 341
이시도루스, 세비야의 대주교
Isidorus of Seville 55, 112
인노켄티우스 3세Innocentius III 138, 140
자노초Giannozzo 158
자이볼트, 크리스티안
Seybold, Christian 322
제리코, 테오도르Géricault, Théodore 361
제욱시스Zeuxis 184
제퍼슨, 토머스Jefferson, Thomas 337
젱킨스, 헨리Jenkins, Henry 299
조르조네Giorgione 40, 163
조지프, 제니Joseph, Jenny 447
존스, 이니고Jones, Inigo 186
존슨, 벤Jonson, Ben 186
지드, 앙드레Gide, Andre 442
질베르, 빅토르 가브리엘
Gilbert, Victor Gabriel 352
챈들러, 윈스럽Chandler, Winthrop 325
처칠, 윈스턴Churchill, Winston 419
체루티, 자코모Ceruti, Giacomo 288
초서, 제프리Chaucer, Geoffrey 45~46
추키, 주세페Zucchi, Giuseppe 295
카라바조Caravaggio 257
카르몽텔, 루이 드Carmontelle, Louis de 280
카를 5세Karl V 267
카리누스Carinus 104
카무, 아니발Camous, Annibal 300~301

카스트로, 피델Castro, Fidel 438
카이사르, 줄리우스Julius Caesar 72, 83
카일, 베른하르Keil, Bernhard 244
카터, 앤젤라Carter, Angela 446
카토(대大)Cato the Elder 71, 83, 112
카토(소小)Cato the Younger 83, 145
칸슈타트, 카를Carl Canstatt 373
칼로, 자크Callot, Jacques 220, 254
칼리스트라투스Callistratus 55
캄비오, 아르놀포 디
Cambio, Arnolfo di 131
캐루터스, 메리Carruthers, Mary 137
커리어와 아이브스Currier and Ives 397
케팔로스Cephalus 29~30
켐프, 마저리Kempe, Margery 158
코르나로, 알비세Cornaro, Alvise 158
코르네유, 피에르Corneille, Pierre 214, 247
콜, 토머스Cole, Thomas 388, 392, 394
콜로나, 안젤로 미켈레
Colonna, Angelo Michele 209
콰스트, 피에트로Quast, Pietro 249
쿠퍼 부인, 세라Cowper, Lady Sarah
227~228, 236, 238~239, 268~269, 326
크라나흐, 루카스Cranach, Lucas 155, 171
크리시포스Chrysippus 98
크세노폰Xenophon 96
클레오불루스, 린도스의
Cleobulus of Lindos 66
클림트, 구스타프Klimt, Gustav 47
키에슬로프스키, 크시슈토프
Kieslowski, Krzysztof 448
키케로Cicero 12, 71~72, 83, 87, 112, 116, 145~146, 307~308, 313
타르디외, 장샤를Tardieu, Jean-Charles 297
타일러, 앤Tyler, Ann 446
탈레스Thales 66

테니에르, 다비드Teniers, David 218, 250
테르부슈, 도로테아
Therbusch, Anna Dorothea 309
테이레시아스Teiresias 62
텔레마코스Telemachus 65
토머스, 딜런Thomas, Dylan 447
톨스토이, 레프 니콜라예비치
Tolstoy, Lev Nikolayevich 344
티치아노, 베첼리오
Tiziano Vecellio 133, 160, 171
티토누스Tithonus 62
틴토레토Tintoretto 171
파, 토머스Parr, Thomas 32~33, 301
파라시우스Parrhasius 59
파라켈수스Paracelsus 202
파브레, 앙투안 드Favray, Antoine de 290
파세, 크리스티안 반 데르
Passe, Christian van der 204
파주, 자크 오귀스트 카트린
Pajou, Jacques Auguste Catherine 284
파커, 시어도어Parker, Theodore 388
판베일러르트, 얀van Bijlert, Jan 257
판펠더, 야코바van Velde, Jacoba 445
팔베, 요아힘 마르틴
Falbe, Joachim Martin 314
페라리, 가우덴초Ferrari, Gaudenzio 148
페리안드로스, 코린트의
Periander of Corinth 66
페트라르카Petrarca, Francesco 140
펠리아스Pelias 109, 111
포르메, J. H. S.Formey, J. H. S. 313
포이닉스Phoenix 70, 107
프라고나르, 장오노레
Fragonard, Jean-Honoré 321
프랑코, 프란시스코Franco, Francisco 419
프레티, 마티아Preti, Mattia 198

프로디코스Prodikos 96
프로이트, 루치안Freud, Lucian 435, 439
프루스트, 마르셀Proust, Marcel 442
프리드리히 2세Friedrich II 165
프리스, 윌리엄 파월
Frith, William Powell 351
프리아모스Priamos 73
플라우투스Plautus 92, 104
플라톤Plato 29, 69, 90, 96, 112
플로베르, 귀스타브Flaubert, Gustave 51
플루타르크Plutarch 216
피니, 유니스Pinney, Eunice 390
피카소, 파블로Picasso, Pablo 437
피타고라스Pythagoras 66
피타쿠스Pittacus 66
필리프 4세Philippe IV 143, 165
필리프, 나바르의Philip of Navarre 158
하우얼, 제임스Howell, James 217
하워드, 존, 노퍽 공작
Howard, John, duke of Norfolk 166
하인리히 4세Heinrich IV 165
하토, 트루아의 주교
Hato, bishop of Troyes 162

할스, 프란스Hals, Frans 260
허프펀, 올웬Hufton, Olwen 262
헤라클레스Herakles 104, 114
헤로도토스Herodotus 66
헤르코머, 헤르베르트
Herkomer, Herbert 377, 387
헤시오도스Hesiodos 114
헨리 7세Henry VII 124, 127
헬드, 존Held, John 400
헬몬트Helmont 202
헬퍼드, 헨리Halford, Henry 383
호가스, 윌리엄Hogarth, William 283
호도비에츠키, 다니엘
Chodowiecki, Daniel 276, 284
호라티우스Horatius 138, 217
호메로스Homeros
56, 59, 62, 70, 74, 78, 92
흄, 데이비드Hume, David 324
흐루쇼프, 니키타Khrushchyov, Nikita 419
히에로클레스Hierokles 75
히포크라테스Hippocrates 101~102
힐데가르트, 빙엔의
Hildegard of Bingen 161~162

엮은이 · 지은이

팻 테인Pat Thane | 옥스퍼드 대학교 역사학과를 졸업하고, 런던 대학교 정경대학에서 박사 학위를 받았다. 유럽현대사 가운데 노년 및 노인과 관련된 사회복지 정책과 노령화 현상의 사회적 맥락이 변화하는 지점에 관심을 가지고 연구하고 있다. 현재 런던 대학교 킹스 칼리지 역사학 연구교수로 재직하고 있으며, 저서로는 『잉글랜드 역사 속의 노년: 과거의 경험, 현재의 이슈Old Age in English History: Past Experiences, Present Issues』(2002) 등이 있다.

지은이

팀 파킨Tim Parkin | 뉴질랜드 빅토리아 대학교에서 학부를 마치고 옥스퍼드 대학교에서 박사 학위를 받았다. 현재 맨체스터 대학교 역사학과에서 고대 그리스와 로마 시대의 역사와 문학을 가르치고 있다. 주요 저서로는 『로마 시대의 노년: 사회사와 문화사Old Age in the Roman World: A Cultural and Social History』(2004) 등이 있다.

슐람미스 샤하르Shulamith Shahar | 이스라엘 히브리 대학교에서 역사학을 공부했으며 파리 소르본 대학교에서 박사 학위를 받았다. 이후 이스라엘로 돌아와 텔아비브 대학교에서 유럽중세사를 가르쳤고, 현재 동대학 명예교수로 있다. 유럽중세사 가운데 노인과 여성, 아동에 관하여 연구했으며, 대표적인 저술로 『중세의 노년: '겨울에 우리는 그림자와 고통의 옷을 입는다'Growing Old in the Middle Ages: 'Winter Clothes Us in Shadow and Pain'』(2004, 1997)가 있다.

린 A. 보텔로Lynn A. Botelho | 오리건 대학교 역사학과를 졸업하고 케임브리지 대학교에서 박사 학위를 받았다. 전공분야는 영국근대사, 특히 노년의 역사이다. 현재 펜실베이니아의 인디애나 대학교 역사학과 교수로 있다. 『노년과 잉글랜드 구빈법 1500~1700Old Age and the English Poor Law, 1500~1700』(2004)을 비롯해 근대 초 잉글랜드 지역의 노인과 노령화 문제에 관한 여러 저술이 있다.

데이비드 G. 트로얀스키David G. Troyansky | 캐나다 칼턴 대학에서 프랑스 역사를 공부했으며 브랜다이스 대학교에서 프랑스근대사로 박사 학위를 받았다. 현재 브루클린 대학의 역사학과 교수로 있다. 프랑스혁명기 노년의 문제를 다룬 여러 저술을 펴냈는데, 대표적인 것으로 『구체제의 노년: 18세기 프랑스에서의 이미지와 경험Old Age in the Old Regime: Image and Experience in Eighteenth Century France』(1989)이 있다.

토머스 R. 콜Thomas R. Cole | 예일 대학교에서 철학, 웨슬리언 대학교에서 역사를 공부한 뒤 로체스터 대학교에서 역사학으로 박사 학위를 받았다. 현재 텍사스 대학교 의학부 산하 맥거번 인문학 · 윤리학 센터의 설립이사이자 대학원 의료인문학과정 주임교수로 있다. 노년의 역사와 인문노인학에 관해 여러 저술을 펴냈다. 특히 『삶이라는 여행: 미국의 노령화 문화사The Journey of Life: A Cultural History of Aging in America』(1992)는 퓰리처상 후보에 오른 바 있다.

클라우디아 에드워즈Claudia Edwards | 런던 대학교 정경대학 경제사학과에서 역사가로서의 수련을 쌓고 있으며, 특히 의학사 분야에 관심을 두고 연구하고 있다. 주요 논문으로 「질병, 보험 그리고 건강: 공제 단체의 기록을 통한 사망률 접근 동향Sickness, Insurance and Health: Assessing Trends in Morbidity through Friendly Society Records」(2003) 등이 있다.

노년의 역사

1판 1쇄   2012년 10월 15일
1판 4쇄   2014년 10월 31일

엮은이   팻 테인
지은이   슐람미스 샤하르 외 6인
옮긴이   안병직
펴낸이   강성민
편집   이은혜 박민수 이두루
편집보조   유지영 곽우정
독자모니터링 황치영
마케팅   정민호 이연실 정현민 지문희 김주원
온라인마케팅 김희숙 김상만 한수진 이천희

펴낸곳 (주)글항아리 | 출판등록 2009년 1월 19일 제406-2009-000002호

주소   413-120 경기도 파주시 회동길 210
전자우편   bookpot@hanmail.net
전화번호   031-955-8891(마케팅) 031-955-2670(편집부)
팩스   031-955-2557

ISBN   978-89-6735-015-4   03900

글항아리는 (주)문학동네의 계열사입니다.

이 도서의 국립중앙도서관 출판시도서목록(CIP)은 e-CIP홈페이지(http://www.nl.go.kr/ecip)와 국가자료공동목록시스템(http://www.nl.go.kr/kolisnet)에서 이용하실 수 있습니다.(CIP제어번호: CIP2012004303)